LES ENFANTS DE LA LIBERTÉ

CLAUDE-MARIE TRÉMOIS

LES ENFANTS DE LA LIBERTÉ

Le jeune cinéma français des années 90

ÉDITIONS DU SEUIL
*27, rue Jacob, Paris VIe*

CE LIVRE EST ÉDITÉ PAR NICOLE VIMARD

ISBN 2-02-032309-5

A Pierre Murat,
pour tant de rires
et tant d'engueulades.

Remerciements

L'auteur tient à remercier le journal *Télérama* pour l'avoir aimablement autorisée à reproduire certains de ses propres textes. Sa gratitude va aussi à Paule Sengissen, Claude Daveau, Marie-Élisabeth Rouchy, Isabelle Danel, Philippe Piazzo et Monique Chevrier, dont l'aide lui fut précieuse.

« Nous, réalisateurs français, demandons à être mis en examen et jugés nous aussi. » Pas une pétition. Pas un manifeste. Une mise en cause personnelle. « Nous sommes tous des juifs allemands », disaient les soixante-huitards, solidaires de Daniel Cohn-Bendit. « Nous avons tous hébergé des sans-papiers, nous devons tous être condamnés, comme Mme Deltombe l'a été », disent en substance les Enfants de la Liberté.

C'était le 11 février 1997, l'Appel des 59. Ce livre était déjà bien avancé, et déjà sous ce titre, quand les jeunes cinéastes français ont lancé cet appel à la désobéissance civique pour lutter contre les lois Debré sur l'immigration. Texte qui fut ensuite repris par des écrivains, des journalistes, des gens de théâtre… et des milliers et des milliers d'anonymes.

Ce qui est magnifique et révélateur, c'est que les premiers à se mobiliser ont été ces jeunes cinéastes que certains trouvaient trop nombrilistes, trop élitistes, trop centrés sur leurs petits problèmes franco-français.

Arnaud Desplechin, Pascale Ferran, Cédric Klapisch…, tous ceux qui se sont réunis pour rédiger le texte dc l'Appel savent pourtant bien de quoi ils parlent. Eux qui ne conçoivent qu'un cinéma en liberté étaient bien placés pour la réclamer, cette liberté, dans la vie. Pour une fois, ce n'est pas l'esthétique qui se plie au politique (ce qui donne toujours des résultats déplorables, tel le réalisme socialiste), mais le politique qui rejoint l'esthétique.

C'est d'ailleurs ce qui s'est déjà passé au temps de la Nouvelle

Vague. Truffaut, Resnais et Cie ont signé, en 1960, le Manifeste des 121. En mai 68, Truffaut et Godard sont descendus à Cannes pour interrompre le festival et décréter les « États généraux du cinéma ». En sont nées la SRF (Société des réalisateurs de films) et la Quinzaine des réalisateurs, qui, chaque année depuis 1969, fait à Cannes son « contre-festival ». Ils ont aussi sauvé la Cinémathèque d'Henri Langlois.

Encore plus individualistes, les Enfants de la Liberté se sont empressés de dissoudre leur collectif pour, disent-ils, permettre à chacun d'inventer de nouvelles méthodes de combat.

Comme chacun d'eux invente son propre cinéma.

Prologue

Ce livre, disons-le d'entrée de jeu, sera subjectif, partial et polémique. Il s'appuie sur une conception de l'art – ou plutôt, soyons honnête, sur un penchant naturel que j'ai tenté ensuite, comme tout un chacun, de justifier par des théories – qui m'a, d'emblée, fait préférer Truffaut à Decoin, Godard à Duvivier, Rivette à Delannoy et Rohmer à tout le monde. Je suis une enfant de la Nouvelle Vague et je ne m'en suis jamais tout à fait guérie.

Aussi n'ai-je pas trop bien vécu le progressif embourgeoisement dans lequel est retombé le cinéma français dans les années 70 et 80. Et l'arrivée, en 1990, d'une vague nouvelle – que l'on pourrait appeler, par exemple, les Enfants de la Liberté – ne pouvait donc que me combler de joie.

Soyons plus précis : l'Histoire du cinéma, comme celle de tous les arts, est un éternel recommencement. A la fraîcheur des primitifs succède le classicisme, qui, peu à peu, dégénère en académisme. Jusqu'au moment où cet académisme explose sous la pression de quelques jeunes auteurs qui réinventent la liberté. Et la ronde continue… La seule différence avec les autres arts, c'est qu'au cinéma les cycles sont plus courts. Peut-être parce qu'au XXe siècle tout va plus vite. Mais cela est une autre histoire…

Les années 30

1930 : le cinématographe est encore jeune et l'avènement du parlant favorise les courants les plus contradictoires. Le comédien est roi. Et les seconds rôles – Front populaire oblige ? –, les Carette, Tissier, Bussières et autres Saturnin Fabre, n'ont rien à envier en célébrité à Raimu ou Harry Baur. Mais, à côté du théâtre filmé, on innove sans le savoir. On contourne déjà les règles qu'on n'a pas fini d'inventer. Dès 1932, René Clair tourne un film au titre prémonitoire : *A nous la liberté*. En 1935, Sacha Guitry réalise, avec trente ans d'avance sur la Nouvelle Vague, une pochade insolente, *Bonne Chance*. Puis ce qui deviendra le film culte de François Truffaut, *Le Roman d'un tricheur*. Quant à Jean Renoir, il crée son chef-d'œuvre, cruel, déchirant et dérangeant : *La Règle du jeu*.

Les années 40

La décennie suivante (la guerre, l'Occupation, la Libération) est celle d'un cinéma comme parvenu à maturité. Plus sobre, plus retenu, plus introverti : *Le ciel est à vous* de Jean Grémillon, *Le Silence de la mer* de Jean-Pierre Melville… C'est aussi le triomphe du réalisme poétique, avec *Les Enfants du paradis* du tandem Jacques Prévert-Marcel Carné. Et l'apparition du cinéaste de la mesure, de la fluidité, de la justesse : Jacques Becker (*Falbalas*, 1945 ; *Rendez-vous de juillet*, 1949 ; *Casque d'or*, 1952).

Les années 50

Mais, on l'a dit, les cycles sont courts. Donc, après l'extraordinaire vitalité des années 30 et le classicisme des années 40, voici venu, dès 1950, le temps de l'académisme. Ce qu'on a appelé le « cinéma de qualité », ou la « qualité France ». C'est quoi, le cinéma de qualité ? Eh bien, c'est un système de production très au point, qui consiste à remplacer la notion d'auteur (au singulier) par celle d'auteurs (au pluriel).

Il n'y a plus un réalisateur tout-puissant qui conçoit son film dans le secret de son cœur, comme le peintre sa toile ou le poète son poème, puis s'entoure, pour le réaliser, de quelques amis qui sauront entrer dans son univers. Non, il y a un producteur (réalisateur impuissant et maître d'œuvre tout-puissant), qui croit aux lois infaillibles de l'arithmétique : un « bon » réalisateur (entendez un bon technicien) + un « bon » scénariste (et s'il adapte l'œuvre d'un grand écrivain, ce n'en est que mieux) + quelques « bons » comédiens (traduisez : bien cotés au box-office) = un « bon » film. C'est-à-dire un produit manufacturé, léché, fini. Si bien léché qu'il en a perdu ses aspérités. Si bien fini qu'il n'y a plus de place pour le hasard, autrement dit, la vie.

C'est l'époque où Claude Autant-Lara, oubliant son admirable *Douce* (1943), librement adapté d'un roman médiocre, se croit obligé de s'attaquer à Stendhal, via *Le Rouge et le Noir*. Les réalisateurs cotés s'appellent Christian-Jaque (Stendhal, déjà, en 1947, avec *La Chartreuse de Parme*), Julien Duvivier (*Pot-Bouille*, d'après Zola), Jean-Paul Le Chanois (*Les Misérables*, d'après Victor Hugo)... Le véritable auteur du film, c'est le scénariste. Le réalisateur est réduit au rôle d'illustrateur. Et l'on prend allègrement la technique pour le style.

Les années 60

Bref, le cinéma français s'asphyxiait si bien qu'il suffit à une bande de jeunes Turcs de soulever le couvercle de la marmite pour provoquer l'explosion. La Nouvelle Vague naît officiellement en 1959, avec le prix de la mise en scène au festival de Cannes pour *Les Quatre Cents Coups* de François Truffaut – même si Claude Chabrol l'a précédé d'une encolure avec *Le Beau Serge* et Agnès Varda de plus de... quatre ans avec *La Pointe courte* (1954). Suivront : *Tirez sur le pianiste*, *Jules et Jim*, *Baisers volés*... Mais François Truffaut n'est pas seul. Avec lui : Jean-Luc Godard (*A bout de souffle*, *Le Mépris*,

Pierrot le Fou), Jacques Demy (*Lola*, *La Baie des anges*, *Les Parapluies de Cherbourg*, *Les Demoiselles de Rochefort*), Jacques Rivette (*Paris nous appartient*, *L'Amour fou*), Jacques Rozier *(Adieu Philippine)*, Éric Rohmer (*Le Signe du lion* et les premiers *Contes moraux* : *La Boulangère de Monceau*, *La Carrière de Suzanne*, *La Collectionneuse*, *Ma nuit chez Maud*).

Et Alain Resnais, direz-vous ? Mais, lui aussi, bien sûr. Même s'il a toujours travaillé avec des écrivains (Marguerite Duras : *Hiroshima mon amour* ; Alain Robbe-Grillet : *L'Année dernière à Marienbad* ; Jean Cayrol : *Muriel...*), Alain Resnais n'en fait pas moins un admirable et très personnel cinéma d'auteur.

Car la révolution est faite : les réalisateurs redeviennent des auteurs complets. Comme l'annonçait, dès 1948, le prophète Astruc, ils utilisent leur caméra comme un stylo et écrivent directement sur la pellicule. Pas d'argent, donc pas moyen de bluffer le spectateur par la richesse des costumes et des décors ou la sophistication de la mise en scène. Au pouvoir du fric, on est bien obligé de suppléer, comme diront, dix ans plus tard, les soixante-huitards, par l'« imagination au pouvoir ». D'industriel, le cinéma redevient artisanal. Les techniciens sont remplacés par des artistes. C'est Lumière et Méliès ressuscités. Et dix ans de bonheur pour les cinéphiles.

Les années 70

Dix ans, un peu prolongés par l'apparition du Jeune Cinéma Suisse. En 1969, *Charles mort ou vif*, d'Alain Tanner, incarne de façon bouleversante (ah, le merveilleux François Simon !) l'esprit de Mai 68. Et, jusqu'à aujourd'hui, Alain Tanner, bien qu'avec des fortunes diverses, ne s'est jamais renié. Vingt-cinq ans après, *Fourbi* reprend le thème de *La Salamandre*, avec Karin Viard aussi formidable d'anticonformisme que l'était Bulle Ogier. Michel Soutter aussi, l'auteur-poète des *Arpen-*

teurs, est resté, jusqu'à sa mort, fidèle à lui-même. La première trahison vient de Claude Goretta, dont nous avions tant aimé *L'Invitation*. Trois ans plus tard, en 1976, il passe la frontière pour venir réaliser en France la très académique *Dentellière*. Exil symbolique : depuis le début des années 70, sans même prendre le temps d'un nouveau classicisme, le cinéma français lorgne à nouveau vers l'académisme.

Là, il va nous falloir prendre le temps d'y regarder de plus près. Car c'est long, vingt ans. Presque une génération. « Jonas, qui aura vingt-cinq ans en l'an 2000 », comme disait, en 1976, le titre d'un film d'Alain Tanner, Jonas devra attendre d'avoir 15 ans pour sentir passer sur les écrans le même vent de liberté qui avait ravi ses parents.

Que s'est-il donc passé ? Bien sûr, Truffaut, Rohmer, Rivette, Resnais, Rozier, Varda, Demy continuent d'œuvrer dans le même esprit. Mais la « qualité France » a refait surface avec Claude Sautet, Yves Boisset, Robert Enrico[1]... En 1973, pour son premier film, *L'Horloger de Saint-Paul* – fort réussi, au demeurant –, Bertrand Tavernier fait même appel aux scénaristes-dialoguistes Aurenche et Bost, les deux piliers du cinéma de qualité des années 50.

On recommence aussi à étouffer un peu sous les ors, les costumes, les vedettes, les grands écrivains et la belle image. Gaumont crée le nouveau « style Gaumont », ainsi défini par son inventeur, Daniel Toscan du Plantier : « Une espèce de dignité un peu glacée. » On récupère tout le monde : Goretta, bien sûr, qui, après *La Dentellière*, commet *La Provinciale* ; le grand Losey *(Don Giovanni)* ; André Téchiné, qui perd son âme avec un album d'images bien léchées *(Les Sœurs Brontë)* ; et Benoît Jacquot, qui fait appel aux mânes d'Henry James pour tourner

1. Après quelques remarquables courts métrages, Enrico, pour son premier « long », en 1963, avait choisi un thème courageux : la difficile réinsertion dans la vie d'un appelé, au retour de la guerre d'Algérie. *La Belle Vie*, sans vedettes et tout à fait dans l'esprit de la Nouvelle Vague, reste, à ce jour, son meilleur film. Mais ce sont peut-être les démêlés qu'il lui valut avec la censure qui poussèrent Enrico vers un cinéma d'aventures plus pesant et surtout moins personnel.

un dépliant touristique sur Venise *(Les Ailes de la colombe)*. La vedette maison de la Gaumont, la toute jeune Isabelle Huppert, possède, par chance, le côté « un peu glacé » tant désiré. Et son nom apparaît à la plupart des génériques.

Les années 80

Curieusement, les années 80 n'arrangent rien. Trois nouveaux venus font parler d'eux. On les appelle les BBC [2] : Beineix, Besson, Carax. A eux trois, ils inventent un cinéma de l'indifférence aux autres et de la peur de vivre.

Jean-Jacques Beineix, de loin le plus intéressant, est aimé – ou mal aimé – pour de mauvaises raisons. Les belles images bleutées de *Diva* lancent une mode. Mais *La Lune dans le caniveau* est un échec. *37° 2 le matin* ne marche que grâce à l'anatomie de Béatrice Dalle. *Roselyne et les Lions* est un bide. Et *IP5*, il faut l'avouer, est raté.

Pourtant, Beineix a quelque chose à dire et, à travers des images un peu chromo, il le dit. Le loft de *Diva*, l'incroyable vision d'une cathédrale au sommet d'une falaise, dans *La Lune dans le caniveau*, le superbe espace dessiné par les maisons montées sur pilotis de *37° 2 le matin*, et la profondeur de champ à l'intérieur du cirque de *Roselyne et les Lions*, autant d'évasions, autant de refuges. Beineix invente des formes vides, comme d'autres construisent des abris antiatomiques.

Ses personnages, il ne les aime pas assez pour les faire tout à fait exister. Ils ne sont là que pour illustrer ses propres hantises et ses propres fantasmes. Quand Max Ophuls décrivait un cirque dans *Lola Montès*, il parlait aussi de vertige et de néant. Mais le cirque devenait la métaphore de la vie de Lola Montès et c'était pour elle que notre cœur se serrait. La forme créait le fond.

2. Rendons à César ce qui appartient à César : c'est Pierre Murat, dans les colonnes de *Télérama*, qui a inventé la formule.

Alors que, dans *Roselyne et les Lions*, Roselyne et son petit ami, tous deux apprentis dompteurs, ne sont, pour Beineix, que des prétextes pour parler en son propre nom du vertige du risque et de l'appel du néant. Comme ses héros – et c'est en cela qu'il est représentatif de sa génération –, il a peur du monde qui l'entoure. Il se réfugie donc dans la forme pour la forme – comme on parlait autrefois de « l'art pour l'art » à propos des sonnets sonnant creux de José Maria de Heredia.

La même peur hante Luc Besson et Leos Carax. Le premier installe son « abri antiatomique » dans les souterrains du métro *(Subway)*, avant de se réfugier – par grands fonds interposés – dans le liquide amniotique du ventre de la mère *(Le Grand Bleu)*. Le second, nourri, gorgé de vieux films, pratique, en dilettante maniaque, un cinéma de références, bourré de citations picturales et cinématographiques (*Boy Meets Girl* et surtout *Mauvais Sang*). Et la folie mégalo qui a présidé aux *Amants du Pont-Neuf* n'a pas seulement ruiné ses producteurs mais a, littéralement, étouffé ses personnages. Et, en les étouffant, c'est nous qu'il asphyxie.

Car la règle, la seule règle, c'est qu'un metteur en scène préfère ses héros à lui-même – donc à sa caméra. Cette règle, c'est la Nouvelle Vague qui l'a non pas inventée – tous les grands, Renoir en tête, l'ont pratiquée avant elle –, mais clairement formulée.

Les francs-tireurs

Naturellement, que ce soit dans les années 50, 70 ou 80, il a toujours existé des francs-tireurs. Robert Bresson et Jacques Tati, dès les années 50. Jean Eustache, Philippe Garrel, Maurice Pialat, Jacques Doillon, Yannick Bellon, Jean-François Stévenin, dans les années 70.

Dès 1980, Marie-Claude Treilhou réalise *Simone Barbès ou la Vertu* et Jacques Bral, *Extérieur nuit*. En 1981, *L'Homme fragile*, de Claire Clouzot, annonce, avec une longueur d'avance sur Coline Serreau (*Trois Hommes et un couffin*, 1985) et

Olivier Assayas (*Désordre*, 1986 ; *L'Enfant de l'hiver*, 1989), l'avènement de ces mâles frileux, incertains, instables, représentatifs de la décennie. Mehdi Charef nous bouleverse avec *Le Thé au harem d'Archimède* (1985) et *Miss Mona* (1987). Il y a aussi Claire Devers (*Noir et Blanc*, 1986), Claire Denis (*Chocolat*, 1985), Catherine Corsini (*Poker*, 1988), Laurent Perrin (*Passage secret*, 1985), qui œuvrent en dehors de tous les systèmes et créent comme un appel d'air.

Mais ce n'est pas encore l'air du large, la bourrasque qui va ouvrir toute grande la porte par laquelle vont s'engouffrer des dizaines et des dizaines de jeunes réalisateurs. Pour cela, il faut attendre le 22 novembre 1989…

Une hirondelle qui fait le printemps

22 novembre 1989. Date de sortie du premier film d'un certain Éric Rochant. Il porte un de ces titres interchangeables que l'on a bien du mal à retenir : *Un monde sans pitié*. Son auteur est un parfait inconnu. Ses interprètes – Hippolyte Girardot et Mireille Perrier – ne sont ni des stars ni même des vedettes. Eh bien, ça ne fait rien. Ce jour-là, personne ne s'y est trompé : il se passe quelque chose dans le cinéma français.

Quoi ? Oh ! quelque chose qui devrait être fréquent au cinéma, mais qui est pourtant très rare. Quelque chose qui provoque en nous le même émerveillement qui a saisi les spectateurs du Grand Café, en 1895, quand ils ont vu, derrière Bébé en train de prendre, au jardin, sa phosphatine, le vent agiter les branches. « Les feuilles bougent », murmuraient-ils, plus éblouis par ce phénomène naturel que par les gestes de la nourrice et les mimiques de Bébé. C'est qu'ils avaient tout à coup compris le pouvoir un peu magique du cinématographe, celui de capter non seulement ce que le cameraman *veut* lui faire capter, mais aussi ce qui échappe à sa volonté : les imprévus, les impondérables, la vie, quoi.

Qu'est-ce qui a donné au néoréalisme italien son aura mondiale ? Justement cette façon qu'avaient Rossellini, De Sica et consorts de capter la vie. C'est le grand secret, toujours perdu et toujours retrouvé. Par la Nouvelle Vague d'abord, puis par Éric Rochant.

Après deux décennies d'un cinéma calibré, prévu, façonné jusque dans ses moindres détails, voilà qu'un film nous rend une jubilation oubliée. Sur l'écran, quelque chose bouge qui échappe à une volonté trop délibérée – donc mortifère.

« Un monde sans pitié »

La critique que j'ai signée dans *Télérama* le jour de la sortie d'*Un monde sans pitié* dit bien l'émerveillement et l'espoir – partagés par la majorité de la critique – qu'a fait naître ce film :

« Dieu que c'est beau, le cinéma, quand ça bouge ! Car, contrairement à ce qu'on pourrait croire, il ne bouge pas toujours, ni toujours là où l'on s'y attendrait. Il y a des films-poursuites parfaitement statiques et des plans fixes où, mine de rien, dans un coin de l'image la vie palpite.

« Donc, ici, ça bouge. Et c'est si rare dans le jeune cinéma français des années 80 qu'on a envie de crier au miracle. Trente ans exactement après *A bout de souffle*, voici peut-être enfin le signe avant-coureur d'une nouvelle Nouvelle Vague. Même souplesse, même fluidité de la caméra. Et un héros – Hippo (Hippolyte Girardot) – qui pourrait bien être le Michel Poiccard ou le Pierrot le Fou des années 90. »

Un monde sans pitié (quel mauvais titre pour un film qui devrait s'appeler « Hippo le Sage » ou « La machine à vivre » !) est un film-poursuite, à cela près que ce ne sont pas les personnages qui se poursuivent les uns les autres, mais la caméra qui poursuit les personnages. Hippo déambule, et nous déambulons avec lui.

Cher Hippo ! Rien qu'à sa démarche on sait qu'il est souple, disponible et glandeur. Avec lui, la paresse est élevée au rang des beaux-arts. Attention, pas la paresse immobile, béate, celle d'Alexandre le bienheureux. Une paresse itinérante, voire active. Mais d'une activité stérile, qui tourne en rond. La tanière d'Alexandre, c'était son lit. Celle d'Hippo, c'est Paris. Pas question pour lui d'en sortir.

Et voilà qu'il tombe amoureux fou de Nathalie (Mireille Perrier), une fille sérieuse qui poursuit ses études et le traite de parasite. « Tu débarques, tu repars, t'as pas de travail, pas d'horaires, je ne peux m'accrocher à rien. » Comment s'accrocher, en effet, à un ludion, à un funambule, à un poète, dont la caractéristique, précisément, est de n'être relié à rien ?

Hippo flotte comme un bouchon, passe par les fenêtres et, tel un Pierrot lunaire, rêve à de mystérieux amoureux qui s'ébattraient sur les toits de Paris, la nuit, après que la tour Eiffel s'est éteinte sur un seul claquement de ses doigts. « Ils montent aux échelles, dit-il, se pendent aux paratonnerres et aux antennes. Ils font des glissades le long des pentes d'ardoises. Ils courent sur les corniches, ils enjambent les parapets et sautent au-dessus des ruelles. Derrière les cheminées, ils s'embrassent et, quand il fait bon, ils font l'amour sur les terrasses. »

Telle est la vie dont rêve Hippo. Mais il sait aussi que c'est un leurre. Il est sans illusion sur lui-même et ses copains : « On est des nuls. » Alors, il se contente de jouer au poker et de vivre sans vergogne aux crochets de son petit frère lycéen qui assure la matérielle en trafiquant de la drogue avec l'inconscience d'un gamin.

Oui, c'est un drôle de type, Hippo. Drôle, mais pas drôle. Moins désespéré que les héros de Godard (il ne songe pas au suicide), mais plus grave. Ce n'est pas lui qui dirait : « Allons-y, Alonzo », ou : « Fonce, Alphonse. » Et ses dialogues avec Nathalie ne tournent pas autour de « Ta ligne de hanche, ma ligne de chance »... D'ailleurs, il n'y croit pas, à la chance. Il a le rire rare et la gaieté triste. Marginal dans un monde qui n'espère plus un nouveau Mai 68, il se sait condamné à la solitude. Et l'amour, pour lui, c'est « se faire jeter et attendre les coups de téléphone comme un con ».

Nathalie s'insurge : « C'est chacun sa merde, c'est ça ? Même entre nous ? – Un peu. – Avec qui on peut être bien, alors ? – Avec personne. On n'est pas sur terre pour être bien... – T'es vraiment une machine ! – Une machine à vivre, ouais... »

Alors, il vit. Mal, sans doute. Mais Éric Rochant filme si bien sa dérive qu'elle devient la nôtre. Comme Truffaut, comme

Godard, comme tous les réalisateurs de la Nouvelle Vague, Rochant aime ses personnages. C'est avec tendresse que sa caméra les suit, se plie à leurs caprices, épouse leurs mouvements.

Et ils en font des mouvements ! Comme chez Doillon, ils s'expriment au moins autant avec leur corps qu'avec leur visage. Et la caméra, en épousant cette mouvance, dessine sur l'écran les arabesques de leurs émotions.

Les images d'*Un monde sans pitié* pourraient être tirées d'un film de Becker : *Rendez-vous de juillet* ou *Rue de l'Estrapade*. Ou de Rivette : *Paris nous appartient*. Hippolyte Girardot est un mâtiné de Jean-Pierre Léaud et de Jacques Dutronc – quand ils étaient jeunes. Mireille Perrier a la vivacité d'une Anne Vernon. Mais, en même temps, ce qu'elles décrivent, ces images, ce n'est pas la réalité d'hier, mais bien le mal-être d'aujourd'hui.

Pour son premier long métrage, Éric Rochant, 26 ans, redécouvre un secret que l'on croyait perdu : celui d'un cinéma en liberté – qui est aussi un cinéma de la rigueur. Avec lui peut-être, la relève des Rohmer, Varda, Rivette, Doillon… sera-t-elle assurée. Putain, ce serait bien, comme dirait Hippo !

Et ç'a été bien. Très bien, même. Puisque, dans la brèche ouverte par *Un monde sans pitié*, s'est engouffrée une véritable déferlante.

« Aux yeux du monde »

Mais ce qui est curieux, et un peu triste, c'est l'évolution d'Éric Rochant. Lui qui a montré la route à tant de jeunes réalisateurs s'est peu à peu égaré sur des chemins de traverse. Peut-être à cause du mauvais accueil fait à son deuxième film, *Aux yeux du monde*. Dame, tout le monde l'attendait au tournant, ce malheureux autocar[1] ! Les flics, bien sûr – le scénario

1. Le titre initialement prévu était *L'Autocar*. Que ne l'a-t-on gardé !

le voulait ainsi –, mais aussi la critique et même le public. Nous avions tant aimé *Un monde sans pitié* que, pour le film suivant, les yeux du monde, précisément, risquaient d'être sans pitié…

Ils l'ont été, et c'est dommage. Car ce deuxième film d'Éric Rochant possède un vrai charme et le mérite de refléter, comme le premier, l'air du temps. Il est d'ailleurs inspiré d'un fait divers et se présente comme le double inversé d'*Un monde sans pitié*. Alors qu'Hippo, lucide et désabusé, déambulait dans Paris, Bruno (Yvan Attal), inconscient et plein d'illusions, parcourt la campagne. Tous deux, pourtant, sont de la même race : celle des romantiques désespérés.

Mais le désespoir qui avait conduit Hippo à choisir l'inaction et à laisser partir Nathalie pousse au contraire Bruno à commettre une folie : détourner un car scolaire pour se faire conduire de son village de l'Aveyron à Châtellerault, où habite Juliette, la fille qu'il aime (Charlotte Gainsbourg).

Éric Rochant sait qu'il n'est de vérité que dans le paradoxe. Hippo-le-sédentaire était filmé en liberté, vagabondant dans les rues et sur les toits. Bruno, qui croit s'évader, est filmé en huis clos, toujours prisonnier soit de l'autocar, soit d'une cabine téléphonique. Car, durant cette cavale dérisoire de trente-six heures, Bruno, chaque fois qu'il le peut, appelle Juliette. Il lui crie son amour et lui demande si elle a écouté la radio.

C'est qu'on y parle de lui, à la radio. De lui et de son exploit imbécile mais qu'il croit héroïque, et qu'il offre à Juliette comme un chevalier d'autrefois offrait à sa dame le spectacle d'un tournoi. Et, comme le chevalier, Bruno risque sa vie…

Pauvre Bruno, enfant paumé qui terrorise avec son revolver un troupeau de gamins. Mais, incapable de supporter la peur qu'il lit dans leurs yeux, il les console comme un grand frère en leur racontant l'histoire du « Martien qui pue ». Pauvre Bruno, qui aurait bien envie, lui aussi, de se mettre sous la protection de l'institutrice (Kristin Scott-Thomas). « Merci, m'dame, de m'avoir défendu », lui dit-il, comme un gosse, après qu'elle a obligé le chauffeur à le laisser remonter dans le car.

Des Bruno, il y en a dans tous les troquets de France. Sans culture, sans avenir, avec pour toute perspective l'espoir de devenir des TUC. Mais Bruno a honte. Il veut montrer de quoi il est capable. Exister « aux yeux du monde ». Désarticulé dans sa tête, il l'est aussi dans ses gestes. Agité, instable, lui qui est incapable de faire du mal à une mouche, il frôle sans cesse l'irréparable.

Précise, fluide, la mise en scène ne sert qu'à montrer les liens qui, peu à peu, se tissent entre les personnages. Entre les gosses et Bruno. Entre l'institutrice et Bruno. Entre le chauffeur et Bruno. Entre le chauffeur et l'instit.

Il est inquiétant, ce chauffeur (Marc Berman, épatant). Aussi impassible que Bruno est nerveux, il incarne l'ordre contre le désordre. Mais à quel prix ?

D'ailleurs, chez Rochant, les seuls vrais adultes, ce sont les femmes. Nathalie dans *Un monde sans pitié*. Ici, Juliette, l'instit et la patronne de ce bar où Bruno s'aventure pour acheter des boissons aux enfants.

Dans ce monde où tout est interchangeable, où toutes les cabines téléphoniques sont absolument identiques, où la maison de Juliette est exactement semblable à toutes les maisons de la rue, il est impossible de fuir et difficile de vivre. Chacun est muré dans sa solitude (« Chacun sa merde », comme disait Nathalie) et il faut l'intrusion d'un irresponsable pour que quelque chose change.

Après le passage de Bruno, personne ne sera plus tout à fait le même. Ni Juliette, ni les gosses, ni l'instit, ni même le chauffeur. Et le retour au bercail, qui devrait être triomphal, est sinistre. Deux motards de la police encadrent le car. Prisonnier – comme Bruno.

« Les Patriotes »

Il est difficile, aujourd'hui, de ne pas rapprocher l'auteur de son personnage. Aussi incompris que Bruno, Éric Rochant fait mine, alors, d'abandonner le cinéma d'auteur. *Les Patriotes* est un film d'espionnage. Mais le malentendu s'aggrave : sous le couvert du film de genre, Rochant continue de faire œuvre personnelle. Ce faisant, il déçoit, et les amateurs d'espionnage, et les fervents du cinéma d'auteur. Car, il faut bien l'avouer, Rochant n'est pas Hitchcock et il perd sur les deux tableaux.

Pourtant, *Les Patriotes* n'est pas dénué de qualités. Rappelons-en le thème : le jour de ses 18 ans, devant le gâteau d'anniversaire, Ariel (Yvan Attal, toujours) annonce à sa famille qu'il part pour Israël. Sans explication. Deux séquences plus loin, on a compris qu'il est en stage de formation au Mossad, les services secrets israéliens. Mais qu'est-ce qui a poussé ce jeune Français à changer de patrie et à entrer en espionnage comme on entre en religion ?

Éric Rochant ne le dit pas. Du moins, pas directement. Nous suivons Ariel dans deux missions. L'une en France, l'autre en Amérique. Et, peu à peu, à travers des changements d'attitude presque imperceptibles, nous devinons sa déception. Mais qui dit désillusion dit illusion…

Les Patriotes est moins un film sur la manipulation – comme l'annoncent les affiches – que sur le leurre. Rochant raconte comment on se joue d'un physicien français (Jean-François Stévenin) et d'un diplomate américain (Richard Masur) pour les amener à livrer des renseignements. Mais, avant d'être victimes de chantages ou de tentatives de corruption, les deux hommes croient avoir rencontré l'amitié. Et ce qui les fera souffrir, c'est l'amitié trahie.

Ariel, lui aussi, a été victime d'un leurre. Il était parti pour se trouver une patrie, une famille, des amis. Et il se retrouve plus seul qu'avant, puisque le principe même d'un service secret est que ses membres s'ignorent les uns les autres. Le voilà condamné à vie au silence, à la solitude. Pire : à être lui-même victime de faux-semblants.

Les trois films d'Éric Rochant pourraient s'appeler *Un monde sans pitié*. Mais, dans le premier, il jouait d'une caméra si mouvante, si allègre, qu'elle faisait mentir le titre. Elle s'assagissait à peine dans *Aux yeux du monde*. De plus, ces deux films avaient pour héros des bavards. Ici, Rochant change complètement de style. Cinémascope – donc, plans larges. Souvent fixes. Personnages perdus dans l'espace. Et taciturnes. *Les Patriotes* est un film fait d'attentes et de non-dits.

C'est sa force. Car, plus que les deux machinations, ce qui nous captive, c'est Ariel. Lui n'est pas là pour agir, mais pour coordonner les actions des autres. Il regarde, apparemment passif. Avec deux ou trois compagnons, il attend, de longues heures, dans un salon, devant un magnétophone. Entre ces hommes, aucune gaieté, aucune camaraderie. Chacun a été entraîné à se taire. A se méfier même de ses collègues. Chacun est seul. Alors, le temps se dilate. Éric Rochant étire une scène. Puis, brutalement, il coupe. Et cette brutalité inattendue fait mal. Comme fait mal à Ariel cette vie sans attaches, où il doit rompre les liens dès que se dessinent un amour ou une amitié.

L'essentiel du film se lit sur le visage d'Yvan Attal. Un visage d'abord fermé, impassible, mais qui, peu à peu, s'anime. A mesure qu'Ariel, qui, par peur de vivre, se voulait un héros, accepte de devenir un homme.

Voilà pour les qualités. L'ennui, c'est que la mayonnaise prend mal entre les attentes et le non-dit d'un côté, l'anecdote – ou plutôt les deux anecdotes – de l'autre. Deux anecdotes (les deux missions d'Ariel), c'est trop ou pas assez. L'amateur d'aventures en voudrait plus ; le fervent du non-dit, moins. Et tous deux éprouvent le même sentiment d'être devant une œuvre curieuse, attachante peut-être, mais sûrement bancale.

« Anna Oz »

Et c'est alors que nous arrive la grande déception : *Anna Oz*. Les rêves à épisodes d'une petite Parigote de Belleville qui, chaque nuit, se retrouve dans un palais vénitien, où elle vit d'étranges aventures. A peine plus étranges, d'ailleurs, que celles qu'elle vit à Paris, où on veut la forcer à témoigner sur un meurtre dont elle n'a aucun souvenir... Mais qu'est-ce qui a pris à Éric Rochant de vouloir rendre au *Magicien d'Oz* cet hommage alambiqué ? Qu'est-ce qui a pris à cet auteur, dont la principale qualité est de choper l'air du temps et de capter des émotions sur un visage, d'aller promener sa caméra hors du temps et de filmer des zombies ?

Oh ! ces allers et retours entre Venise et Paris, entre le rêve et la réalité, ne manquent pas d'élégance ! Et Charlotte Gainsbourg est formidable. D'autant plus formidable qu'elle n'a rien à faire, puisqu'elle n'existe pas, chacun de ses deux personnages n'étant que le rêve de l'autre. Deux Anna Oz ? Ou aucune ?

Manifestement, ce qui a amusé Éric Rochant, c'est de jouer avec la psychanalyse. Et, donc, de préférer les objets, les symboles, les lieux à ses personnages. Cinéma abstrait, intello, étouffant, qui est le contraire même de ce cinéma de plein vent dont il nous avait redonné le goût.

A voir *Anna Oz*, on se prend à trouver toutes les qualités au *Journal du séducteur* de Danièle Dubroux. Quand elle dérape dans le fantastique, Danièle Dubroux, elle, ne quitte pas pour autant la réalité, car l'une est l'envers de l'autre. Comme chez Rivette, le fantastique investit le réel. Et il suffit de pousser une porte pour s'apercevoir qu'il y a « des choses derrière les choses », comme disait l'une des filles de *La Bande des quatre*.

Anna Oz, au contraire, est « hors la vie ». Un exercice de style sur les mécanismes du rêve : parce que Papa avait un œil de verre et que la télévision m'a montré de petits Asiatiques énucléés, je le rêve en trafiquant d'organes... Oui, c'est facile de se moquer, mais quand la poésie ne fonctionne pas, quand les labyrinthes faillissent à leur mission et ne nous égarent plus, tout semble laborieux. Et si le travail devient apparent, la magie s'envole.

Sept ans après la sortie d'*Un monde sans pitié*, il faut se rendre à l'évidence : Éric Rochant ne fait plus partie de ces cinéastes de la liberté, dont il avait été un si brillant précurseur.

*

Un monde sans pitié (1 h 24). Réalisation et scénario : Éric Rochant. Image : Pierre Novion. Son : Jean-Jacques Ferran. Décors : Thierry François. Montage : Michèle Darmon. Musique : Gérard Torikian. Avec : Hippolyte Girardot (Hippo), Mireille Perrier (Nathalie), Yvan Attal (Halpern). Production : Les Productions Lazennec – Gérard Mital Productions – Christian Bourgois Productions – SGGC / Jean-Bernard Fetoux – FR3 Films, avec la participation de Canal +. Distribution : UGC. Sortie : 22 novembre 1989.

Aux yeux du monde (1 h 35). Réalisation et scénario : Éric Rochant. Image : Pierre Novion. Décors : Thierry François. Montage : Catherine Quesemand. Musique : Gérard Torikian. Avec : Yvan Attal (Bruno), Kristin Scott-Thomas (l'institutrice), Marc Berman (le chauffeur), Charlotte Gainsbourg (Juliette). Production : Les Productions Lazennec – FR3 Films – SGGC – La Générale d'images. Distribution : Pan Européenne. Sortie : 3 avril 1991.

Les Patriotes (2 h 22). Réalisation et scénario : Éric Rochant. Image : Pierre Novion. Son : Jean-Jacques Ferran. Décors : François Comtet. Montage : Pascale Fenouillet. Musique : Gérard Torikian. Avec : Yvan Attal (Ariel), Christine Pascal (Laurence), Yossi Banai (Yossi), Jean-François Stévenin (Rémy Prieur), Bernard Le Coq (Bill Haydon), Sandrine Kiberlain (Marie-Claude), Richard Masur (Jeremy Pelman), Hippolyte Girardot (Daniel). Production : Les Productions Lazennec – SFP Cinéma – Glem Films – Canal +. Distribution : Gaumont. Sortie : 1er juin 1994.

Anna Oz (1 h 38). Réalisation : Éric Rochant. Scénario : Gérard Brach et Éric Rochant. Image : Pierre Lhomme. Son : Pierre Gamet. Décors : Thierry François. Montage : Pascale Fenouillet. Musique : Steve Turre. Avec : Charlotte Gainsbourg (Anna), Gérard Lanvin (Marcello), Sami Bouajila (Marc), Gregori Derangère (Thomas), Emmanuelle Devos (Corinne). Production : Les Productions Lazennec – Studio Canal + – France 2 Cinéma – Angel Films (Italie) – Athena Films (Suisse). Distribution : MKL. Sortie : 2 octobre 1996.

« E viva la libertà ! »

En 1990, Éric Rohmer a la bonne idée de débuter sa nouvelle série – *Contes des quatre saisons* – par le *Conte de printemps*. Et Jean-Luc Godard réédite le coup de *La Chinoise*, qui, avec un an d'avance, annonçait Mai 68 : il intitule son nouveau film... *Nouvelle Vague*.

Et c'est bien le printemps. Et c'est bien une vague nouvelle qui s'infiltre et s'épanouit jusqu'à la grande déferlante des années 1993 et 1994.

Voyez plutôt... Un mois après *Un monde sans pitié*, en décembre 1989, sort le premier film de Tonie Marshall, tout frais, tout jeune, tout fou : *Pentimento*. 1990, trois comédiennes passent derrière la caméra pour réaliser chacune une œuvre très personnelle : Nicole Garcia *(Un week-end sur deux)*, Marie-France Pisier *(Le Bal du gouverneur)*, Brigitte Roüan *(Outremer)*. 1990 encore : Gérard Frot-Coutaz, l'auteur de *Beau temps, mais orageux en fin de journée*, réalise ce qui sera, hélas, son dernier film, *Après après-demain* ; et Pierre Beuchot, *Aventure de Catherine C.*, d'après Pierre Jean Jouve.

Une adaptation ? Oui, mais à la manière d'Alain Resnais : un film extrêmement personnel où Beuchot joue avec sa propre obsession – d'ailleurs, la même que celle de Resnais –, le temps. Les critiques avaient été quasi unanimes à s'enthousiasmer pour *Le Temps détruit*, remarquable documentaire que Beuchot avait tiré, en 1985, des lettres de son père, ouvrier typographe, de celles du compositeur Maurice Jaubert et de l'écrivain Paul Nizan, tués tous les trois pendant la « drôle de guerre », en juin 1940. Malheureusement, ils sont beaucoup moins nombreux à défendre *Aventure de Catherine C.* et, en dépit de deux comédiennes magnifiques, Fanny Ardant et Hanna Schygulla, le film fait un flop.

Pierre Beuchot, qui avait mis toute son énergie à convaincre un producteur, puis à tourner son film, n'a plus trouvé la force de tenter une nouvelle aventure au cinéma. Et c'est bien dommage pour tous ceux qu'avaient fascinés non seulement les comédiennes, mais le style de Beuchot : une sophistication jamais gratuite, qui colle exactement au propos, exprimant à la fois le vertige du temps qui passe, la répétition des mêmes errements, la confusion des sentiments.

La même année, Patrick Grandperret obtient le prix Jean-Vigo pour *Mona et Moi*. Mais il y a maldonne, car le prix Jean-Vigo ne récompense pas seulement une œuvre, il est surtout – c'est son créateur, Claude Aveline, qui l'a ainsi défini – « un pari sur l'avenir ». Or l'avenir a fait mentir le jury [1] : après *Courts Circuits* (1980) et *Mona et Moi*, Patrick Grandperret n'a plus réalisé que des films commerciaux. Comprenons-nous bien : il ne s'agit pas de reprocher à un réalisateur d'avoir du succès (on ne peut que s'en réjouir !). Mais on peut lui reprocher de donner l'impression d'avoir calibré son film pour répondre à ce qu'il croit être – à raison ou à tort – l'attente du public.

Les auteurs, les vrais, ne supputent pas, ne calculent pas. Ils ne cherchent pas à appâter le spectateur comme un braconnier piège le gibier. Les auteurs, les vrais, ne trichent pas avec leur désir.

Ce qui n'implique pas, bien sûr, qu'ils aient tous du génie. Mais suppose, obligatoirement, qu'ils créent en pleine liberté. Ce que font, toujours dans l'année 1990, Claudine Bories *(La Fille du magicien)*, Philippe Faucon *(L'Amour)*, Alexandre Abadachian *(Mado, poste restante)*...

En fait, le nombre de premiers films en 1990 – vingt-six –

1. Si je me permets de le dire, c'est que j'en faisais partie...

est exactement le même qu'en 1988. Ce qui frappe, c'est leur originalité. Et le succès public remporté par certains. La palme revenant à *La Discrète*, de Christian Vincent, qui ne fait pas moins de 232 000 entrées en trois semaines (Paris-périphérie).

Du coup, il se tourne trente-quatre premiers films en 1991, trente-neuf en 1992, et autant en 1993… Les révélations se succèdent. 1991 est l'année Desplechin. Ceux qui ont vu *La Vie des morts* se souviennent du choc. Et Desplechin, qui, pour ce premier film, reçoit le prix Jean-Vigo du court métrage, lui, ne décevra pas. Le futur auteur de *La Sentinelle* (1992) et de *Comment je me suis disputé…* (1996) s'affirme comme le plus grand.

1991 voit aussi l'arrivée de Philippe Alard *(Villa Beausoleil)*, de Laurent Bénégui *(Un type bien)*, et le retour de Marie-Claude Treilhou. Onze ans après *Simone Barbès ou la Vertu* et un détour du côté du folklore *(L'Ane qui a bu la lune)*, elle nous revient avec *Le Jour des Rois*. Des comédiens chevronnés, oui : Danielle Darrieux, Micheline Presle (dans un double rôle), Paulette Dubost, Michel Galabru, Robert Lamoureux, mais quelle malice dans le regard, quelle ironie dans le dialogue, quelle insolence sous la rigueur de la construction !

Quant au troisième film de Claire Denis, *S'en fout la mort*, il ne ressemble à rien. Comme le fait dire Cocteau à la reine de *L'Aigle à deux têtes* : « Ne ressembler à rien, ne ressembler à personne, c'était un motif pour me plaire. » Elle n'a pas tellement plu, malheureusement, cette inquiétante descente aux enfers, dans l'obscurité des caves où se livrent des combats de coqs clandestins.

1992, 1993, 1994 : cette fois, c'est la déferlante. Voici Cédric Klapisch *(Riens du tout)*, Cédric Kahn *(Bar des Rails)*, Philippe Harel *(Un été sans histoire)*, Cyril Collard *(Les Nuits fauves)*, Laurence Ferreira Barbosa *(Les gens normaux n'ont rien d'exceptionnel)*, Michel Béna *(Le Ciel de Paris)*, Xavier Durringer *(La Nage indienne)*, Anne Fontaine *(Les histoires d'amour finissent mal en général)*, Françoise Etchegaray *(La Règle du je)*, Mathieu Kassovitz *(Métisse)*, Hervé Le Roux

(Grand Bonheur), Pascale Bailly *(Comment font les gens)*, Marion Vernoux *(Personne ne m'aime)*, Dominik Moll *(Intimité)*, Sophie Fillières *(Grande Petite)*, Antoine Desrosières *(A la belle étoile)*, Boris Eustache *(Les Arpenteurs de Montmartre)*, Edwin Baily *(Faut-il aimer Mathilde ?)*, Yolande Zauberman *(Moi Ivan, toi Abraham)*, Agnès Merlet *(Le Fils du requin)*, Malik Chibane *(Hexagone)*, Jean-Pierre Améris *(Le Bateau de mariage)*, Philippe Lioret *(Tombés du ciel)...*

1995 : Christine Carrière *(Rosine)*, Noémie Lvovski *(Oubliemoi)*, Michel Spinosa *(Emmène-moi)*, Solange Martin *(A cran)*, Emmanuelle Cuau *(Circuit Carole)*, Jacques Maillot *(Corps inflammables)*, Laetitia Masson *(En avoir ou pas)...*

1996 : Claire Simon *(Coûte que coûte)*, Judith Cahen *(La Croisade d'Anne Buridan)*, Pascal Bonitzer *(Encore)*, Sandrine Veysset *(Y aura-t-il de la neige à Noël ?)...*

1997 (les six premiers mois) : Agnès Obadia *(Romaine)*, Marie Vermillard *(Eau douce)*, Jean-Paul Civeyrac *(Ni d'Ève ni d'Adam)*, Laurent Bouhnik *(Select Hôtel)*, Bruno Dumont *(La Vie de Jésus)*, Dominique Cabrera *(L'Autre Côté de la mer)*.

Ouf ! Et pour ne citer que les meilleurs et donner une idée de l'abondance et de la diversité de la production.

33, ou 50 % de réalisatrices ?

Diversité, dites-vous ? Mais alors, qu'ont-ils en commun, tous ces jeunes ? Avant de répondre à cette question, il faut d'abord souligner un événement historique : pour la première fois dans l'Histoire du cinéma, le tiers des cinéastes sont des femmes. Mieux encore, ce sont trois femmes qui, en 1994, ont réussi les trois meilleurs films français de l'année : Marion Vernoux *(Personne ne m'aime)*, Pascale Ferran *(Petits Arrangements avec les morts)* et Tonie Marshall *(Pas très catholique)*.

Mais leur véritable victoire, c'est qu'on ne le remarque même pas. Fini, le temps des « films de femmes » ! Il n'y a plus que de bons ou de mauvais films, tout simplement. Faire sortir les femmes du ghetto a demandé... quatre-vingt-dix-neuf ans !

Et pourtant ! Et pourtant, dès 1896, une femme tournait *La Fée aux choux*, bientôt suivi de quelque deux cents courts métrages (en France) et de soixante-dix moyens et longs (en Amérique). Cette femme, c'est Alice Guy, sténodactylo chez Léon Gaumont, qui, à 24 ans, troque sa machine à écrire contre une caméra.

On aurait pu croire la partie gagnée dès le départ. Eh bien, non : les femmes cinéastes se sont longtemps comptées sur les doigts d'une main. Alors, évidemment, elles se sont investies là où il y avait de la place. Les hommes parlent peu des problèmes féminins. Et la poésie, au cinéma, n'est pas toujours leur fort. Elles foncent donc dans les deux créneaux. Et réussissent quelques chefs-d'œuvre. Une petite chanteuse face à sa mort possible, c'est *Cléo de 5 à 7*, d'Agnès Varda. La solitude des grandes villes et la mort d'un être cher, voici *Quelque part quelqu'un* et *Jamais plus toujours*, deux films-poèmes de Yannick Bellon.

Dans les années 70 – celles du MLF –, ces dames durcissent leurs positions. Le cinéma au féminin devient un cinéma féministe. C'est le temps où Yannick Bellon tourne *La Femme de Jean*, si subtil, si juste. Et où une nouvelle venue – Coline Serreau – s'interroge : *Mais qu'est-ce qu'elles veulent ?*, puis met un point d'exclamation provocant et optimiste à son deuxième film, *Pourquoi pas !*, qui prône le ménage à trois. C'est le temps de toutes les utopies. Et de tous les excès. Le festival des Films de femmes – qui vient de se créer – décide même d'interdire aux hommes d'assister aux projections !

Quinze ans plus tard, tout ça, c'est de l'histoire ancienne. Et si l'on tient vraiment à s'interroger sur une éventuelle spécificité féminine, la seule que l'on puisse, peut-être, trouver, c'est une certaine préférence à choisir des héroïnes plutôt que des héros. Ce qui fait rudement plaisir aux comédiennes, qui se plaignaient, à juste titre, de la pénurie de grands rôles féminins.

Catherine Corsini, la réalisatrice de *Poker* et des *Amoureux*, elle, va plus loin : « Je trouve une ressemblance, dit-elle, entre toutes les héroïnes des films de femmes : malgré leur différence d'âge, elles sont plutôt en marge et cherchent leur place dans la société [2]. »

Mais ce n'est pas l'avis du producteur Philippe Carcassonne, qui rappelle que le cinéma est un art collectif, soumis à des influences multiples. Pascale Ferran a écrit le scénario de *Petits Arrangements avec les morts* avec Pierre Trividic. Nicole Garcia, celui du *Fils préféré* avec Jacques Fieschi et François Dupeyron. « Mais, ajoute Philippe Carcassonne, goguenard, c'est Nicole Garcia qui a imposé les phrases les plus crues du dialogue. » Où allons-nous, si même la grossièreté n'est plus l'apanage des hommes…

Selon Philippe Carcassonne, toujours, qui en connaît un bout pour avoir produit Coline Serreau, Claire Devers, Anne Fontaine, Nicole Garcia et quelques autres, les films de femmes ont tout de même un point commun : « La structure en oignon. Elles commencent par vous raconter une histoire. Puis elles vous disent : "Voilà, c'est l'histoire, mais il y en a une autre derrière. Et puis encore une autre. Celle-là, on ne la voit pas, mais c'est important qu'elle soit là." »

Et c'est ma foi vrai : épluchez donc *Le Fils préféré*, *Petits Arrangements avec les morts*, *Personne ne m'aime* de Marion Vernoux, *Pas très catholique* de Tonie Marshall ou *J'ai pas sommeil* de Claire Denis, et vous découvrirez que tous sont des films à tiroirs. Comme les trains, une histoire peut en cacher une autre…

Didier Haudepin (producteur de *Personne ne m'aime*) dit à peu près la même chose : « Elles s'écartent presque toujours des structures du récit classique. Ou bien elles les décalent légèrement. »

Mais s'agit-il d'une caractéristique féminine ou d'une marque de talent ? Car elles en ont à revendre, du talent. Et du cœur à

2. *Marie-Claire*, octobre 1994 (propos recueillis par Lucienne Mardore).

l'ouvrage. Et de l'entêtement à être elles-mêmes. Elles ressemblent à l'héroïne de *La Piste du télégraphe* de Liliane de Kermadec, cette Américaine d'origine russe qui décide, un beau matin, de rejoindre à pied sa Sibérie natale et qui y parvient. Coriaces, pugnaces, opiniâtres, elles réussissent d'abord le plus difficile : convaincre un producteur de produire leur film [3].

Car la plupart des producteurs appartenant au sexe masculin, et le machisme n'étant pas tout à fait mort, les femmes doivent déployer, pour les convaincre, plus d'énergie encore que leurs confrères. Si elles possèdent vraiment une qualité spécifique, les femmes, c'est ça : une vitalité formidable qu'elles communiquent à leurs personnages. Regardez Maxime (Anémone), la « privée » de *Pas très catholique*, Annie (Bernadette Lafont), la conductrice du camping-car de *Personne ne m'aime*, l'adolescente têtue (Éloïse Charretier) de *Rosine*, de Christine Carrière. Et Martine, l'adorable emmerdeuse des *Gens normaux n'ont rien d'exceptionnel*, de Laurence Ferreira Barbosa, qui s'obstine à vouloir faire le bonheur des autres malgré eux, tandis que Nathalie, la redoutable amoureuse d'*Oublie-moi*, de Noémie Lvovsky, use toute son énergie à s'autodétruire. Toutes deux interprétées magnifiquement par Valeria Bruni-Tedeschi, elles ont un punch à renverser les montagnes.

Le même punch que leurs réalisatrices. Et c'est pourquoi, sans doute, la proportion de films réussis est plus grande chez les femmes que chez les hommes. Si on ne compte que les auteurs de talent, ce n'est plus 33 % de femmes que l'on trouve, mais 50 %.

Cela dit, même si la vitalité est plus marquée chez les réalisatrices que chez les réalisateurs, elle est une constante du jeune cinéma français des années 90. Ce qui nous ramène à nos moutons : qu'ont-ils donc en commun, tous ces jeunes ?

Eh bien, la vitalité, justement, et de tourner le dos au « cinéma

3. Liliane de Kermadec en sait quelque chose. Auteur d'un très beau film, *Aloïse*, en 1975, elle a mis dix-neuf ans à pouvoir réaliser le deuxième, *La Piste du télégraphe*.

de qualité » des années 70, comme à celui de l'indifférence et de la peur de vivre des années 80. Les Enfants de la Liberté sont tous amoureux de Cassavetes et leurs films ont la bougeotte. Ils parlent de ce qu'ils connaissent. Ils aiment leurs personnages. Et ils donnent l'impression d'écrire directement sur la pellicule, comme le conseillait autrefois Alexandre Astruc. Bref, ils font un cinéma d'auteur, chaleureux, généreux et libre de toute contrainte, qu'elle soit d'ordre dramatique ou commercial.

Un cinéma « franco-français »

De quoi faire grincer bien des dents. Leur reproche-t-on assez, par exemple, de faire un cinéma « franco-français » ! Formule curieuse. Il faudrait donc que les Français fassent un cinéma américano-russe ; les Russes, un cinéma sino-japonais ; à charge pour les Chinois de tourner des films franco-germaniques ? En tout cas, pour les Français, faire des films franco-français, c'est clair, c'est la honte. Vous vous rendez compte : s'intéresser aux égarements du cœur et de l'esprit quand on pourrait tourner des westerns et des drames élisabéthains, il faut vraiment être taré ! Aussi taré que Racine, Marivaux ou Proust l'ont été en leur temps. Car, enfin, mis à part Rabelais et Victor Hugo – ce qui n'est pas beaucoup en quatre siècles –, nous n'avons guère la tête épique. De Mme de La Fayette à Marguerite Duras ou Nathalie Sarraute, notre tradition est celle du roman d'analyse – même si la psychologie de comportement remplace souvent, aujourd'hui, la psychologie tout court. Seulement, voilà, personne ne s'est jamais permis de faire grief à Racine de n'être pas Shakespeare, ni à Proust de n'être pas Joyce, tandis qu'il est de bon ton de reprocher à Rohmer de « faire du Rohmer » *(sic)*...

Alors, vous pensez, ces petits jeunes qui se permettent, eux aussi, de faire du cinéma de chambre – comme on dit de la musique de chambre – au lieu de courir, comme Spielberg, sur les traces de quelques aventuriers de l'Arche perdue, on ne va pas se gêner pour les épingler !

On ne se gêne donc pas et c'est absurde : mieux vaut faire bien ce que l'on sait faire que mal ce pour quoi l'on n'est pas doué. D'ailleurs, tout le monde le sait, c'est en étant au plus près de soi-même que l'on est le plus proche des autres. C'est toujours le plus particulier qui est le plus universel. Les westerns de Ford enchantent les Français et les Japonais sont tombés amoureux des *Parapluies de Cherbourg*. Alors, fichez-leur bien la paix aux Spinosa, Desplechin et autres Pascale Ferran ! Et surtout, surtout, n'allez pas leur reprocher d'écrire eux-mêmes leurs scénarios au lieu de les commander – et « en béton », s'il vous plaît – à des « professionnels de la profession » !

Un cinéma d'auteur

Car le voilà, le deuxième grief fait aux jeunes auteurs : pourquoi diable ne se contentent-ils pas de « mettre en images » les scénarios des autres ? Eh bien, parce que ce sont des auteurs, précisément, et que, pour eux, scénario et mise en scène sont inséparables. Ce qui permet aux tenants du « cinéma de qualité » de crier à la « crise du scénario », prétendue cause de la prétendue crise du cinéma français. Or – ce livre va essayer de le prouver – le cinéma français n'est pas en crise. Pas plus, en tout cas, qu'il y a dix, vingt ou trente ans. Et ces jeunes auteurs, qu'on accuse d'écrire de mauvais scénarios parce qu'ils les écriraient seuls, écrivent, en réalité, d'excellents scénarios, et généralement pas seuls. Ils ont besoin de quelqu'un pour leur renvoyer la balle. Ils ont besoin d'un ami, d'un complice, d'un alter ego, capable d'entrer dans leur univers.

Que ce soit avec Jean Gruault ou Suzanne Schiffman, Truffaut faisait toujours du Truffaut. Après avoir écrit seul le scénario de *La Sentinelle*, Arnaud Desplechin en a travaillé l'adaptation avec trois copains, dont Pascale Ferran. Or *Petits Arrangements avec les morts*, le premier film réalisé par

Pascale Ferran, n'a rien à voir avec *La Sentinelle*. Pas plus qu'*Encore*, écrit et réalisé par Pascal Bonitzer, n'a la moindre parenté avec *La Belle Noiseuse* ou *Haut bas fragile*, alors que Bonitzer a collaboré à tous les derniers scénarios de Jacques Rivette.

Ce qui prouve, même s'il a eu besoin d'un ou plusieurs complices, que le seul auteur d'un film, c'est le réalisateur. C'est lui qui impose sa personnalité et qui, avec sa caméra, finit de modeler le scénario, le modifie peut-être, le parachève. Exactement comme un écrivain, par la seule magie de son style, sculpte l'anecdote que lui a racontée un ami, ou le fait divers dont il s'est inspiré. Qui oserait dire que le véritable auteur de *Dix heures et demie du soir en été* est le journaliste qui a fourni à Marguerite Duras le prétexte de son livre ?

Un cinéma romanesque

Cette comparaison avec la littérature n'est pas fortuite. Le cinéma d'auteur est presque toujours un cinéma qui, parce qu'il refuse des structures trop rigides, s'apparente plus au roman qu'au théâtre. C'est même dans cette « dédramatisation » qu'il conquiert sa liberté.

Le phénomène n'est pas nouveau. En 1947, André Bazin écrivait déjà : « Tout ce qui, depuis dix ans, compte réellement dans la production mondiale, de *La Règle du jeu* à *Citizen Kane* et à *Païsa*, n'est-ce pas précisément des romans (ou des nouvelles) qui ont préféré être des films ? Et n'est-ce pas à ces mutations esthétiques (qui ne sont point, je le répète, adaptations ou transpositions) que le langage cinématographique doit, depuis le même temps, ses plus incontestables progrès [4] ? » Mais, périodiquement, on l'oublie et l'on croit à nouveau que, pour être romanesque, un film se doit d'être adapté d'un roman. Alors que l'adaptation au cinéma des romans

4. *Revue du cinéma*, n° 14.

célèbres – sauf exceptions rares, comme *Une vie*, de Maupassant, réalisé par Alexandre Astruc en 1958 – produit généralement le phénomène contraire : on part d'une forme romanesque et on la transforme en spectacle.

Mais, périodiquement aussi, réapparaissent ces auteurs qui, pour écrire romans ou nouvelles, préfèrent la pellicule au papier : les Enfants de la Liberté aujourd'hui, la Nouvelle Vague hier, Jean Renoir, Orson Welles ou Rossellini avant-hier. Et aussi, bien sûr, Roger Leenhardt. Impossible de parler de cinéma romanesque sans évoquer celui dont la parole et les écrits fascinèrent plusieurs générations de cinéphiles. En 1934, Roger Leenhardt fut le seul critique à signaler l'intérêt d'un court métrage burlesque intitulé *Les Affaires publiques*, réalisé par un jeune inconnu qui s'appelait... Robert Bresson. Eh oui ! le futur auteur des *Anges du péché*, des *Dames du bois de Boulogne*, de *Pickpocket*, de *L'Argent* a débuté dans le burlesque !

Mais Roger Leenhardt ne fut pas seulement le plus pertinent des critiques, le plus brillant des causeurs, le plus passionné des touche-à-tout (il s'est même ruiné dans la culture intensive du cédrat en Corse !). Il ne s'est pas contenté de réaliser une cinquantaine de remarquables courts métrages documentaires, consacrés à la naissance du cinéma ou de la photographie, à des peintres, des écrivains ou des régions de France. Non, Roger Leenhardt est aussi l'auteur d'un des plus beaux films romanesques de l'Histoire du cinéma. En 1945, il écrivait dans la revue *Fontaine* : « Le vrai progrès du cinéma depuis quelques années est d'avoir mis au point une technique du récit qui dispose à peu près des mêmes ressources syntaxiques que l'écriture littéraire. » Deux ans plus tard, il en apportait lui-même la preuve avec *Les Dernières Vacances*[5]. *Les Dernières Vacances*, film mythique, maudit – il est toujours plus ou moins inconnu du grand public –, est à la fois le « roman du domaine » et celui

5. En 1962, Roger Leenhardt réalisa *Le Rendez-vous de minuit*, avec Lilli Palmer et Maurice Ronet, puis, en 1964, pour la télévision, *Une fille dans la montagne*.

des « amours enfantines », écrit non avec un stylo mais avec une caméra.

Maître à penser du plus célèbre des critiques, André Bazin, qui fut lui-même le père spirituel de François Truffaut, Roger Leenhardt est donc l'ancêtre direct des Enfants de la liberté, et Torrigne, le domaine où se passe *Les Dernières Vacances*, Torrigne est un peu le creuset où s'est forgé le jeune cinéma d'hier et d'aujourd'hui. On pourrait, en effet, appliquer non seulement à Truffaut et Cie, mais aussi à Marion (Vernoux), Michel (Spinosa), Christian (Vincent) et les autres ce que Jacques Doniol-Valcroze avait écrit à propos des *Dernières Vacances* : « Il [Roger Leenhardt] fait respirer son film comme on fait respirer un texte… Personnages et caractères prennent alors une densité romanesque que ne peut leur donner le scénario classique soucieux avant tout de situations et d'action [6]. »

Foin, donc, du scénario « en béton », puisque l'air ne passe pas à travers le béton !

Un cinéma en liberté

Or l'air, c'est la vie. Et c'est la vie qui donne au jeune cinéma d'auteur son côté foutraque parfois, mais étonnamment libre. D'une liberté qui nous enchante parce qu'elle nous bouscule et nous surprend sans cesse, parce qu'on ne sait jamais trop où on va, parce que, comme les passagères du camping-car de *Personne ne m'aime*, nous voilà embarqués dans une drôle d'aventure.

Truffaut l'avait bien dit : « Le film de demain sera tourné par des aventuriers. » Ce qui est une autre façon d'exprimer ce que disait déjà Cocteau, en 1951, à propos des jeunes : « Quand leur confiera-t-on une caméra portative et leur ordonnera-t-on de ne suivre aucune règle, sauf celles qu'ils s'inventent lorsqu'ils écrivent et ne craignent pas les fautes d'orthographe ?

6. *Sept Ans de cinéma français*, Éd. du Cerf, coll. « 7e art ».

Non que je leur recommande les fautes d'orthographe, mais n'importe quoi plutôt qu'un académisme qui se dissimule derrière la fausse nouveauté de l'enseignement cinématographique [7]. »

Eh bien, ce fut chose faite quelques années plus tard, grâce à l'arrivée sur le marché d'une caméra assez légère pour être portée à l'épaule et d'une pellicule assez sensible pour permettre les tournages de nuit sans un énorme appareillage électrique. Ces progrès techniques permirent à la Nouvelle Vague d'oser enfreindre toutes les règles pour inventer les siennes.

Car l'avantage d'être libre n'est pas de faire n'importe quoi, mais de pouvoir créer ses propres lois. La liberté s'accommode fort bien de la rigueur. Et la rigueur est même d'autant plus indispensable que la liberté se veut plus grande.

Mais enfin, direz-vous, en quoi consiste-t-elle, cette fameuse liberté ?

D'abord et avant tout à ne jamais être esclave de la technique. On pourrait dire, parodiant Verlaine (qui, lui, parlait de l'éloquence) : « Prends la technique et tords-lui son cou. » Car la technique n'est pas une fin en elle-même. Une caméra légère et une pellicule ultrasensible ne sont jamais que des instruments au service du style. Or, curieusement, quand il s'agit de cinéma, on a tendance à confondre la technique et le style. En littérature, rien à craindre : personne n'aurait l'idée d'accuser un grand écrivain de manquer de style simplement parce qu'il préfère utiliser un stylo plutôt qu'un ordinateur. Ou, comme disait Cocteau, parce qu'il fait des fautes d'orthographe. Mais, devant un écran, chaque spectateur se sent une âme de cuistre : « C'est bien filmé », ou « C'est mal filmé », dit-il, d'un air important. Oserait-on dire devant un tableau : « C'est bien peint » ?

Ah, si ! quelqu'un a osé ! Michel Blanc, dans un film assez drôle de Patrice Leconte : *Circulez, y a rien à voir* (1983). Ins-

7. *Entretiens autour du cinématographe*, recueillis par André Fraigneau, Éd. André Bonne.

pecteur de police, Michel Blanc, tombé amoureux de la directrice (Jane Birkin) d'une galerie de peinture et obligé de donner son avis sur une exposition, ne trouve rien d'autre à balbutier que cette petite phrase : « C'est bien peint », qui déclenche (dans la salle de cinéma) un effet d'hilarité garanti. Mais quand il est question d'un film, curieusement, ça ne fait rire personne.

Pourtant, à quelles règles, à quelles chartes se réfère-t-on, sinon à des modes, qui changent avec le temps et sont le plus sûr chemin vers l'académisme ? Dans les années 40 ou 50, la Bible du parfait petit cinéaste était *La Grammaire cinématographique* d'André Berthomieu (par ailleurs médiocre réalisateur). On y apprenait, par exemple, comment introduire un flash-back grâce à un flou artistique. A l'époque, c'est vrai, les spectateurs en avaient besoin pour comprendre qu'il s'agissait d'un retour en arrière. Aujourd'hui, dans *Personne ne m'aime,* Marion Vernoux passe sans transition du présent au passé sans que le spectateur éprouve la moindre gêne. Rien n'est plus vite caduc qu'un manuel de recettes qui, en fin de compte, ne relèvent que de la technique.

Le style, c'est exactement le contraire : l'expression d'une personnalité, par n'importe quel moyen. Évoquant les premiers jours du tournage de *Citizen Kane*, Orson Welles a dit : « J'étais inondé par la grâce de ma totale ignorance. » Et Cocteau, toujours lui, avoue que ses trouvailles dans *Le Sang d'un poète* (1931) « ressemblaient aux mots d'enfants. Je ne savais rien. Je découvrais le métier coûte que coûte et croyais l'employer comme on l'exerce d'habitude. C'est ainsi que de nombreuses erreurs passent pour des trouvailles. Charlie Chaplin estime que le personnage qui bouge en "plan américain" et dont le mouvement recommence en gros plan au lieu de finir est une trouvaille, alors que je montais mal et que je me trompais.

« Pareillement pour le travelling du poète qui a traversé le miroir : toute l'Amérique s'est demandé comment ce travelling n'avait pas la rigidité du rail. Je ne savais pas que les rails existassent et le poète était tiré sur une planche à roulettes.

« Ce que j'ai repris ensuite, volontairement, dans *La Belle et la Bête*, lorsque Belle longe le couloir où les rideaux volent. Fautes et hasards nous rendent souvent des services. A la fin des *Parents terribles*, l'inégalité du sol et un chariot vétuste firent que le recul tremblait et cahotait. J'imaginai de ne pas recommencer la mauvaise prise et de la rendre bonne. J'ajoutai sur cette faute un bruit de carriole et prononçai la dernière phrase sur les romanichels [8] ».

En 1947, lors du tournage d'*Orphée*, cette fois c'est volontairement qu'il transgresse tous les tabous : « Ne pas regarder dans l'appareil. (Faux, sans aucune importance.) La direction des regards. (Faux, sans aucune importance.) Quand on sort d'un côté, il faut entrer d'un autre. (Faux, sans aucune importance.) Le 180 degrés. Le 180 degrés est tabou, sacro-saint. Lorsque je le décide, toutes les figures s'allongent. L'assistant et l'assistant-stagiaire me disent qu'ils n'en prennent pas la responsabilité. Lorsque la Rolls qui emporte le cadavre d'Orphée s'arrête sur la route, trois 180° de suite mirent mes jeunes aides à rebrousse-poil. Pour être juste, ils reconnurent après le montage que j'avais raison et que l'arrachement des images ne provenait que de cette hérésie [9]. »

Citizen Kane, *Le Sang d'un poète*, *La Belle et la Bête*, *Les Parents terribles*, *Orphée*, autant de chefs-d'œuvre qui ont traversé toutes les modes. Peut-on en dire autant de *La Tunique* (1953), de Henry Koster, dont le seul mérite est d'avoir été le premier film en cinémascope ? On ne s'est pourtant pas fait faute, à l'époque, d'affirmer que, désormais, aucun film ne serait plus tourné dans un autre format. On a d'ailleurs dit la même chose du cinérama, du cinéma en relief, du cinéma odorant, et de quantité d'autres procédés qui ont fait long feu. Sans doute le dira-t-on bientôt des images de synthèse. Seul leur coût nous protège encore de films entièrement tournés selon ce procédé.

8. *Ibid.*
9. *Ibid.*

Le style, c'est autre chose. Au réalisateur de l'apporter. Parfois en bricolant des trucages enfantins, façon Cocteau. Parfois avec l'aide – mais l'aide seulement – de quelques techniciens. C'est le cas de Sandrine Veysset, qui a raflé plein de prix (prix Louis-Delluc 1996, César du meilleur premier film, prix spécial du jury et prix d'interprétation féminine au XIe festival du Film de Paris) avec *Y aura-t-il de la neige à Noël ?* ; un premier film dont le charme ne tient qu'à l'entêtement de son auteur. Contre vents et marées, Sandrine Veysset a tenu bon et fait exactement ce qu'elle voulait. Ce qui n'a pas été facile pour une petite campagnarde qui, après des études de lettres modernes et d'arts plastiques à Montpellier, travaille, un peu par hasard, sur les décors des *Amants du Pont-Neuf* que Leos Carax tournait à Avignon. « Ce qui me fascinait, raconte-t-elle à Claire Denis, c'était cette idée que je voyais Paris pour la première fois, mais reconstitué à la campagne… » Un peu plus tard, elle découvre Paris « en vrai », au volant de la voiture de Leos Carax, à qui elle sert de chauffeur. Et c'est lui, au cours de ces allers et retours quotidiens à Joinville, où il monte son film, qui l'encourage à écrire un scénario « à partir des choses que je traînais dans ma tête », dit-elle. On est en 1991. Elle a 24 ans. Deux ans plus tard, elle dépose son scénario à l'Avance sur recettes et l'obtient. A la tête d'un tout petit pécule, il ne lui reste plus qu'à convaincre un producteur.

Parcours typique d'une aventure atypique. Car Sandrine Veysset ne sort d'aucune école de cinéma [10] et n'a travaillé sur quelques films que comme accessoiriste ou, selon son expression, « petite main » sur les décors. Imaginez la tête d'un producteur à qui cette inconnue sans références apporte un scénario lui-même atypique : ça se passe à la campagne, sur trois saisons, avec sept enfants, et on ne peut pas dire que l'action soit échevelée. Alors, naturellement, s'il ne vire pas d'emblée

10. Le parcours normal pour un jeune cinéaste aujourd'hui est d'être passé par l'Idhec ou, plus récemment, par la Femis. Dans les années 50, il n'était pas question de devenir réalisateur sans avoir été assistant pendant de longues années. Obligation à laquelle s'est immédiatement soustraite la Nouvelle Vague.

l'inconnue, il commence à pinailler : « Trois saisons, trois saisons... Rien n'est plus compliqué que ces tournages à épisodes ! On ne pourrait pas tricher ? Et puis, sept enfants... pourquoi pas trois ? D'ailleurs, ne serait-il pas plus raisonnable que tu commences par faire tes preuves en réalisant un court métrage ? Et, de toute façon, pas question de tourner le film sans vedettes : que penserais-tu de Nathalie Baye et Richard Bohringer ? »

Non. Sandrine Veysset dit non à tout. Et puis, un jour, elle rencontre Humbert Balsan, qui, lui, est d'accord pour prendre les risques. Tous les risques. Il aime cette histoire d'amour entre une mère et ses enfants, un amour si fort qu'il parvient à illuminer leur vie. Elle est pourtant terrible, cette vie, sous la férule d'un *padre padrone*, un père patron, qui utilise sa maîtresse et les sept bâtards qu'il lui a faits comme main-d'œuvre gratuite pour son exploitation agricole. Cette chronique des travaux et des jours, au fil des saisons, évite tous les pièges du naturalisme. Elle n'est même pas vraiment néoréaliste – ou alors à la manière de *Miracle à Milan*, où, par le seul miracle de l'amour, le réalisme devient féerie.

Mais les miracles, chacun le sait, n'ont lieu qu'une fois. Comment se débrouiller sur un plateau quand on ignore tout de la technique ? Eh bien, en sachant exactement où on veut mettre sa caméra et non moins exactement ce qu'on veut voir à l'écran. Aux techniciens alors de se débrouiller, avec leurs objectifs et leurs filtres, pour obtenir les cadrages, les éclairages, les couleurs demandés. « Certains, dit Sandrine Veysset, ont voulu rouler des mécaniques en jouant les pros face à la débutante que j'étais. Ça s'est mal passé. Je ne suis pas quelqu'un à qui on impose des choses. Les choses, c'est moi qui les décide [11]. »

Elle décide, par exemple, de commencer son film dans la paille et de le finir dans la neige. Elle décide aussi de confier le rôle principal, celui de la mère, à une comédienne de théâtre,

11. *Télérama*, n° 2449 (propos recueillis par Marie-Élisabeth Rouchy).

quasi inconnue à l'écran : Dominique Reymond. Un choix formidable. Née en Suisse, ancienne élève de Vitez, qui lui fit interpréter *La Mouette* au théâtre de Chaillot, Dominique Reymond travailla aussi avec Sobel, Lassalle et Grüber. Elle a la force intérieure d'une Magnani, dans un corps apparemment fragile.

La caméra de Sandrine Veysset voit tout par les yeux des enfants. Un peu comme si elle était elle-même un huitième enfant qui participerait à leurs ébats. Et comme l'action n'a rien de spectaculaire, pour créer une tension dramatique, Sandrine Veysset exige notre participation : nous ne découvrons que peu à peu, à force de patience et d'attention, les liens qui existent entre les personnages.

La réussite du film est à la mesure de l'entêtement de son auteur : extrême. D'avoir tenu bon pour tourner en été, puis en automne, puis en hiver, elle atteint à une vérité qui ne doit rien à l'artifice : « J'aimais, dit-elle à Claire Denis, cette idée de la transformation des lieux et des êtres. Surtout des enfants qui grandissent très vite. C'était vraiment excitant de se demander comment on allait les retrouver à chaque période du tournage. Qui aurait perdu une dent, lequel aurait le plus grandi, etc. Quand je vois le film, c'est quelque chose qui me fait vraiment plaisir. Tous ces changements qui se sont faits sans moi, tout ce qui est de l'ordre de l'incontrôlable et qui ne passe pas par le maquillage ou le trucage.

« Ce film, ajoute-t-elle, c'était soit le faire avec cette liberté totale, soit ne pas le faire ! Je crois que je ne l'ai pas fait pour les autres. Je l'ai même fait contre les autres. Oui, je crois qu'au départ c'est égoïste. Il fallait que le film me corresponde… après, tant mieux s'il va vers les autres… »

Voilà, c'est ça un auteur. Quelqu'un qui n'atteint les autres qu'à force d'être fidèle à lui-même. Le cas de Sandrine Veysset est d'autant plus frappant que la plupart des réalisateurs sont des citadins qui font un cinéma urbain. La campagne, à l'écran, se fait rare. Mais, en fin de compte, peu importe les lieux. L'essentiel, c'est d'être soi.

Huit constantes

« Le style, c'est l'homme », disait Bazin[12]. Et il n'est d'homme digne de ce nom que libre. Donc, « avoir du style », c'est avant tout exercer son art en toute liberté.

C'est la raison pour laquelle les films des Enfants de la Liberté ne se ressemblent pas plus entre eux que ceux de Truffaut ne ressemblaient à ceux de Godard. Mais c'est aussi la raison pour laquelle ils ont en commun quelques constantes. Les mêmes, d'ailleurs, que l'on trouvait déjà dans le cinéma de la Nouvelle Vague. Ce qui est logique, puisque ces constantes ne sont que l'expression d'un goût commun pour la liberté. On peut en dénombrer huit.

1) *L'urgence*. C'est un mot à la mode, mais qui dit bien ce qu'il veut dire. Il exprime à la fois le désir, l'impatience et la nécessité. Un réalisateur qui n'éprouverait pas ces trois sentiments avec assez de force n'aurait jamais celle d'écrire un scénario, de le remanier, de convaincre un producteur, puis, après parfois plusieurs années d'effort, de tourner enfin son film. L'énergie – morale et physique – que doit déployer un auteur complet est incommensurable. Et, on l'a vu, c'est pire encore pour les femmes. Alors, il est naturel que le trop-plein d'énergie de l'auteur retombe sur ses personnages et, surtout, se sente dans la mise en scène.

L'exemple type est, sans doute, *Les Nuits fauves* (1992). Cyril Collard le savait : le temps lui était mesuré. *Les Nuits fauves*, c'est (un peu, beaucoup ?) son histoire. Jean (qu'il interprète lui-même) est séropositif et brûle sa vie. Pour à tout prix gagner du temps sur le temps. Le prendre de vitesse. « Encore une minute, monsieur le bourreau... »

Alors, *Les Nuits fauves* va vite, très vite. « Emprisonner cette vie qui fuit dans la boîte à images qu'on appelle une caméra. Aller à l'essentiel. Ne filmer que les phrases qui comptent, les

12. *Revue du cinéma*, n° 14.

gestes qui importent. Et les couper, ces phrases, ces gestes, dès lors qu'ils deviennent prévisibles [13]... »

Unique long métrage de Cyril Collard, mort le 5 mars 1993, cinq mois après la sortie de son film, *Les Nuits fauves* est un brûlot qui a enflammé les passions. Certains n'y ont vu que l'histoire d'un garçon qui se drogue, drague les mecs et commet la faute impardonnable de ne prendre aucune précaution et de ne pas avertir Laura qu'il est séropositif la première fois qu'il couche avec elle. Les autres ont vu plus loin : l'histoire d'un cœur sec, d'un « cœur en hiver », qui va enfin apprendre à s'engager, à se battre, à aimer. Lorsque Jean lui avoue sa faute, Laura ne hurle pas de peur, mais d'amour déçu. Elle ne pense pas au danger, elle ne reproche pas à Jean sa monstrueuse inconscience, elle ne craint qu'une chose : qu'il n'ait pas eu confiance en elle. Film d'amour fou, film romantique – d'un romantisme du XXe siècle –, *Les Nuits fauves* ne possède pas seulement toutes les caractéristiques du jeune cinéma d'aujourd'hui, de l'urgence à la morale du regard, il nous a aussi révélé, dans le rôle de Laura, une comédienne bouleversante, encore toute pétrie d'enfance : Romane Bohringer.

2) *L'air du temps*. Cet air-là, *Les Nuits fauves* ne le reflète pas uniquement parce qu'il parle du sida. Alors que, le plus souvent, Cyril Collard tourne caméra à l'épaule et oublie parfois son script pour improviser une scène magnifique, voilà qu'il termine son film sur des plans léchés, chromos, hideux : un coucher et un lever de soleil filmés en accéléré, une statue du Christ Roi à Lisbonne, un calvaire derrière une cabine téléphonique... Ce mélange des genres – cinéma-vérité et cinéma léché – et, surtout, ce mauvais goût assumé (« Je ne veux pas être prisonnier d'une loi esthétique », disait-il) sont typiques de notre époque, qui refuse les notions de « beau » et de « laid ». Regardez les peintres pompiers du XIXe siècle, sortis des caves et exposés au musée d'Orsay...

Mais Cyril Collard n'est pas seul à refléter son époque. Et,

13. Pierre Murat, *Télérama*, n° 2232.

qui plus est, le cinéma se décentralise. *Le Fils du requin*, d'Agnès Merlet, parle de l'enfance délinquante dans une petite ville du Nord. Claire Simon *(Coûte que coûte)* décrit, semaine après semaine, l'inéluctable faillite d'une minuscule PME, sur la Côte d'Azur. *Hexagone*, de Malik Chibane, *État des lieux*, de Jean-François Richet, *La Haine*, de Mathieu Kassovitz, racontent les banlieues chaudes. *Bye bye*, de Karim Dridi, se passe dans la communauté arabe de Marseille. Car si les Enfants de la Liberté – comme la Nouvelle Vague – parlent, et ils ont raison, de ce qu'ils connaissent, ils ne connaissent pas seulement Paris.

Robert Guédiguian, qui a commencé à filmer Marseille et ses environs en…1981 *(Dernier Été)*, tourne en 1995 sinon son meilleur film, du moins celui qui a eu le plus de succès : *A la vie, à la mort*. Des marginaux, des paumés, qui se serrent les coudes et ne survivent que grâce à l'amitié.

Quant à Pascale Ferran, pour son deuxième film – une commande, certes, mais qui porte sa griffe –, elle a transporté sa caméra à Strasbourg, où elle a filmé les espoirs et les atermoiements, les déceptions et les décisions de quelques jeunes au bord de leur vie d'adulte.

3) *La chronique*. Du fait de leur construction plus romanesque que dramatique, la plupart de tous ces films relèvent de la chronique. Quelques jours, quelques mois de la vie de… Parfois, comme dans les journaux intimes, une date apparaît sur l'écran. Le temps coule. Sans à-coup. Et même les retours en arrière ne donnent jamais une impression de rupture. Ils arrivent là, comme une évidence, sans être annoncés par aucun effet technique, simplement parce que le personnage, à cet instant, pense à son passé et, tout naturellement, l'intègre au présent.

4) *La déambulation*. Quatre femmes dans un camping-car (Bernadette Lafont, Bulle Ogier, Michèle Laroque, Maaike Jansen) font une virée sur les plages du Nord. C'est *Personne ne m'aime*, de Marion Vernoux. Raoul (Julien Collet) remarque une fille dans l'autobus. Elle descend : il descend. Elle va son chemin : il lui emboîte le pas. C'est *L'Histoire du garçon qui voulait qu'on l'embrasse*, de Philippe Harel. Avant de rejoindre

son amant, Lucie (Christine Brücher) trouve un prétexte pour aller rôder près du bureau de son mari. Il la voit. Elle se sauve. Il la rattrape... C'est *Intimité*, de Dominik Moll. Bénédicte (Judith Godrèche) trouve 500 000 francs dans la cour d'un immeuble. Elle achète un grand sac, y cache les billets et, jusqu'à la fin du film, son butin en bandoulière, elle arpente Paris. C'est *Grande Petite*, de Sophie Fillières. Maxime (Anémone) est détective privé. Une bonne raison pour traîner dans les rues. C'est *Pas très catholique*, de Tonie Marshall. Thomas (Mathieu Demy), son petit cartable sur le dos, n'arrête pas de courir. Du lycée chez sa copine. De chez sa copine au centre de dépistage du sida. Il saute même dans la Seine... C'est *A la belle étoile*, d'Antoine Desrosières. Chloé (Garance Clavel) parcourt inlassablement les rues du quartier de la Bastille. C'est *Chacun cherche son chat*, de Cédric Klapisch.

On pourrait allonger la liste. Comme Boris Eustache a intitulé son film *Les Arpenteurs de Montmartre*, presque tous les jeunes réalisateurs d'aujourd'hui pourraient intituler le leur « Les arpenteurs de quelque chose ». Ils aiment filmer des personnages en marche. Et ils les filment bien. Ce qui n'est pas facile, car – c'est Rohmer qui le dit – chaque cas pose un problème. Faut-il laisser la caméra fixe ? Faut-il trouver un angle qui permette de suivre le personnage en panoramique ? Ou faut-il l'accompagner dans un travelling latéral, au risque d'abolir, pour le spectateur, la notion de mouvement ? Je ne sais pas si tous ces jeunes réalisateurs se sont posé le problème. En tout cas, ils semblent l'avoir résolu – chacun à sa manière – le plus naturellement du monde. Et, après tout, il est naturel que ça leur soit naturel, puisque ce qui les intéresse, c'est la vie. Or quand on vit, on bouge...

5) *L'improvisation ou l'imprévu*. Pour son premier film, *Riens du tout*, Cédric Klapisch, inquiet, avait dessiné un storyboard[14] méticuleux. Mais, une fois dans le décor, un grand

14. Le film est dessiné plan par plan, avec l'emplacement de la caméra et l'indication des mouvements d'appareil. Une vraie bande dessinée.

magasin, il n'hésite ni à changer l'angle des prises de vue, ni à demander parfois à ses comédiens d'oublier le texte appris et de travailler trois ou quatre heures une improvisation. « *Riens du tout*, dit-il, est devenu un mélange de fiction et de reportage. » Cyril Collard, lui, a appris de Maurice Pialat, dont il fut l'assistant, à laisser la caméra tourner après la fin d'une scène afin d'accueillir l'imprévu. Il a aussi provoqué des glissements : ainsi, quand Jean (qu'il interprète lui-même) va voir sa mère (Claude Winter), la première moitié du dialogue est fidèle au script. Puis, tout à coup, il s'est mis à inventer : « Et toi, est-ce que tu sais ce que ça veut dire : aimer ? » Et Claude Winter est entrée dans le jeu. « Elle a forcément transposé des choses de sa vie, dit Cyril Collard, et c'était extraordinaire. Rendre possible de tels moments, créer un courant pour laisser passer la vie, je crois que ça fait partie de la mise en scène. »

Ils le croient tous, même si tous ne vont pas aussi loin. « Parce que *Bar des Rails* n'avait eu qu'un succès d'estime, dit Cédric Kahn, pour tourner mon deuxième film j'aurais dû faire des concessions : scénario très bien ficelé, casting rassurant... » Alors, il préfère accepter une commande de la télévision dans la série « Tous les garçons et les filles de leur âge ». Il tourne *Trop de bonheur*, qui est quand même sorti en salles et a obtenu le prix Jean-Vigo.

Arnaud Desplechin lui-même, dont la mise en scène est pourtant d'une extrême précision, choisit toujours la vie contre la technique. « La technique, dit-il, me fait peur : elle est l'expression de la vanité. » Dans *La Sentinelle*, au cours de la scène où Mathias (Emmanuel Salinger) et sa sœur Marie (Marianne Denicourt) se parlent tout en marchant dans la rue, le bruit des voitures rendait certaines phrases inaudibles. Desplechin synchronise la scène en studio... puis revient à la première version. « Le texte, dit-il, devenait plus important que la voix de l'acteur. » Ce qui compte pour lui, c'est donc moins le sens des mots que leur musique. Et puis, finalement, le hasard a bien fait les choses : « Dans cette scène, dit Desplechin, Mathias promet à Marie de s'occuper d'elle, de la rendre heureuse, mais il ment. Alors c'est bien qu'il y ait des voitures qui passent, des gens qui parlent, qu'on ne comprenne pas tout. Il y a discordance[15]. » Le hasard, c'est la « part de Dieu » dont parle Cocteau et que tout créateur doit préserver.

Et Christian Vincent, qui a pourtant retravaillé le dialogue de *Beau fixe* pendant deux ou trois mois avec ses quatre comédiennes pour qu'il leur ressemble plus, se reproche aujourd'hui d'avoir « trop répété au moment du tournage, ce qui a enlevé de la fraîcheur », et surtout de n'avoir pas « osé improviser au niveau des situations... comme Cassavetes ».

Cassavetes, dont ils se réclament tous.

6) *Le plan-séquence.* Est-ce par amour des comédiens, pour mieux les laisser libres de leurs mouvements, que tant de jeunes réalisateurs préfèrent le plan-séquence à un découpage très morcelé ? Sans doute, mais aussi pour préserver leur propre liberté. Et celle du spectateur. La caméra de nos jeunes cinéastes a généralement la bougeotte et leurs plans-séquences sont rarement des plans fixes. Il y a donc, pour nous, une espèce de griserie à nous laisser promener au gré d'une caméra baladeuse. Dix minutes, c'est à peu près la durée d'une bobine de pellicule, donc le temps dont on peut disposer sans avoir à arrêter pour recharger. Naturellement, on peut tricher, comme Hitchcock dans *La Corde*, et raccorder les bobines entre elles de manière invisible en enchaînant sur la deuxième bobine le mouvement commencé sur la fin de la première. *La Corde*, qui dure une heure vingt, n'est ainsi composé, en apparence, que d'un seul plan. Mais on peut déjà parler de plan-séquence à partir de deux ou trois minutes...

Précisons aussi que le charme du plan-séquence tient aux changements de focales en cours de route, à ces passages mouvants du gros plan au plan d'ensemble, à ces glissements progressifs du plan d'ensemble, avec une grande profondeur de champ, au plan rapproché, voire au gros plan, sans que jamais

15. *Télérama*, n° 2210 (propos recueillis par Pierre Murat).

ni le comédien ni le spectateur n'éprouvent un sentiment de rupture [16].

Le plan-séquence, ou le glissement progressif du plaisir...

Mais il y a plus : si les jeunes cinéastes préfèrent le plan-séquence à un montage heurté et le plan d'ensemble à des gros plans insistants, ce n'est pas seulement pour leur plaisir et le nôtre. C'est aussi par souci de laisser au spectateur son libre arbitre et aux personnages leur part de mystère.

Koulechov, le grand théoricien et cinéaste russe, a fort bien démontré, dès 1918, le pouvoir du montage. Il a pris un gros plan de l'acteur Ivan Mosjoukine. Un gros plan où le visage de Mosjoukine était totalement inexpressif. Puis il a associé ce gros plan successivement à l'image d'un mets délicat, à une image terrifiante, à une autre érotique... Chaque fois, le visage de Mosjoukine semblait changer d'expression, tour à tour gourmand, horrifié, concupiscent... L'« effet Koulechov » montre bien comment l'acteur lui-même et, a fortiori, le spectateur peuvent être manipulés. Or qui dit liberté dit refus de la manipulation.

7) *L'ouverture*. Un certain goût pour le vide, les failles, les béances, les trous, quoi, est peut-être ce qui distingue le mieux un cinéma en liberté d'un cinéma académique. L'académisme, cette caricature du classicisme, ne laisse aucune porte entrouverte pour que le spectateur s'y glisse. Il le laisse passif devant un spectacle verrouillé : tout est dit, montré, mâché. Au contraire, dans un cinéma en liberté, la liberté est contagieuse. A celle du cinéaste, qui se permet, par exemple, comme Marion Vernoux dans *Personne ne m'aime*, d'interrompre l'action pour laisser un de ses personnages s'adresser directement à nous, face à la caméra, répond celle du spectateur, dont on sollicite la participation.

Pour qui est attentif, le non-dit en dit souvent plus long qu'un long discours, et l'ellipse excite notre imagination. Ce

16. Naturellement, il arrive aussi qu'une scène, filmée en plan-séquence pour permettre aux comédiens de jouer en continuité, soit ensuite morcelée au montage.

sont ces ellipses et ces non-dits qui ouvrent des failles. Et, comme la nature a horreur du vide, le spectateur s'y engouffre. Telle Mia Farrow dans *La Rose pourpre du Caire* (Woody Allen, 1985), il quitte son fauteuil pour aller se balader dans l'écran. Le spectateur devient actif et, dans une certaine mesure, coauteur du film.

Ce qui est une marque d'estime pour son intelligence et de respect à son égard.

De même, aussi paradoxal que cela paraisse, les personnages aussi sont libres. On les sent disponibles. Prêts pour toutes les rencontres, pour toutes les aventures. A chaque instant, on a le sentiment que tout peut arriver, que rien n'est programmé, que l'histoire ne file pas sur des rails dont elle ne sortira jamais. Ce refus de la fatalité, du destin, qui sont l'apanage de la tragédie ou du réalisme poétique d'antan, façon *Quai des brumes*, donne des films extrêmement roboratifs. Car la chronique, c'est la vie qui va. Toujours inattendue. Avec des personnages qui nous surprennent et peuvent parfois échapper à leur auteur. Quant au dénouement, il n'est jamais que provisoire. L'auteur cesse de nous donner à voir ses créatures, mais elles ne cessent pas pour autant de vivre : rien n'est définitif, rien n'est clos, la fin reste ouverte.

La conséquence de cette liberté laissée par l'auteur à ses personnages est de les rendre, à nos yeux, plus importants que le scénario lui-même. On s'intéresse moins aux péripéties qu'à l'impact qu'elles ont sur ceux qui les vivent. Comment vont-ils réagir et pourquoi ainsi ? C'est le triomphe de la psychologie de comportement, la plus passionnante parce qu'elle entretient un perpétuel suspense. A nous de déceler les contradictions entre les paroles et les actes. A nous de découvrir la vérité parmi tous les mensonges – volontaires ou non.

Comme il respecte le spectateur, l'auteur respecte donc aussi ses personnages. Mieux : il les aime. Et là, on en arrive au plus important.

8) *La morale du regard.* A sa manière provocante, Jean-Luc Godard, jadis, avait lancé comme une boutade : « Le travelling

est affaire de morale. » Le travelling seulement ? Pas le panoramique ? Mais si, bien sûr. Ce que voulait dire Godard, c'est que la façon dont on raconte une histoire n'est jamais indifférente. Et c'est là que la morale intervient. Car si l'auteur peut – et doit parfois – condamner une action commise par son héros, il ne lui appartient pas de le juger. Contre son action, mais pour le héros. Il doit lui laisser une chance. C'est cela, la morale du regard : regarder ses personnages avec amour. Tous. Quels qu'ils soient.

Faut-il aimer Mathilde ?, c'est le titre d'un film très réussi d'Edwin Baily. Mathilde (Dominique Blanc) est une ouvrière du Nord. Sa vie n'a rien d'exemplaire, mais, pendant une heure trente-cinq, Edwin Baily répond à la question que pose le titre. Il y répond sans hésiter et nous en convainc comme d'une évidence : oui, il faut aimer Mathilde.

La morale du regard trace la ligne de partage des eaux : d'un côté, le cinéma de Duvivier et de Caro et Jeunet, de l'autre, celui de Truffaut et de Sandrine Veysset. Dans *Y aura-t-il de la neige à Noël ?*, il y a un personnage terrifiant : le *padre padrone*, l'Ogre du conte. Eh bien, ce père qui refuse du bois pour se chauffer à ses sept petits bâtards et à leur mère, ce père exploiteur, profiteur, violeur, Sandrine Veysset ne le méprise pas : « C'est un personnage difficile à aimer peut-être… En tout cas, je ne voulais pas en faire une caricature du sale type. Il est dur, brut, touchant parfois… Il fait partie de cette histoire d'amour et je crois que les histoires d'amour ne se jugent pas, elles sont simplement là ! Si l'on ne comprend pas l'histoire d'amour entre le père et la mère, le film ne tient pas. »

Le film tient. Sur un fil, mais il tient. Et c'est cet équilibre précaire qui en fait le prix. Car il ne s'agit pas de « justifier » l'attitude du père (remarquablement interprété par Daniel Duval). Non, elle est injustifiable. Mais il reste un homme – pas un monstre.

… et pourtant, ils tournent !

Eh oui, ils tournent ! Et même beaucoup. Mais la crise, direz-vous, la fameuse crise du cinéma français ? Ah ! la crise ! Eh bien, elle a commencé, la crise, exactement, le 28 décembre 1895, jour de la naissance officielle du cinématographe, au Grand Café, boulevard des Capucines, à Paris, où l'on projetait les premiers films de Louis Lumière. Entre autres : *La Sortie des usines Lumière*, *Le Jardinier et le Petit Espiègle* (devenu célèbre sous le titre *L'Arroseur arrosé*), *Le Déjeuner de Bébé* et *L'Arrivée d'un train en gare de La Ciotat*. Trente-trois spectateurs ! Déjà, c'était un bide. Quand il était directeur général de Gaumont, Daniel Toscan du Plantier[1] est tombé sur des lettres que Léon Gaumont avait écrites, avant la guerre de 1914, à Louis Feuillade, l'immortel auteur des *Vampires*, qui était aussi directeur des studios : « Il faut vous dire la vérité : ça ne marche pas. »

Depuis, les Cassandre n'ont plus jamais désarmé. Or ça n'a pas empêché le cinéma français, bon an, mal an, de continuer d'exister, de nous faire rire, de nous faire pleurer et de nous donner pas mal de chefs-d'œuvre. Je dis bien le cinéma français, car, en Italie, par exemple, l'arrivée de la télévision a littéralement éradiqué le cinéma, qui commence seulement, d'après Nanni Moretti (réalisateur du magnifique *Journal intime* et producteur et chef de file du jeune cinéma italien), à

1. Il a été directeur général de Gaumont. Il est aujourd'hui président d'Unifrance Film International et a fondé sa propre maison de production, Erato Films.

renaître de ses cendres. L'Angleterre produit peu, mais son admirable école documentaire donne régulièrement naissance à quelques grands noms, tels Ken Loach, Mike Leigh ou Stephen Frears. Mais il n'y a pratiquement plus de cinématographie allemande, et ne parlons pas des autres pays européens. Seule la France, en dépit de ses gémissements, s'en sort. Et cela grâce à un système que tous les pays européens nous envient : le système des aides.

A cause de ce nom, les « aides », certains pensent que notre cinématographie est moribonde, maintenue artificiellement en survie grâce à l'assistance des pouvoirs publics. Ce qui est faux. Archifaux. L'aide directe de l'État est presque nulle. Tout : l'aide automatique, l'aide sélective (Avance sur recettes, etc.), tout provient du Fonds de soutien. Et le Fonds de soutien, c'est notre épargne : une immense cagnotte alimentée par un pourcentage prélevé sur chaque place de cinéma (12 %) et chaque passage d'un film à la télé. Comme 60 % des recettes dans les salles sont dues à des films américains, c'est bel et bien l'Amérique qui permet au cinéma français d'exister.

Ce système est né juste après la guerre. L'Amérique avait déjà, à travers le monde, une vraie politique d'hégémonie de l'image. Ce qui lui était d'autant plus facile, en France, que nous avions été privés de films américains pendant toute la guerre. Et puis, comment résister à ceux qui nous avaient sauvés et nous apportaient à manger ? C'était le plan Marshall contre la libre circulation des films. En 1945-1946, le discours anti-américain, la lutte pour l'« exception culturelle » et la politique des quotas [2] étaient impensables. « A travers la liberté, le jazz, les films, le bonheur était américain », dit Daniel Toscan du Plantier. C'est alors que des fonctionnaires de génie (ça existe !) ont inventé la taxe. A l'époque, les Américains eux-mêmes ont trouvé très bien qu'une partie des recettes de leurs films reste en France pour faire vivre les nôtres.

2. Les « quotas » sont les pourcentages obligatoires de films français diffusés sur chaque chaîne de télévision.

Résultat : un système – ni capitalisme sauvage ni communisme forcené – qui rend l'art possible en préservant l'industrie.

Est-ce à dire que le cinéma roule sur l'or et qu'il est facile de « monter » un film (au sens de trouver de l'argent pour le tourner) ? Bien sûr que non. Mais un jeune réalisateur qui n'a encore jamais tourné a plus de chances qu'un autre. Regardez bien ces chiffres : 1990 : 26 premiers films ; 1991 : 34 ; 1992 : 39 ; 1993 : 39 ; 1994 : 22 ; 1995 : 33 ; 1996 : 37. Sur combien ? Entre 130 et 150 (coproductions comprises, et la France en fait beaucoup)[3].

J'entends déjà le grincheux de service : « C'est trop ! Tant de premiers films ne peuvent pas tous être bons. Quel gâchis d'argent ! » Mais ce grincheux-là se trompe. Il oublie la loi des nombres. La chance de découvrir un grand metteur en scène est proportionnelle au nombre de films produits. En moyenne, 1 sur 10.

C'est d'ailleurs pourquoi réaliser un premier film est relativement facile : tous les producteurs rêvent de découvrir un Orson Welles (s'ils ont le goût du génie) ou un Luc Besson (s'ils misent sur l'argent). A condition d'être modeste – maximum 10 millions de francs –, le budget sera bouclé grâce aux chaînes de télévision, aux Sofica[4], parfois aux Régions, et surtout grâce aux « aides ». Mais la modestie du budget n'est pas un handicap, au contraire. Le producteur Marin Karmitz a raison : « Un film cher n'est pas libre : c'est un amas de conformismes. »

D'où viennent-ils, ces nouveaux réalisateurs ? Eh bien, des

3. Donnés par le CNC (Centre national de la cinématographie), ces chiffres indiquent le nombre de premiers films *produits* chaque année. 1994, année où il est *sorti* (comme en 1993) le plus grand nombre de premiers films, est aussi l'année qui en a produit le moins. C'est l'effet boomerang normal : on s'est aperçu qu'on en avait produit un peu trop en 1992 et 1993, par rapport au nombre global de films français tournés. Entre 20 et 25 % est une bonne proportion.

4. Les Sofica (sociétés pour le financement de l'industrie du cinéma et de l'audiovisuel) ont été créées en 1985. Les sommes qui y sont investies sont déductibles du revenu imposable.

horizons les plus divers. Pas toujours de la Femis [5], rarement de l'assistanat, le plus souvent du court métrage, avec, parfois, un petit détour du côté de la pub et du clip… Il faut bien vivre.

Le court métrage, c'est la voie naturelle. Plus facile à produire qu'un long, il devient, s'il est réussi – mais chacun, bien sûr, l'espère –, une bonne carte de visite. Alors, on s'en va, tout seul, en quête d'un producteur ; ou, avec une bande de copains, on se débrouille…

L'un des parcours les plus exemplaires est celui d'Antoine Desrosières, 24 ans. « Je travaille depuis l'âge de 13 ans », dit-il (faussement) ingénu. Entendez par là que, depuis cet âge tendre, il fréquente assidûment la Cinémathèque. A 14 ans, il appelle un jeune producteur, Frédéric Robbes : « J'ai un projet. » A 15 ans, il le tourne : c'est *Made in Belgique*, avec – excusez du peu – Jean Bouise et Pauline Lafont. A 16 ans, il rencontre un certain Graham Guit (voir p. 235), qui en a 19 et a, lui aussi, tourné son premier court métrage à 15 ans. Ils fondent leur propre maison de production, La Vie est belle, et ouvrent une souscription pour produire le deuxième « court » de Graham Guit, *Le Roman de Léo*. Godard, Rohmer, Varda…, tous envoient de l'argent. « C'est émouvant d'être parrainé par des gens qu'on admire. »

Et puis, c'est parti : La Vie est belle sert de structure de production pour tous les copains. « On produit grâce aux aides, aux subventions, parfois au fric personnel du réalisateur. » Les copains, outre Graham Guit, c'est Simon Reggiani et Philippe Alard. « *Villa Beausoleil*, c'est le film que j'aurais aimé faire », dit Antoine Desrosières. En novembre 1990, le prix Hachette lui permet de transformer La Vie est belle en maison de production de long métrage. Il produit aussitôt *Villégiature*, de Philippe Alard. Il voit Mathieu Demy dans *Kung-Fu Master*, d'Agnès Varda, et écrit pour lui le scénario d'*A la belle étoile*. Après bien des refus, Mathieu Demy finit par accepter le rôle. *A la belle étoile* sort en 1994. La Vie est belle, qui a aujour-

5. Le nouveau nom de l'Idhec, école des métiers du cinéma.

d'hui 9 ans, continue son petit bonhomme de chemin. Elle produit *Le Rocher d'Acapulco* de Laurent Tuel et *Banqueroute* d'Antoine Desrosières (tournage étalé sur un an et demi). C'est – vaguement inspiré d'un fait divers qui s'est passé en Angleterre – la cavale d'un garçon, Nicolas (toujours Mathieu Demy), qui a fait faire faillite à une banque parisienne. Toutes les polices le recherchent. Il fuit à l'autre bout de la France en compagnie d'une fille enceinte (Gwenola Bothorel), qui, en réalité, a l'intention de le livrer en cadeau à son petit ami (Antoine Chappey), qui est flic... Quant au troisième film d'Antoine Desrosières, *Je sais tout*, il sera produit par un ancien de Ciby 2000, Jean-Claude Fleury, qui vient de créer sa propre maison de production. Ce sera un polar, façon Agatha Christie, dans une colonie de vacances.

Un peu précoce, le parcours d'Antoine, mais assez représentatif de la jeune génération. Il prouve surtout que l'argent n'est pas un obstacle – du moins pour le premier « long ».

Après avoir réalisé plusieurs courts métrages, comme il n'arrivait pas à monter *L'Histoire du garçon qui voulait qu'on l'embrasse*, Philippe Harel produit lui-même, sans aucune aide, *Un été sans histoire* (1992) pour... 500 000 francs. Vu son coût, c'est un succès : 30 000 entrées à Paris, 60 000 sur la France. Canal + l'achète. Mais, avant même la sortie de cette réjouissante pochade – que Philippe Harel interprète lui-même avec l'irrésistible Dodine Herry –, un producteur, Philippe Martin, qui avait aimé l'un de ses courts métrages, *Deux pièces cuisine*, accepte de produire *L'Histoire du garçon qui voulait qu'on l'embrasse* (1994). Pour son troisième, *Les Randonneurs*, Philippe Harel rejoint l'écurie Lazennec.

En 1984, Michel Spinosa « monte » à Paris. Il a 20 ans, est né à Marseille et a vécu à Antibes. Il veut faire du cinéma. Il essaie vaguement d'être assistant, mais se rend compte très vite qu'il n'est pas fait pour ça. Impossible de s'inscrire dans une école, car il doit gagner sa vie. Alors, son copain d'enfance, Gilles Bourdos, et lui réunissent leurs économies – 30 000 francs – et réalisent en deux jours, avec une équipe de copains, un petit court métrage, *Un cadeau de Noël* : « L'adaptation d'une nouvelle de Chester Himes. C'était très mauvais », dit-il. Peut-être, mais il a déjà trouvé son directeur de la photographie, Antoine Roch, qui fera les images d'*Emmène-moi*. Spinosa et Gilles Bourdos montent alors une société de production : Persona Film. « On ne savait pas que c'était le nom de la maison de production que Bergman avait fondée à Munich, quand il avait eu, en Suède, des ennuis avec le fisc. Mais la vision de *Persona* avait été pour nous un tel choc que nous avons quand même gardé le nom. Cette société a été notre école. Entre 89 et 94, on a produit une vingtaine de courts métrages. »

Quant à Claire Simon, exaspérée d'écrire tous les mois un scénario tous les mois refusé à l'Aide au court métrage, elle s'achète un caméscope et décide de filmer seule, et à ses frais, des documentaires.

On pourrait multiplier les exemples. Quand ils ne montent pas leur propre maison de production, les apprentis cinéastes trouvent de jeunes producteurs qui deviennent de véritables complices. C'est le cas d'Arnaud Desplechin, dont les films sont produits par Pascal Caucheteux (Why Not), ou d'Éric Rochant, qui, lui, reste fidèle à Alain Rocca (Lazennec).

Autrement dit, avec des tonnes d'énergie, une pointe d'imagination et un peu de talent, tout le monde peut tourner un premier film. Mais pas forcément le sortir. La sortie, c'est le vrai problème des débutants. Chaque année, une dizaine de premiers films restent sur les étagères. Et, même s'il sort, un premier film risque, plus encore qu'un autre, de sortir mal [6].

« La distribution, dit Margaret Menegoz, productrice des Films du Losange, c'est le chaînon manquant. » Quand elle distribue *Le Bateau de mariage*, de Jean-Pierre Améris, à défaut d'un gros budget de sortie, elle se donne du temps pour présenter le film au public : aux instituteurs parisiens, mais

6. L'Acid (Agence du cinéma indépendant pour sa diffusion) veut « créer une passerelle entre cinéastes et distributeurs » et « sortir différemment des films différents ».

aussi à ceux de province. Jean-Pierre Améris est envoyé dans plus de trente villes. C'est un long travail, mais qui permet vraiment de faire se rencontrer le public, le film et le cinéaste.

De même, pour *Rosine* (1995), le premier film de Christine Carrière, Régine Vial (toujours les Films du Losange) organise une cinquantaine de débats à travers la France, dont une quinzaine entre Éloïse Charretier (Rosine), Aurélie Vérillon (sa copine Yasmina) et des élèves de l'enseignement professionnel. Et Michel Saint-Jean (Diaphana) remue ciel et terre pour diffuser le deuxième film de Manuel Poirier : *... A la campagne.*

Mais tout le monde n'a pas la chance d'Améris, de Carrière ou de Poirier. Quand son film est terminé, le jeune auteur est souvent tout seul pour s'intéresser à sa sortie. Le producteur, lui, s'en fiche. Le film est rentabilisé par la prévente aux télés qui ont coproduit. Et il suffit d'une sortie de huit jours en salle pour qu'il puisse être programmé sur le petit écran. Alors, on profite d'un « trou » d'une semaine dans n'importe quel circuit. Et le producteur est content.

Le jeune auteur, lui, l'est moins. Il sait bien que, si son premier film est un échec commercial, il devra galérer pour monter le deuxième. « Les frais de sortie, dit Margaret Menegoz, devraient faire partie du coût du film. Si on a permis à un auteur de tourner, c'est bien le moins qu'on lui donne sa chance en présentant convenablement son œuvre au public. Je milite pour que les coproducteurs et le CNC [7] gèlent une petite partie du budget pour financer les affiches, les projections de presse, etc. Au moins 500 000 F. »

Car si un premier film se finance assez facilement, il n'en va pas de même du deuxième. Sur trois réalisateurs, un seul parviendra à tourner son deuxième film. Scandaleux ? Bizarre ? Pas du tout : normal. Pour réussir à tourner un deuxième film, il faut beaucoup de talent et dix fois plus d'acharnement que pour le premier. Dame ! Votre producteur a compris que vous

7. Le CNC gère le Fonds de soutien.

n'étiez pas Orson Welles, et le score, généralement réduit, de votre premier film ne l'incite pas à miser encore une fois sur vous.

Il faut donc reprendre le bâton de pèlerin et recommencer à faire du porte-à-porte. Avec non plus l'avantage d'être un inconnu, mais le handicap de n'avoir pas fait courir les foules. Bref, un deuxième film nécessite la résistance d'un athlète et la force morale d'un héros.

Ce que raconte Catherine Corsini, qui a dû attendre six ans avant de tourner son deuxième film, ils sont des dizaines à l'avoir vécu. « L'échec de *Poker* (1988) a été décisif : je ne croyais plus en moi. Que faire ? Où aller ? J'ai essayé de contacter un ou deux producteurs avec un scénario. Sans succès. Alors, j'ai eu envie de me faire oublier. Je doutais. Je galérais. J'essayais d'écrire. Je jouais beaucoup au poker… »

C'est la télé qui lui a permis de s'en sortir : on lui commande deux films (*Fatale Obsession* et *Interdit d'amour*). Le succès du second lui rend confiance. Elle retrouve la force de se battre pour faire aboutir un projet cinéma : *Les Amoureux* (1994).

Mais, au cinéma, le succès, qu'est-ce que ça veut dire ? Le mesurer en nombre d'entrées est un leurre. Seule compte la balance entre le coût et les recettes. Chaque film a son prix. Raisonnable en fonction du nombre d'entrées prévues. Le plus grand malheur qui puisse s'abattre sur un jeune cinéaste, c'est d'avoir un producteur mégalomane qui gonfle arbitrairement le budget – si, si, ça existe ! – ou un producteur timide qui le laisse se « couvrir » en faisant trente prises là où quinze suffiraient et en tournant la même scène sous six angles et avec trois objectifs différents, faute d'avoir su se décider à l'avance. Le temps étant de l'argent – et au cinéma plus qu'ailleurs –, un film tourné dans ces conditions a beau être réussi et avoir trouvé son public, il n'« équilibre » pas. Et il accrédite la thèse – fausse – que le cinéma d'auteur n'est pas rentable.

Le cinéma d'auteur est parfaitement rentable. Son coût étant modeste, il n'a pas besoin de faire des millions d'entrées.

Quand *Les Rendez-vous de Paris* (1995) d'Éric Rohmer, qui a coûté 5 millions de francs, fait 100 000 entrées et se vend dans le monde entier, son succès, proportionnellement, est aussi grand que celui de *Pédale douce*, de Gabriel Aghion.

Tiens, justement, parlons-en de *Pédale douce*. Son budget était de 33 millions, il a fait 4 143 017 entrées en France, sa rentabilité est de 236 %. Il vient donc en tête du tableau des amortissements des films français, en salle, au cours de l'année 1996 [8]. Et qu'est-ce qui arrive tout de suite derrière, en deuxième position, avec une rentabilité de 206 % ? *Chacun cherche son chat*, de Cédric Klapisch, avec, seulement, 656 371 entrées. Seulement, voilà, il n'a coûté que 6 millions ! Et *Y aura-t-il de la neige à Noël ?* de Sandrine Veysset ? Cinquième position (sur 74 films cotés), 616 396 entrées, mais un coût de 8 millions, donc 145 % de bénéfices. Ahurissant, non ? Alors que *Beaumarchais l'insolent*, d'Édouard Molinaro, parce qu'il a coûté 95 millions, malgré ses 1 932 320 spectateurs, n'est rentable qu'à 38 %.

Bon. Encore faut-il que les « petits » films aient accès aux salles. Et surtout que les exploitants aient le courage de les y maintenir assez longtemps pour que le bouche à oreille ait le temps d'agir. Éric Rohmer, sur Paris, n'a sorti *L'Arbre, le Maire et la Médiathèque* (1992) que dans une seule salle, le Saint-Germain-des-Prés, en demandant, par contrat, que le film y reste six mois, quel que soit le nombre d'entrées. Évidemment, comme c'était Rohmer, le film a fait salle pleine dès le premier jour... Néanmoins, l'un des secrets est là : ne pas sortir dans trop de salles, mais y rester longtemps.

Si crise il y a, elle ne se situe pas en amont, mais en aval. Le problème, c'est qu'il y a toujours des salles qui cherchent des films sans en trouver. Et des films qui cherchent des salles et n'en trouvent pas non plus. Naturellement, ce ne sont pas les mêmes films. Vous allez comprendre : chaque semaine, sortent en moyenne huit à dix films. Imaginons qu'il y ait, parmi eux,

8. Tableau paru dans *Le Film français* du 21 février 1997.

deux ou trois grosses machines hollywoodiennes, deux ou trois films français – gros ou moyens – et quatre ou cinq petits films français ou étrangers. Les grands circuits – Gaumont, Pathé, UGC – ont des accords avec les *major companies* américaines. Priorité, donc, aux grosses machines hollywoodiennes. Ainsi, même un film comme *Les Visiteurs*, de Jean-Marie Poiré, ou *Pédale douce*, pourrait, selon sa semaine de sortie, être relégué salle 3 [9]. Quant aux autres…

Eh bien, les autres vont se colleter avec les tout-puissants programmateurs desdits grands circuits, qui font régner la terreur. Et, en désespoir de cause, la plupart seront bien contents de se retourner vers les exploitants indépendants. Oui, mais ceux-ci préféreraient programmer *Independance Day*… qu'ils ne pourront pas obtenir.

C'est un peu comme les histoires d'amour : A voudrait bien faire affaire avec B, qui lui préfère C. Alors A se retourne vers D, qui, lui aussi, préférerait C. Mais comme C a fait affaire avec B, A et D vont finalement faire un mariage de raison.

De raison, mais parfois, tout de même, d'amour. Il existe en France un peu plus de 800 salles qui adhèrent à l'Afcae (Association française des cinémas d'art et d'essai). Et, parmi les directeurs de ces salles, quelques apôtres.

Ceux-là font un travail considérable d'animation et de fidélisation. Montpellier, Lyon, Toulouse, Chambéry, Clermont-Ferrand, Le Havre, Marseille, Aubenas, pour n'en citer que quelques-unes, comptent parmi les villes favorisées. Le même film qui fait 200 entrées à Caen en fait 2 000 à Hérouville-Saint-Clair. Preuve que le jeune cinéma français peut concurrencer le cinéma américain, à condition qu'on prenne la peine de sensibiliser le public. S'il n'a jamais entendu parler d'*Emmène-moi*, comment aurait-il envie d'aller voir le film de Michel Spinosa ?

« Tout de même, diront les esprits chagrins, nous savons bien que la fréquentation en salle des films français est en

9. Dans un multiplexe, les salles sont numérotées selon leur taille.

baisse. Elle est même tombée en dessous de 30 % en 1994. Ça ne peut qu'empirer. Et c'est la faute à la télé ! »

Eh bien, ça se discute. D'abord, dès 1995, la fréquentation en salle est remontée. Et cela pour une raison très simple : presque chaque année, le cinéma français produit un film commercial à gros succès (ce n'est d'ailleurs jamais celui qu'on attend). Mais il suffit qu'une année, il n'y en ait aucun pour que le taux de fréquentation baisse. Ç'a été le cas pendant les onze premiers mois de 1994. Puis voilà qu'en décembre arrive *Un Indien dans la ville*, d'Hervé Palud. Il serait sorti deux mois plus tôt, 1994 n'aurait pas été une mauvaise année. Mais, du coup, durant les trois premiers mois de 1995, 50 % des entrées sont allés aux films français !

Quant à faire de la télévision le bouc émissaire de tous nos maux, c'est parfaitement injuste. Laissons à Daniel Toscan du Plantier la responsabilité de ses dires – mais ils ne sont pas si fous qu'ils en ont l'air : « La révolution technologique, c'est la deuxième chance du cinéma. Les télévisions commencent à s'apercevoir qu'un film dont ils n'ont jamais entendu parler n'intéresse pas beaucoup les téléspectateurs. Alors, on est en train de réinventer la sortie en salle comme promotion pour le passage à la télé. »

Renvoi d'ascenseur : la télévision aussi peut être un excellent agent de publicité. Déjà, Jean Renoir y avait pensé, dont *Le Déjeuner sur l'herbe* et *Le Testament du docteur Cordelier* (tous les deux de 1959) furent présentés d'abord à la télévision et ensuite au cinéma. Et Éric Rohmer a réservé la primeur du *Rayon vert* à Canal +, qui le diffusa le 31 août 1986, trois jours avant sa sortie en salle. Ce n'est peut-être pas un hasard si ce fut le premier de ses films à quitter le ghetto des intellcctuels et à toucher un public plus vaste, sinon populaire, du moins très jeune. Depuis, le procédé a été repris. Et toujours avec un double succès : la télévision achète plus cher un film quand elle en a la primeur et le public, lui, sensibilisé par le bouche à oreille, vient plus nombreux en salle.

D'autres passerelles ont été lancées, bénéfiques pour tout le monde. Quand Chantal Poupaud a produit pour Arte la série « Tous les garçons et les filles de leur âge », elle a fait appel à d'excellents cinéastes. Résultat : une série excellente. Mais aussi la possibilité, pour certains de ces films de cinquante-cinq minutes, de sortir ensuite en salle, en version longue. Avec succès : tels *L'Eau froide* d'Olivier Assayas, *Trop de bonheur* de Cédric Kahn, ou *Les Roseaux sauvages* (à la télévision : *Le Chêne et le Roseau*) d'André Téchiné. La série « Les années lycée », lancée par Pierre Chevalier sur Arte, a permis aussi à Cédric Klapisch de tourner *Le Péril jeune*, puis de le sortir en salle, où il a fait un tabac.

L'avenir n'est pas si noir. Laissons le mot de la fin à Daniel Toscan du Plantier : « Faire du cinéma a toujours été difficile, mais, entre nous, je comprends que ce le soit. Vous connaissez un autre milieu où quelqu'un peut entrer dans votre bureau et vous dire : "Monsieur, donnez-moi 20 millions, 100 millions, pour que je raconte mon histoire. Parce qu'elle me plaît, à moi ; parce que j'aime beaucoup la jeune fille qui va jouer le rôle ; parce que..." ? Ailleurs, on appelle la police... Non, le cinéma reste un lieu extraordinaire où on transforme le désir en industrie. »

Olivier Assayas

Pour présenter les quatorze réalisateurs les plus marquants des Enfants de la Liberté, le plus simple était l'ordre alphabétique. Et voilà que cet ordre alphabétique coïncide avec la chronologie : Olivier Assayas et Mehdi Charef furent des précurseurs.

Dès son premier film, *Désordre* (1986), Olivier Assayas tourne le dos au cinéma des années 80, ce cinéma de l'indifférence aux autres, de la peur de vivre et de l'image pour l'image. Il renoue avec le style Nouvelle Vague : une caméra mouvante, qui semble dessiner sur la pellicule le désarroi des personnages. Mais – à la différence de ceux de la Nouvelle Vague, et en dépit de leurs costumes et de leur vocabulaire très contemporains – ces personnages paraissent droit sortis du XIXe siècle. Du moins pour ses quatre premiers films. Cinéma romanesque, donc, quant à la forme, mais romantique quant au fond.

Olivier Assayas a débuté comme critique aux *Cahiers du cinéma* (mais oui, comme Rohmer, Truffaut, Chabrol, Godard...). Et comme scénariste : il a coécrit avec André Téchiné *Rendez-vous* et *Le Lieu du crime*.

Or ce scénariste de formation est d'abord un réalisateur. Si on s'amuse à résumer en quelques mots ses quatre premiers films, on obtient, au mieux, des mélos, au pire, des romans de gare.

Prenons *Désordre*, l'histoire de sept adolescents qui ont formé un groupe rock. Pour se procurer des instruments neufs, trois d'entre eux, Yvan (Wadeck Stanczak), Henri (Lucas Belvaux) et Anne (Ann-Gisel Glass), cambriolent un magasin. Ils ne réussissent qu'à tuer le patron. La police ne les inquiète pas, mais ce meurtre fait éclater le groupe. Et aussi le trio amoureux formé par Anne, Yvan et Henri. Anne choisira Yvan, mais celui-ci la trompera avec Cora (Corinne Dacla). Alors, Anne se fera entretenir par un homme plus âgé, avant de revenir à Henri... De quoi inquiéter un producteur, non ?

Le scénario de *L'Enfant de l'hiver* (1989) n'est pas plus rassurant. Stéphane (Michel Feller) abandonne Natalia (Marie Matheron), sur le point d'accoucher. Il a une liaison avec Sabine (Clotilde de Bayser), décoratrice de théâtre. Mais Sabine est amoureuse folle d'un comédien, Bruno (Jean-Philippe Ecoffey), qu'elle finira par tuer. Stéphane s'entend très mal avec son père (Gérard Blain). A la mort de celui-ci, il accepte son fils [1] et tente de renouer avec Natalia.

Quant à *Paris s'éveille*, ce pourrait être « Phèdre 1991 ». Clément (Jean-Pierre Léaud), la quarantaine, a pour maîtresse Louise (Judith Godrèche), qui a 18 ans. Arrive Adrien (Thomas Langmann), le fils de Clément, qui en a 19. Adrien et Louise tombent amoureux. Mais Louise couche avec un producteur pour être engagée à la télévision et Adrien, qui est recherché par la police, s'enfuit en Argentine...

La palme revient à *Une nouvelle vie* (1993). Tina (Sophie Aubry), qui n'a jamais connu son père, vit avec une mère névrosée (Nelly Borgeaud) et travaille comme magasinière dans un supermarché. Sa mère meurt dans un incendie. On

1. Quinze jours avant *L'Enfant de l'hiver*, était sorti le deuxième film de Claire Devers, *Chimère* (le premier était *Noir et Blanc*, Caméra d'or au festival de Cannes 1986). Il traitait aussi du refus de la paternité et d'un couple qui finissait par éclater. C'était un film troublant, dérangeant, un peu mystérieux, situé entre une station météorologique et un lac. Une petite fille se suicidait... *Chimère* ne plut ni au public ni à la majorité de la critique, qui lui préféra *L'Enfant de l'hiver*. Tant mieux pour Olivier Assayas. Mais c'est grand dommage pour Claire Devers, dont le talent n'est pas moindre. Quatre ans plus tard, en 1992, sortit *Max et Jérémie*, l'histoire d'une amitié entre deux tueurs (Philippe Noiret et Christophe Lambert), dont l'un était chargé d'éliminer l'autre. Depuis, plus rien, hélas !

retrouve Tina évanouie dans le luxueux appartement de son père. Celui-ci est momentanément absent. Mais un étrange personnage, Constantin (Bernard Giraudeau), rôde. Commence alors un jeu plus ou moins pervers entre Constantin, Tina et sa demi-sœur, Lise (Judith Godrèche). Gravitent autour d'eux le père (Bernard Verley), assez ignoble, et Laurence (Christine Boisson), la femme de Constantin… Terrifiant, non ?

Seulement, voilà : les scénarios d'Olivier Assayas sont littéralement transfigurés par sa mise en scène. Pas d'explications, pas de transitions : des instants de trouble, d'angoisse, d'incertitude, magnifiquement captés.

« Désordre » et « L'Enfant de l'hiver »

Dans *Désordre*, Henri pousse une porte et découvre un pendu : Yvan ; Anne confie à Henri qu'elle n'est plus qu'une poupée que son amant, chaque matin, habille à sa guise. Et le côté « presse du cœur » s'évanouit dans le murmure de la voix et la douceur du mouvement de la caméra. C'est la direction d'acteurs et le climat qui font tout. Ainsi, l'ambiance étrange qui règne sur le ferry-boat, là où se brise le couple Yvan-Anne, enlève à la scène son côté boulevard. On sent qu'Olivier Assayas tente d'atteindre une sorte de beauté abstraite, de dessiner une sorte d'épure des sentiments.

En dépit de la virtuosité de la caméra, on a un peu de mal à s'intéresser à *L'Enfant de l'hiver*. Peut-être parce que la mollesse – voire la veulerie – de Stéphane nous irrite. Sans doute aussi parce que Clotilde de Bayser, à qui revient la lourde tâche d'exprimer la passion de Sabine, est plus proche de l'hystérie que de la tragédie. Heureusement, il y a Marie Matheron [2], qui, dans le rôle difficile de la femme abandonnée,

2. Marie Matheron est une remarquable comédienne, sous-employée, on ne sait trop pourquoi. Elle est époustouflante dans *La Rue ouverte* (1988), le court métrage de Michel Spinosa. On la retrouve dans *Western*, de Manuel Poirier.

laisse entrevoir une palette de sentiments extraordinairement subtils et nuancés.

« Paris s'éveille »

Avec *Paris s'éveille*, Olivier Assayas approche de plus en plus du cinéma qu'il veut faire. L'osmose entre le décor, la caméra et les comédiens est totale. Et l'histoire – quelle histoire ? – n'est qu'une trame sur laquelle il accroche l'essentiel. L'essentiel, ce n'est pas que Louise couche avec Clément, puis avec Adrien, puis avec le producteur télé. Non, l'essentiel, c'est que Clément, Adrien et Louise se rencontrent, fassent un bout de chemin ensemble, puis se quittent. Douloureusement. Mais cette douleur même sera leur aiguillon. L'essentiel, ce sont ces trois itinéraires qui se croisent, se confondent un moment, puis continuent séparément leur ascension. L'essentiel, c'est une triple remontée vers la lumière.

Au début du film, Adrien se laisse enfermer, de nuit, dans le métro. Quand il veut en sortir, il se heurte aux grilles. Louise se drogue dans le sous-sol d'une boîte de nuit. Et Clément habite un appartement étroit et sombre. A la fin, Adrien part pour un pays de soleil, Louise ne se drogue plus. Et Clément, l'éternel adolescent, habite un appartement tout blanc.

Peu importe qu'Adrien n'ait changé de vie que parce que les flics le recherchaient. Peu importe que Louise se soit prostituée pour présenter la météo à la télé. Peu importe que Clément n'habite un appartement rénové que parce que sa nouvelle femme est décoratrice. Une seule chose compte : ils ont bougé. Ils se sont mis en route. Ils vont continuer. *Paris s'éveille*, c'est la peinture de trois trajectoires. En dehors de toute morale, de toute notion de réussite sociale. L'important, c'est d'avancer, de changer, et ce mouvement, ce n'est pas le scénario qui nous le rend sensible, mais la caméra d'Olivier Assayas, qui suit les personnages dans leurs errances et leurs erreurs.

Pourtant, bien qu'Assayas ne juge jamais ses personnages, la « morale » du film apparaît dans le dernier plan. Contre toute logique dramaturgique – et au nom de la liberté –, Assayas termine son film sur un personnage secondaire que l'on avait presque oublié : Agathe, une Chinoise qui travaille pour payer ses études. Dans un plan-séquence magnifique, la caméra suit cette jeune femme, fine et fière, qui sillonne, d'une table à l'autre, la salle rouge et or d'un restaurant où elle est serveuse. Ce plan mouvant, qui parle de grâce, d'équilibre et de dignité, s'oppose, bien sûr, au plan fixe de Louise présentant la météo sur le petit écran. Il est signe d'espérance.

Paris s'éveille est donc bien l'histoire d'un éveil. Pas forcément celui de Paris. Mais celui de personnages endormis, qui vont découvrir l'aube d'une nouvelle vie.

Les trois premiers films d'Olivier Assayas pourraient porter le titre du quatrième. Tous racontent la même histoire. A la fin de *Désordre*, Anne et Henri vont enfin échapper à ce passé qui a brisé les autres. Stéphane, le père de l'« enfant de l'hiver », finira par accepter sa paternité. Et c'est, bien sûr, une re-naissance que vit Tina dans *Une nouvelle vie*.

« Une nouvelle vie »

Moins globalement réussi que *Paris s'éveille*, *Une nouvelle vie* a, parfois, des fulgurances qui nous entraînent beaucoup plus loin. C'est un exercice de haute voltige. L'histoire, si on la lit au premier degré, sombre dans le ridicule. Assayas le sait bien, qui va nous en proposer une autre lecture. A la manière d'Antonioni, il transforme des appartements luxueux et vides en espaces abstraits et les jeux érotiques en expression symbolique d'une recherche de la connaissance de soi. La fluidité de sa mise en scène n'explique rien, mais transforme en itinéraire spirituel ce qui pourrait n'être qu'une suite d'aventures sordides.

L'image clé d'*Une nouvelle vie*, c'est ce plan étonnant de

Tina qui vient d'être appelée dans le bureau du chef du personnel du supermarché et que l'on retrouve évanouie sur un tapis, dans un bureau. Or ce bureau, c'est celui de son père. Ellipse intrigante qui nous jette au cœur d'un mystère. Et qui indique bien que le pourquoi et le comment n'ont aucune importance. Ni logique, ni psychologie. Tina vient de basculer d'un monde (la réalité) dans un autre (celui du conte).

Pour rejoindre Lise, sa demi-sœur, son double, sa moitié d'orange, Tina suit un drôle de parcours initiatique. Jalonné d'épreuves. Elle doit rompre avec son passé (son copain), affronter un ogre (son père) et un mauvais génie (Constantin). Comme armes : des talismans (un collier, une montre...). Et Olivier Assayas pousse la rigueur jusqu'à refuser toute musique d'accompagnement.

« L'Eau froide »

Son cinquième film, *L'Eau froide* (1994), marque un tournant dans son œuvre. Jusqu'ici (sauf Marie Matheron, dans *L'Enfant de l'hiver*, et Nelly Borgeaud, dans *Une nouvelle vie*), ses personnages étaient des épures. Ils deviennent de chair et de sang.

Pour autant, sa caméra n'a rien perdu de sa grâce, ni ses héros de leur romantisme. *L'Eau froide* est la version longue (pour le cinéma) de *La Page blanche*, réalisé pour Arte dans l'excellente série produite par Chantal Poupaud, « Tous les garçons et les filles de leur âge ». Règle du jeu : une histoire de jeunes située à l'époque de la propre jeunesse du réalisateur, et une scène obligatoire de fête. *L'Eau froide* se passe donc au début des années 70. Et la musique (Janis Joplin, Bob Dylan, Alice Cooper, Creedence Clearwater Revival, Nico...) y tient une place importante.

Gilles (Cyprien Fouquet) et Christine (Virginie Ledoyen) sont en terminale dans un lycée de la vallée de Chevreuse (Olivier Assayas a fait ses études au lycée d'Orsay). Tous deux ont des parents divorcés. Gilles vit avec son père (Laszlo Szabo), Christine avec sa mère (Dominique Faysse). Ils volent des disques et se livrent à de dangereux trafics. Le père de Christine (Jackie Berroyer) obtient la garde de sa fille et la confie à une clinique psychiatrique. Christine s'évade, retrouve Gilles à une fête, au milieu de la forêt, et le persuade de l'accompagner jusqu'en Lozère, où elle veut rejoindre une amie partie, quelques années auparavant, vivre avec sa famille dans une communauté hippy.

Un voyage donc, comme dans les précédents films d'Olivier Assayas. Mais dans un style beaucoup plus réaliste. Cette fois, il tourne en 16 mm, avec un tout petit budget. La légèreté d'un film étant proportionnelle à celle de la caméra et à celle du portefeuille, *L'Eau froide* est son film le plus léger – donc le plus libre.

Mais c'est aussi, sûrement, le plus noir. Rien ne peut arracher les enfants à leur dérive. Et surtout pas les parents, aussi paumés ou aussi démunis qu'eux. La mère de Christine, flanquée de son amant, qui tente de retrouver sa fille dans la fête, au milieu de la nuit, est aussi bouleversante que la mère de Tina (Nelly Borgeaud), dans *Une nouvelle vie*. Le père de Gilles, qui essaye, sans succès, de dialoguer avec son fils, n'est pas moins émouvant. D'autant plus qu'il se sait incapable de s'en occuper vraiment. Face à ces parents maladroits, dépassés, mais qui parlent, Christine et Gilles sont quasi muets. Mais leur silence est un cri. Un cri qui dit : « Non. »

Ce qui parle pour eux, c'est la musique qu'ils aiment. La fête de nuit, en plein hiver, dans la forêt, commence sur *Me and Bobby Mac Gee*, chanté par Janis Joplin. Elle s'achève sur la chanson de Nico *(Janitos of Lunacy)*, qui évoque le passage du temps et annonce le voyage de Gilles et de Christine et son terrible dénouement…

« Irma Vep »

A première vue, rien ne ressemble moins à *L'Eau froide* qu'*Irma Vep* (1996). Ils ont pourtant trois points communs. 1) La modicité du budget. Elle permet à Olivier Assayas de tourner caméra à l'épaule et de s'offrir même le luxe de laisser parfois ses acteurs improviser. 2) Le côté semi-autobiographique. *Irma Vep*, c'est le « Cinq et demi » d'Assayas. Comme Fellini dans *Huit et demi*, il décrit les affres d'un metteur en scène en panne d'inspiration. 3) Des personnages de chair et de sang. On peut donc espérer qu'Olivier Assayas en a désormais fini avec ces héros si stylisés qu'ils viraient parfois aux zombies.

A part ces trois points – importants pour ce qu'ils laissent augurer de l'évolution d'Assayas –, *Irma Vep* est, en effet, aux antipodes de *L'Eau froide*. C'est une comédie. Et une comédie ironique et dynamique.

Aussi dynamique que ses personnages. Par exemple, cette petite standardiste (Estelle Larrivaz, très drôle) qui, au début du film, répond comme elle peut à des questions auxquelles elle ne peut pas répondre. On est dans le bureau d'une petite production, à la veille d'un tournage. Tout le monde est débordé, surmené, énervé. Arrive, directement de Hong Kong, la vedette du film : Maggie Cheung…

Le charme d'*Irma Vep*, c'est le léger vertige qu'il procure. Olivier Assayas tourne un film qui raconte le tournage d'un film. Et ce film – qui s'appelle aussi *Irma Vep* – est le remake d'un autre film, vieux de quatre-vingts ans : *Les Vampires*, de Louis Feuillade. Pour simplifier les choses, Maggie Cheung, engagée par René Vidal, le réalisateur du film dans le film, pour jouer Irma Vep, est la vraie Maggie Cheung, la star du kung-fu. Quant à René Vidal, sorte de Truffaut mâtiné de Godard, mais en pleine dépression, il est joué par… Jean-Pierre Léaud.

Irma Vep, l'égérie des *Vampires* (son nom en est l'anagramme), porte toujours le collant noir et la cagoule immortalisés par Musidora. Mais qui se cache sous ce masque ? Musidora, qui revit sur l'écran vidéo de René Vidal ? Maggie Cheung ? La cascadeuse qui la double pour les scènes les plus périlleuses ? Ou sa doublure-lumière [3] ?

Une autre encore revêt le costume d'Irma Vep : Zoé, la costumière [4]. Zoé, à qui Nathalie Richard prête sa formidable vitalité, sa fantaisie, sa drôlerie, sa sensibilité à fleur de peau. Zoé, avec son sale caractère, sa générosité et son secret mal gardé. Zoé, amoureuse de Maggie.

Au cours d'un dîner entre copains, une certaine Mireille (Bulle Ogier) demande à brûle-pourpoint à Maggie si elle aime les filles. Et, soudain, la vie fait irruption dans la fiction, car Bulle Ogier a modifié son texte : Maggie Cheung rougit et doit inventer sa réplique.

Il y a comme ça, dans *Irma Vep*, des moments de bonheur. Dans ce film, qui est un jeu de miroirs où l'on devrait se perdre, les trompe-l'œil ne trompent pas. La vérité rend un son inimitable.

Parodiant Godard, qui opposait les « images justes », et « juste des images », René Vidal dit à Maggie à propos de son remake des *Vampires* : « Juste des images sans âme... Ce sont des images à partir d'images, ça ne vaut rien. » Maggie lui oppose que c'est avec le désir qu'on fait des films. Il reprend tristement : « On croit être au noyau des choses, en réalité, on n'est qu'à la surface... Irma n'a ni chair, ni sang. Comment je peux m'intéresser à une idée ? Je m'intéresse à vous. Vous êtes plus importante qu'elle. » Alors, Maggie Cheung rentre à son hôtel, revêt son collant noir, se glisse dans une chambre, subtilise un collier, monte sur le toit et le jette dans la rue. A cet

3. Comme son nom l'indique, une doublure-lumière est la doublure qui permet au directeur de la photo de régler les éclairages et de faire le point sans fatiguer la vedette avant le tournage.

4. Au cours de cet essayage, Zoé rejette la fumée de sa cigarette à travers la cagoule. Et l'on constate, une fois de plus, que ces trucages bricolés sont autrement jubilatoires que tous les effets spéciaux.

instant – mais René ne le saura pas, enfermé dans une clinique psychiatrique –, la réalité rejoint la fiction. Elle y colle aussi étroitement que le collant noir colle à la peau de Maggie.

Dans sa méditation sur le cinéma – hier, aujourd'hui, demain –, *Irma Vep* pourrait avoir quelque chose de crépusculaire. S'il est absurde de vouloir copier un chef-d'œuvre, si, aujourd'hui, René Vidal sombre dans l'impuissance, et si l'avenir n'est qu'aux John Woo, Schwarzenegger et autres Jean-Claude Van Damme, comme le dit avec enthousiasme un journaliste crétin (Antoine Basler), alors le cinéma que nous aimons, le cinéma qui fait la matière même de ce livre, est condamné ?

La séquence finale n'est pas vraiment rassurante. L'équipe visionne les premières scènes tournées par René Vidal. A son habitude, il a déjà fait, tout seul, un prémontage. Et l'équipe, atterrée, découvre une copie zébrée, avec des rayons laser qui sortent des yeux de Maggie Cheung. Une copie bleutée et psychédélique. Est-ce à dire que c'est ça, l'avenir du cinéma ? Sûrement pas. Mais tout vaut mieux que l'insipide copie conforme du chef-d'œuvre de Feuillade que ne va pas manquer de faire José Murano (Lou Castel), qui reprend le film après avoir renvoyé Maggie Cheung et donné son rôle à une petite arriviste.

Et puis, c'est compter sans l'invention, l'énergie, le désir, le bonheur de tourner qui nourrissent *Irma Vep*. René Vidal peut déprimer, la relève est assurée. Par Olivier Assayas en personne. Certes, il s'inquiète de l'avenir du cinéma. Mais il s'en inquiète avec un tel punch que c'en est rassurant.

Depuis deux films, il a pris un sacré coup de jeune, Olivier Assayas !

*

Désordre (1 h 35). Réalisation et scénario : Olivier Assayas. Image : Denis Lenoir. Son : Philippe Sénéchal. Décors : François-Renaud Labarthe. Montage : Luc Barnier. Musique : Gabriel Yared. Avec : Wadeck Stanczak (Yvan), Ann-Gisel Glass (Anne), Lucas Belvaux (Henri), Rémi Martin (Xavier), Corinne Dacla (Cora), Simon de la Brosse (Gabriel), Étienne Chicot (Albertini), Philippe Demarle (Marc). Production : Forum Productions International – Virgin France – CNC. Distribution : Forum Distribution. Sortie : 5 novembre 1986.

L'Enfant de l'hiver (1 h 24). Réalisation et scénario : Olivier Assayas. Image : Denis Lenoir. Son : Olivier Schwob. Décors : François-Renaud Labarthe. Montage : Luc Barnier. Musique : Jorge Arriagada. Avec : Marie Matheron (Natalia), Michel Feller (Stéphane), Clotilde de Bayser (Sabine), Jean-Philippe Ecoffey (Bruno), Gérard Blain (le père de Stéphane), Anouk Grinberg (la sœur de Stéphane), Nathalie Richard (Leni). Production : Gemini Films – GPFI – Sofica Investimage. Distribution : Forum Distribution. Sortie : 14 juin 1989.

Paris s'éveille (1 h 35). Réalisation et scénario : Olivier Assayas. Image : Denis Lenoir. Son : Jean-Claude Laureux. Décors : François-Renaud Labarthe. Montage : Luc Barnier. Musique : John Cale. Avec : Jean-Pierre Léaud (Clément), Judith Godrèche (Louise), Thomas Langmann (Adrien), Martin Lamotte (le producteur télé), Ounie Lecomte (Agathe), Antoine Basler (Victor). Production : Arena Films – Christian Bourgois Productions – Films A 2 – Erre Produzioni – Canal +. Distribution : Pan Européenne. Sortie : 27 novembre 1991.

Une nouvelle vie (2 h 02). Réalisation et scénario : Olivier Assayas. Image : Denis Lenoir. Son : François Musy. Décors : François-Renaud Labarthe. Montage : Luc Barnier. Avec : Sophie Aubry (Tina), Judith Godrèche (Lise), Bernard Giraudeau (Constantin), Christine Boisson (Laurence), Nelly Borgeaud (la mère de Tina),

Philippe Torreton (Fred), Bernard Verley (le père de Tina). Production : Arena Films. Distribution : Pyramide. Sortie : 6 octobre 1993.

L'Eau froide (1 h 32). Réalisation et scénario : Olivier Assayas. Image : Denis Lenoir. Décors : Gilbert Gagneux. Montage : Luc Barnier. Musique : Michel Klochendler. Avec : Virginie Ledoyen (Christine), Cyprien Fouquet (Gilles), Laszlo Szabo (le père de Gilles), Dominique Faysse (la mère de Christine), Jean-Pierre Darroussin (l'inspecteur), Jackie Berroyer (le père de Christine), Smaïl Mekki (Mourad). Production : IMA Films – La Sept / Arte – SFP – Sony Music. Distribution : Pan Européenne. Sortie : 6 juillet 1994.

Irma Vep (1 h 38). Réalisation et scénario : Olivier Assayas. Image : Éric Gautier. Son : Philippe Richard. Costumes : Françoise Clavel et Jessica Doyle. Montage : Luc Barnier. Avec : Maggie Cheung (Maggie Cheung), Jean-Pierre Léaud (René Vidal), Nathalie Richard (Zoé), Antoine Basler (le journaliste), Bulle Ogier (Mireille), Nathalie Boutefeu (Laure), Dominique Faysse (première assistante), Lou Castel (José Murano). Production : Georges Benayoun. Distribution : Haut et Court. Sortie : 13 novembre 1996.

Mehdi Charef

Sorti le 30 avril 1985, *Le Thé au harem d'Archimède* possédait déjà toutes les caractéristiques du jeune cinéma français des années 90. Ce n'est pourtant pas lui qui a fait office de détonateur, mais, quatre ans plus tard, le premier film d'Éric Rochant. Peut-être parce qu'il était encore trop tôt pour que la relève fût assurée. Sûrement parce que l'âpreté du sujet masquait la fluidité de la forme. Alors que la grâce insouciante du héros d'*Un monde sans pitié* était le reflet même de celle de la caméra.

« Le Thé au harem d'Archimède »

Il n'empêche que *Le Thé au harem d'Archimède* est bien une chronique. Que cette chronique reflète l'air du temps. Que la caméra suit, en plans-séquences, des garçons qui n'ont rien de mieux à faire que d'arpenter la grande cité banlieusarde où ils habitent, comme s'ils partaient à l'assaut du monde. Et que Mehdi Charef les aime, ces petits branleurs !

Il les aime d'autant plus qu'il les a bien connus. Madjid (Kader Boukhanef), le beur de 16 ans, c'est lui, « tiraillé entre deux cultures, entre deux mondes ». Et Pat (Rémi Martin), c'était son copain. « Pat, dit Mehdi Charef, ne représente pas la culture française, il est en dehors de tout, c'est l'amitié. Mes rapports avec Pat étaient comme ça, sauf qu'il savait lire. Mais il avait quelque chose qui en faisait comme un analphabète, il n'arrivait pas à communiquer avec les gens. C'est pour ça qu'il s'est flingué, d'ailleurs. Mais il est toujours présent. Je fais ce qu'il avait envie de faire. »

Du cinéma, donc. Mais comment s'évade-t-on d'une cité de banlieue et d'un état de semi-délinquance pour devenir cinéaste ? Eh bien, à force de talent, de volonté... et de chance. Mehdi Charef est né en Algérie, en 1952. Il vient en France à l'âge de 10 ans et, de 18 à 31 ans, est affûteur dans une usine parisienne. Mais il a toujours aimé passionnément le cinéma. A 9 ans, il voit son premier film : un western en noir et blanc, dont il a, dit-il, oublié le titre. Désormais, il se promène avec une petite caméra. Dans son cartable quand il va à l'école, dans sa musette quand il va à l'usine. A force d'aimer le cinéma, il écrit un scénario plus ou moins autobiographique : *Le Thé au harem d'Archi Ahmed.* Personne n'en veut. Georges Conchon lui conseille de le transformer en roman. Premier miracle : le roman est édité au Mercure de France. Deuxième miracle : la productrice Michèle Ray-Gavras en achète les droits. Troisième miracle : Costa-Gavras, qui pensait d'abord réaliser lui-même le film, a l'audace de confier non seulement l'adaptation, mais la mise en scène, à Mehdi Charef. Et le résultat est formidable [1].

Formidable, parce que Mehdi Charef donne raison à Cocteau : l'ignorance de la technique, au lieu d'être un obstacle, devient un atout puisqu'elle le condamne à l'invention. Sur un retour en arrière, il met le bruit du moteur d'un ancien appareil de projection. Et, d'instinct, il oppose l'image au dialogue. Dans une voiture qui roule vers la mer, Pat dit à ses copains quel est son rêve : gagner beaucoup d'argent en devenant le gigolo de vieilles dames très riches. Il raconte cette histoire sinistre à la manière d'un conte de fées, tandis qu'interminablement défilent, en contre-plongée, des images de banlieues lugubres : tours, grands ensembles... Dans ces éternelles prisons de béton, quand on n'a ni métier ni instruction pour s'en sortir, quels autres rêves peut-on faire ?

Ainsi, les images disent ce que les mots taisent. Ainsi,

1. *Le Thé au harem d'Archimède* récolte six prix, dont le prix Jean-Vigo.

Mehdi Charef prouve qu'il est un vrai cinéaste. Dès les premières images, d'ailleurs, on le sait. On le sent. Ce petit matin où la nuit commence déjà à pâlir. Cette femme aux jambes nues qui se hâte avec son gamin. Elle le conduit chez une voisine avant d'aller à l'usine. Comme tous les matins. Chaque geste (cette façon d'aider le petit à enlever son passe-montagne), chaque sourire, chaque regard sonne juste.

A quoi tient la réussite d'une chronique ? A la vérité des personnages. A l'exactitude des détails. A la façon dont le réalisateur dirige ses comédiens, choisit son cadre et place dans chaque image un petit rien, apparemment inutile mais indispensable. Et aussi, et surtout, à la façon dont il fait bouger sa caméra, dont il suit les personnages, dont il coupe chaque scène à la minute exacte, sans jamais s'attarder…

Mehdi Charef n'a pas plus de complaisance dans sa façon de filmer que pour ce qu'il filme. Il ne se fait pas plaisir en jouant avec sa caméra. Pas plus qu'il ne flatte ses personnages. Pourtant, comme il les aime ! Et pas seulement Madjid et Pat. Tous. De petits saints, ces gosses ? Bien sûr que non. Pat est à la limite du caractériel. C'est l'éternel fouteur de merde. Il ne respecte rien : même pas le père malade de Madjid, qu'il harcèle avec la cruauté des mal-aimés. Son père à lui n'est-il pas parti avec la voisine ?

« Le père de Madjid, dit Mehdi Charef, son accident symbolise l'absence […]. Moi, mon père, je l'ai connu, j'avais 12 ans. Il a toujours été absent, c'est ma mère qui nous a élevés, c'est pour ça que le mari de Malika est hébété, absent. L'absence du père conforte le rôle de la mère. C'est la mère que Madjid écoute, c'est une mamma… Quand un Français frappe sa femme, ses enfants ne vont pas chercher un voisin français, ils vont chercher Malika… Malika porte la cité sur ses épaules. On le sent quand elle va sauver Josette, quand elle donne 18 francs à sa fille… Dès qu'il y en a un qui essaie de s'en sortir, elle l'aide… avec ses 18 balles… »

Madjid et Pat piquent des portefeuilles dans le métro (technique très au point puisqu'elle est fondée sur le racisme supposé de la victime !). Ils agressent un type après l'avoir attiré, en faisant semblant de tapiner, derrière un buisson du square des Batignolles. Ils prostituent une clocharde ivrogne et partagent avec elle les bénéfices…

Oui, mais s'ils cherchent ainsi à se faire un peu de fric, n'essaient-ils pas en même temps d'aider la clocharde, qui n'a pas de quoi nourrir son gosse ? Et quand elle pleure, de honte et d'épuisement, Madjid lui fourre dans la main, de force, un billet de plus… Il passe dans ces quelques images la même déréliction et la même rédemption par l'amour que dans le dernier plan de *La Strada*.

Rien n'est tout noir ou tout blanc. Anita (Sandrine Dumas) a été violée par un voisin dont la bande a pillé la cave. Et voilà ses copains, soudain, capables de gestes d'une douceur et d'un respect infinis. Et l'amitié est si forte entre Madjid et Pat que, lorsque celui-ci se fait jeter à la porte de l'atelier où ils avaient enfin trouvé du travail, Madjid le suit. Et quand Madjid se laissera, exprès, arrêter par les flics, Pat, à son tour, ira rejoindre son copain. En taule. Tout cela sans un mot. Avec une incroyable pudeur.

Mais il n'y a pas que les jeunes qui ont droit à la tendresse du regard de Mehdi Charef. Malika, la mère de Madjid, est une figure inoubliable. Josette aussi, la femme que nous avons vue, au début du film, conduire son petit garçon chez Malika. Josette, c'est Laure Duthilleul, étonnante de justesse et d'émotion contenue. Malika, c'est Saïda Bekkouche, dont on a du mal à croire qu'elle puisse être comédienne – et non la vraie mamma de toute la cité.

Dans une scène bouleversante, Malika parviendra, à force d'amour, à empêcher Josette, au chômage, abandonnée par son mari, de se jeter par la fenêtre. « Ton petit, ton petit ! » crie-t-elle. C'est la nuit de la Saint-Sylvestre. Les fêtards réveillonnent, indifférents. Madjid court chercher le gosse. Et l'on réalise que rien, vraiment rien, n'a d'importance que la vie et la mort. Cette phrase tant rebattue : « Tant qu'il y a de la vie, il y a de l'espoir », reprend soudain son sens et sa force.

« Miss Mona »

Fluide et généreux, *Le Thé au harem d'Archimède* évite le piège du misérabilisme. Le deuxième film de Mehdi Charef, *Miss Mona* (1987), en évite un autre, plus redoutable encore : le voyeurisme.

« Je m'étais toujours demandé, dit Mehdi Charef, ce que deviennent les vieux travestis. A partir d'un certain âge, quand ils ne sont plus ni jeunes ni beaux, on ne les voit plus. Où sont-ils ? Ils se cachent pour mourir. Ainsi est né *Miss Mona*, l'histoire de gens qu'on ne connaît pas, qui n'intéressent personne, qui vivent seuls et qui meurent seuls. Et moi, j'ai une tendresse pour eux.

« Je savais bien que ça ferait un film un peu dur. Le public risquait de le bouder, mais on n'a pas le droit, quand on voit certaines choses, de les taire. Déjà, ces gens, on les a laissé tomber. Parce qu'ils ne sont pas productifs ou parce qu'ils ont un autre rêve que nous.

« Quand on n'a pas d'argent à envoyer aux petits Éthiopiens, bon. Mais, si on a de l'argent et si on n'en envoie pas, ou si on a le privilège de s'exprimer et qu'on ne parle pas pour ceux qui ne peuvent pas le faire, alors c'est pire que de l'indifférence. »

Mehdi Charef va donc « parler » au nom de trois exclus. D'abord, il y a le conducteur du métro, un homme sans visage dont nous ne voyons que la nuque et l'oreille gauche, ornée d'un anneau. On dirait Charon, le passeur, condamné à tourner sans fin dans les souterrains de la mort.

Là-haut, il retrouve un visage et un nom : Jean. Mais personne ne le regarde et nul ne l'approche. Jean crève de solitude et cherche désespérément l'âme sœur dans un sinistre club de rencontres pour homosexuels. Dans sa chambre minuscule, il y a un deuxième lit, avec un pyjama semblable au sien, proprement plié. Un lit vide qui attend le compagnon rêvé.

Deux fois, l'itinéraire de Jean va croiser celui de Samir, le travailleur immigré. Et c'est Jean qui sera l'instrument du destin tragique de Samir. Sans le vouloir. Simplement parce qu'il l'aura reconnu trop tard.

Mais qui regarde l'autre ? Qui reconnaît l'autre ? Seule Mona, un vieux travelo, tend la main à Samir, chassé par le taulier de l'atelier de confection clandestin dans lequel il travaillait. Samir, chômeur, sans argent, sans papiers.

Miss Mona, c'est l'histoire de trois solitudes. Celle de Jean (Albert Delpy, si sobre), dont l'image revient une dizaine de fois rythmer ce film en forme de ballade. Celle de Samir (remarquable Ben Smaïl), loin de son pays et de sa famille. Celle de Mona (étonnant Jean Carmet), qui, à 50 ans bien tassés, n'a toujours pas abandonné son rêve : se faire opérer pour devenir la plus belle fille du monde.

C'est aussi l'histoire d'une amitié. Peu à peu, Samir, ce beau garçon viril, qui aime les femmes, va se prendre d'affection pour Mona, et Mona, qui est tombée naïvement amoureuse de Samir, va tout faire pour l'aider. Elle l'héberge dans la roulotte où elle vit avec son père, travesti lui aussi et retombé en enfance, et cherche à lui procurer une fausse carte d'identité. Mais cela coûte cher et le seul travail qu'elle puisse proposer à Samir, c'est la prostitution.

Sordide, *Miss Mona* ? Jamais. Ni complaisant. Les deux mots pour qualifier ce film sont le respect et la compassion.

Mais le respect et la compassion présentent aussi des dangers. A trop forcer sur le respect, on sombre dans l'indifférence. A trop s'abandonner à la compassion, on tombe dans le dolorisme. Mehdi Charef navigue superbement sur la ligne de crête. Il ne montre pas : il suggère. Il ne s'attarde jamais : le film est fait de séquences brèves. Et, surtout, il les aime si fort, ses personnages, que son amour est contagieux.

Quand Mona, vêtue d'une robe blanche vaporeuse, s'amuse à passer sur une bouche d'aération du métro pour faire s'envoler sa jupe, comme Marilyn dans *Sept Ans de réflexion*, beaucoup de cinéastes auraient alors montré Carmet en gros plan pour susciter un gros rire. Mehdi Charef, lui, filme la scène de loin, en plongée. Mona devient une tache blanche dans la nuit. Et, un instant, nous entrons dans son rêve : nous la trouvons belle…

Jamais Mehdi Charef ne ridiculise ses personnages. Mona fait la lessive, la cuisine, en robe, mais sans perruque, ce qui suffit à la rendre à sa vérité et nous ôter toute envie de rire. Même quand elle fait le trottoir, outrageusement maquillée, elle est plus pitoyable que grotesque. Et elle devient carrément bouleversante quand, blessée par un fou, elle pleure, tandis que Samir, doucement, essuie larmes et fards mêlés.

Au milieu de tant de tristesse et d'humiliations, soudain un havre de bonheur, de douceur, d'amitié : un pique-nique dans l'herbe. Ces trois épaves – Samir, Mona et son père – se sont réunies pour former une vraie famille. De dos, nous les voyons rentrer. Mona donne le bras au vieillard, Samir, l'homme fort, le chef de famille, porte le panier. Un cavalier vient à leur rencontre. Deux mondes se croisent…

Il y a aussi ces gestes furtifs de tendresse : Mona caressant la joue du père, Samir maquillant le vieux, dont c'est le plus grand plaisir, et le faisant rire comme un enfant en lui mettant une trace de rouge sur le bout du nez.

La mesure de sa pudeur et de sa maîtrise, Mehdi Charef la donne dans une scène de meurtre. Il filme d'abord les pieds de Samir entrant dans la pièce et la future victime évanouie sur le plancher. Puis la caméra se relève pour cadrer le buste de Samir et son bras qui va frapper. Nous ne verrons ni le coup porté ni le cadavre. Comme nous avons été dans la tête de Mona-Marilyn, nous voilà dans celle de Samir. Et si Samir commet un crime sordide, il n'en a pas conscience : il veut seulement sauver son ami.

Le montage alterné de la fin nous déchire le cœur. L'orage pousse Samir – pour sa perte – à prendre le métro, tandis que Mona et son père l'attendent autour d'un repas de fête : une rose, une bouteille de champagne et la carte d'identité, enfin obtenue, enveloppée avec amour dans un papier rouge et or.

Aux portes de la nuit, le destin veille. Et Mehdi Charef, parce qu'il est poète, dépasse, mine de rien, la réalité. Mona n'est plus seulement un homme qui se croit une femme. Elle incarne les rêves de tous ceux qui se voudraient autres. Et Samir, prostitué pour survivre, devient le symbole de tous ses frères immigrés, humiliés et offensés.

Mehdi Charef est un conteur. Et un conteur en images. « Je ne peux pas écrire sans voir, dit-il. Dans ma tête, je tourne chaque plan dix ou vingt mille fois. » Et cela donne des scènes formidables : la femme qui veut se jeter par la fenêtre, dans *Le Thé au harem*... Ou l'enterrement clandestin d'un travailleur immigré dans un terrain vague, dans *Miss Mona*. « En réalité, c'est le plus souvent dans les caves. Mais moi, je voulais aérer un peu le film avec une image de ciel. »

Comme à tous les vrais romanciers, ses personnages lui échappent souvent. Il s'en étonne naïvement et parfois s'en désole : « Mona, Samir, ils vont jusqu'au bout. J'ai été obligé de les suivre. Quand Samir tue Étienne, je ne voulais pas qu'il la tue... »

Mehdi Charef est aussi et surtout un poète. Mais, quand on le lui dit, il s'affole un peu, fait semblant de ne pas entendre et s'abrite derrière ses personnages : « Moi, je crois que Mona, c'est un poète, un artiste, parce qu'elle est capable de rêver sa vie. »

Et si on insiste sur son lyrisme secret, c'est tout juste s'il ne rougit pas : « C'est la première fois que j'aborde ce problème. Personne ne m'en a jamais parlé, alors je n'en parle pas. C'est vrai, c'est la poésie qui m'intéresse. Mais je ne crois pas être poète. Alors, je voudrais que les spectateurs le soient pour moi. »

« Camomille »

Ça, c'est beaucoup demander, puisqu'ils n'ont même pas été fichus, les spectateurs [2], d'être sensibles à la poésie de *Camo-*

2. En tout cas, les premiers spectateurs, c'est-à-dire les critiques, qui, à quelques exceptions près, n'ont guère contribué à remplir les salles.

mille (1988), ni surtout à celle d'*Au pays des Juliets* (1992). Car, peu à peu, Mehdi Charef ose décoller de la réalité. Il ose se laisser aller à son lyrisme et mélanger les genres.

Camomille est un curieux film, un peu raté et assez séduisant, où, pour une fois, les personnages ne déambulent pas. Ils sont enfermés dans un grenier où l'un séquestre l'autre… Ce huis clos, c'est celui de l'amour fou. Non pas l'amour-passion, mais l'amour-compassion. Un petit mitron un peu fruste, victime d'une mère abusive qui va jusqu'à lui envoyer, chaque semaine, une pute pour mieux le garder sous sa coupe, rencontre une fille très riche et très paumée, droguée et suicidaire. Et lui qui, jusqu'ici, ne s'intéressait qu'à la Panhard qu'il reconstruit patiemment dans son grenier – sans penser qu'une fois finie elle ne pourra jamais en sortir – regarde la fille. Et décide de la sauver malgré elle. Il va jusqu'à lui faire un enfant pour lui redonner le goût de la vie. Et le plus fou, c'est qu'il y parviendra.

C'est un conte, une fable, une histoire rêvée par un homme qui croit à deux choses : la bonté, d'abord ; le pouvoir magique du cinéma, ensuite. Deux croyances qui ne sont évidemment pas les mieux partagées… Et les deux comédiens, Philippine Leroy-Beaulieu, magnifique, et Rémi Martin (le Pat du *Thé au harem…*), émouvant en petit gars brutal et brut, bégayant, maladroit, mais capable, soudain, d'une infinie tendresse, font croire à l'incroyable.

Sur ce film méconnu, Louis Skorecki a écrit un article flamboyant et superbe, dont je ne résiste pas à l'envie de citer quelques lignes : « Qui oserait aujourd'hui s'attaquer à une histoire si violente, si colorée ? Hier encore, Carné, avec l'aide des dialogues acides de Prévert, ou, plus près de nous, Fassbinder, avec l'aide de sa propre folie, sa mégalomanie, sa générosité sans limites, se seraient sans doute lancés dans de telles aventures. Mais ils ne sont plus là, trop vieux ou trop morts, et c'est comme si Mehdi, le petit Charef, après treize ans en usine, un roman-sauvetage et deux longs métrages […], décidait de porter sur ses seules épaules tout le poids de ce cinéma furieusement passé, dépassé, moribond. [...] C'est beau, ça. Cette rage de mettre en scène la douleur à vif [...], tout un stock d'émotions laissées pour compte depuis la vogue des images trop belles et des scénarios trop creux [3]. »

« Au pays des Juliets »

Incorrigible, quatre ans plus tard, après avoir écrit un nouveau roman [4], Mehdi Charef récidive avec *Au pays des Juliets*. Comme dit Henriette, l'une des héroïnes, c'est « l'histoire de trois gonzesses qui sortent de taule pour une perme de vingt-quatre heures ». Vingt-quatre heures de la vie de trois femmes. Présenté au festival de Cannes 1992, ce film bouleversant aurait mérité un triple prix d'interprétation. Mais beaucoup lui reprochèrent son « invraisemblance » et ses « bons sentiments ». Mehdi Charef avait, en effet, commis deux crimes : ne pas faire un film réaliste et aimer ses personnages.

Pas très reluisants, pourtant, les personnages. Trois criminelles : Raïssa (Maria Schneider, méconnaissable), Henriette (Claire Nebout, avec ses lunettes rafistolées) et Thérèse (Laure Duthilleul, formidable de présence dans la demi-teinte). Toutes trois sortent donc le même jour d'une prison des environs de Lyon. Elles se retrouvent dans une petite gare et font connaissance à cause d'une grève des trains. Henriette pique un corbillard et emmène à Lyon Raïssa et Thérèse...

Hélas, le malentendu cannois s'est reproduit à la sortie du film. Sans doute parce que, en raison du sujet, tout le monde s'attendait à une œuvre néoréaliste, dans la veine du premier film de Mehdi Charef, *Le Thé au harem*... Il n'en est rien. Son titre de conte de fées le dit bien [5]. Et aussi sa mise en scène

3. *Libération*, 4 mai 1988.
4. *Le Harki de Meriem*, Gallimard, coll. « Folio ».
5. Titre qui est à la fois hommage à Juliet Berto, à qui Mehdi Charef aurait tant aimé confier l'un des rôles (elle apparaît d'ailleurs dans le film sur un écran de télévision), et référence à la chanson d'Yves Simon.

épurée, dans laquelle l'environnement – la réalité – n'existe que réduit à quelques signes.

Premier plan : un trottoir, le bas d'une porte et, entre la porte et le trottoir, une raie non pas de lumière, mais de noir. Dehors, c'est l'aube. Mais, derrière cette porte, c'est la nuit. La porte s'entrebâille. Sort une jeune femme qui s'éloigne, d'une démarche un peu raide, hésite, puis, prise de panique, revient en courant vers la porte, contre laquelle elle frappe de toutes ses forces. Un judas s'ouvre. Deuxième plan : la caméra passe de l'autre côté de la porte pour cadrer le visage de Raïssa à travers les croisillons de bois : un visage de prisonnière, comme elle l'est depuis six ans.

Deux plans. Il a suffi de deux plans à Mehdi Charef pour que nous connaissions de Raïssa sa roideur, sa nervosité et son angoisse hors des murs sécurisants de la prison.

Le judas se referme. Raïssa repart vers la gare, où elle trouve une fille décontractée, excitée, qui mâche du chewing-gum en jouant avec le distributeur de bonbons. C'est Henriette, la folle, l'imprévisible, l'immature.

Puis, par le bois, arrive Thérèse, que l'on devine un brin écolo, un brin intello… et aussi « cabossée » par la vie (comme dit Mehdi Charef) que les autres.

Jusque-là, tout est muet. La première réplique est celle du chef de gare annonçant : « Il n'y a pas de train, mesdames. Aujourd'hui, une grève vient d'être déclenchée. »

Mehdi Charef filme sobre et sec, avec un sens de l'ellipse qui devrait nous éblouir si, précisément, il n'avait l'élégance de vouloir sa mise en scène invisible.

Le voyage en corbillard vers Lyon est un morceau d'anthologie. Et aussi ce plan très long où les trois filles – qui s'étaient séparées au début de l'après-midi sur une engueulade – se retrouvent. Il fait nuit, Henriette est assise au bord du trottoir, devant une boutique dans laquelle Thérèse joue du piano, tandis qu'un autobus passe, où Raïssa est assise à l'arrière. Mehdi Charef se moque bien alors de la vraisemblance de cette triple rencontre. Ce qui l'intéresse, ce sont les trois regards qui se croisent, c'est cet instant magique où tout redevient possible.

De même, l'environnement lyonnais n'existe pour lui qu'à travers les yeux des trois femmes, qui n'en voient que ce qu'elles veulent voir : les cabines téléphoniques pour Raïssa, une serveuse amicale pour Thérèse, un cinéma désaffecté pour Henriette, qui parvient, quelques minutes, à lui redonner vie.

Rêve ou réalité ? Le fronton du Rex s'illumine. Et, dans la salle vide, où il n'y a même plus de fauteuils, Henriette projette un gros plan superbe d'Anna Magnani.

Signes encore : ces deux enfants qui partent pour l'école, que nos trois Juliets croisent, le premier matin ; et cette petite fille, son cartable sur le dos, qu'elles rencontrent, le second matin. C'est seulement alors, à la lueur des secrets révélés durant ces vingt-quatre heures, que l'on comprend ce que ces écoliers représentent pour Henriette et pour Thérèse.

D'une réalité stylisée – mais réalité tout de même –, *Au pays des Juliets* glisse, de-ci de-là, dans le rêve éveillé. Henriette, dans la foule lyonnaise, voit la Jean Seberg d'*A bout de souffle* vendre le *New York Herald Tribune*. Dans le couloir sombre de l'immeuble de son enfance, elle réentend les criailleries de sa grand-mère et voit, de dos, s'éloigner une jeune femme qu'elle appelle désespérément : « Maman, maman ! » Henriette encore, hantée par l'air de *La Strada*, croise Gelsomina sur sa route.

Thérèse, « chantant sous la pluie » et jouant à cache-cache dans la nuit avec ses copines, dérape peu à peu dans le psychodrame et revoit d'anciennes et plus tragiques parties de cache-cache.

Raïssa, enfin, dans la gare du retour, se croit le point de mire de tous les voyageurs, soudain figés, comme dans un musée de cire.

Par-delà le réel et parfois à travers le rêve, c'est la vérité intérieure des personnages que traque Mehdi Charef. Comme il l'a traquée déjà dans *Miss Mona*.

Ici, trois écorchées de la vie crient, à tour de rôle, leurs erreurs, leurs crimes, leur misère. Trois mal-aimées vont enfin

LES FILMS
ET LEURS AUTEURS

UN MONDE SANS PITIÉ
d'Éric Rochant, avec Mireille Perrier et Hippolyte Girardot
D. R. *Avec l'aimable autorisation de Lazennec Diffusion*

ÉRIC ROCHANT
(© J. Prébois)
Avec l'aimable autorisation de Lazennec Diffusion

OLIVIER ASSAYAS
(© Isabelle Weingarten)
Avec l'aimable autorisation de d.d.d. conseil

IRMA VEP
d'Olivier Assayas, avec Jean-Pierre Léaud,
Olivier Torrès et Maggie Cheung
(© Isabelle Weingarten)
Avec l'aimable autorisation de d.d.d. conseil

ARNAUD DESPLECHIN
(© Arthur Le Caisne)
Avec l'aimable autorisation de Why Not Productions

La Sentinelle
d'Arnaud Desplechin, avec Emmanuel Salinger
(© Arthur Le Caisne)
Avec l'aimable autorisation de Why Not Productions

AU PAYS DES JULIETS
de Mehdi Charef, avec Claire Nebout
(© Christine Brière)
Avec l'aimable autorisation de Mehdi Charef

MEHDI CHAREF
D.R. *Avec l'aimable autorisation de Mehdi Charef*

MATHIEU KASSOVITZ
(© Laurence Tremolet)
Avec l'aimable autorisation de MK2 Productions

MÉTISSE
de Mathieu Kassovitz, avec Mathieu Kassovitz,
Julie Mauduech et Hubert Koundé
(© Laurence Tremolet)
Avec l'aimable autorisation de MK2 Productions

LAURENCE FERREIRA BARBOSA
D.R. *Avec l'aimable autorisation de Pierre Grise Distribution*

NOÉMIE LVOVSKY
(© Émilie de la Hosseraye)
Avec l'aimable autorisation de PolyGram Film Distribution

LES GENS NORMAUX N'ONT RIEN D'EXCEPTIONNEL
de Laurence Ferreira Barbosa, avec Marc Citti, Melvil Poupaud
et Valeria Bruni-Tedeschi
(© G. Desmoulins)
Avec l'aimable autorisation de Pierre Grise Distribution

OUBLIE-MOI
de Noémie Lvovsky, avec Philippe Torreton et Valeria Bruni-Tedeschi

PASCALE FERRAN
(© Florian Tledje)
Avec l'aimable autorisation de Diaphana Distribution

L'AGE DES POSSIBLES
de Pascale Ferran, avec Jérémie Oler et Antoine Mathieu
D.R. *Avec l'aimable autorisation de Diaphana Distribution*

CÉDRIC KLAPISCH
(© Jérôme Plon)
Avec l'aimable autorisation de MK2 Productions

TONIE MARSHALL
(© Mathieu Garçon)
Avec l'aimable autorisation de MK2 Productions

RIENS DU TOUT
de Cédric Klapisch, avec Fabrice Luchini
(© Véronique Bossard)
Avec l'aimable autorisation de MK2 Productions

PAS TRÈS CATHOLIQUE
de Tonie Marshall, avec Anémone
(© Mathieu Garçon)
Avec l'aimable autorisation des Productions du 3e étage

se sentir aimées. Elle a un joli mot, Laure Duthilleul, pour définir les trois Juliets : « Des solitaires qui deviennent solidaires. »

Cette solidarité précaire, Mehdi Charef la rend sensible en un seul plan. Un travelling arrière précède les trois filles, qui descendent une rue en escalier. Henriette s'assied sur une marche. Les autres continuent de descendre. Le travelling devient latéral quand elles tournent à angle droit pour entrer dans une boulangerie. Plan fixe. Attente. Elles ressortent. La caméra les accompagne. En passant devant l'escalier, on découvre qu'Henriette n'y est plus. Et ce vide fait mal.

La dernière image, je vous en laisse la surprise. Les trois filles sont assises sur un banc, sur le quai de la gare. Un autorail passe, qui les cache. Quand il est passé… Ah ! qu'il est beau et tendre et chargé d'espérance, ce dernier plan ! Car ce qu'il révèle, c'est, enfin libérée, la vérité de chacune.

« Le Café de Marja »

Depuis le semi-échec commercial d'*Au pays des Juliets* (près de 100 000 entrées, tout de même), cinq ans de silence. Pendant ces cinq ans, Mehdi Charef a accepté une commande : une nouvelle adaptation, après Visconti, de *L'Étranger* d'Albert Camus. Mais, le script terminé, le projet a capoté : trop cher. « Dommage, dit-il, j'en étais plutôt content. » Nous, on est plutôt contents de savoir qu'il s'est remis à écrire un scénario original. Un scénario où il ose aller encore plus loin dans le rêve, jusqu'aux confins de la folie. Mais laissons-lui la parole :

« Le film s'appellera *Le Café de Marja*. Mais c'est plus qu'un café : un bureau de tabac, un bar-restaurant, un poste d'essence, bref, un truc immense, situé au bord d'une route, dans le nord de la France – j'aime les pays plats. L'endroit est bien connu des routiers et des gens de la région. A midi, on y sert jusqu'à deux cents repas. Un soir, de sa fenêtre (le restaurant est fermé, seul le bar reste ouvert), Marja voit arriver un camion. Le barman est en train de servir de l'essence, alors, elle descend l'escalier, en s'aidant d'une canne, car elle boite de la jambe gauche, et s'installe dans son bureau : il est un peu rehaussé et entouré de barreaux de bois qui lui permettent de tout voir. Un routier entre et le barman n'est toujours pas là. Alors, Marja passe derrière le comptoir – ce qu'elle ne fait jamais – et sert un café au routier. On la sent troublée. C'est une femme d'une trentaine d'années, pas très belle, vêtue de noir, aux cheveux un peu gras. Elle retourne dans son bureau et observe l'homme. Il boit son café, puis veut payer. Mais le barman est toujours retenu au poste d'essence. Alors, elle retourne au comptoir. Pour la première fois, il la regarde. Machinalement. Elle lui dit : "Reste." Le type se redresse, surpris. Il a un peu peur. Les hommes draguent, mais, quand c'est eux qui sont dragués, ils ont toujours peur. Il se retourne pour partir. "Reste", dit-elle une seconde fois. Et, cette fois, il la regarde vraiment. Elle enlève la barrette qui retient ses cheveux pour montrer qu'elle peut être attirante. Là-dessus, on coupe…

« Le lendemain matin, les employés arrivent et les commerçants du village voisin viennent livrer. Ils trouvent la maison fermée et elle le restera tout le week-end. Petit à petit, des gens arrivent avec leurs gosses : ils viennent voir ce qui se passe et, même s'il n'y a rien à voir, ça leur fait un but de promenade. Une foire s'installe avec de la barbe à papa et des stands de tir. Tout le monde s'interroge : est-ce que Marja et le routier ne vont pas se tuer ? Moi aussi, je l'ai cru. C'est comme ça que je voyais la fin. Et puis, non : Marja et le routier ont voulu vivre…

« Si les gens, dehors, ne savent pas ce qui se passe à l'intérieur de la maison, nous, nous le savons. Tout le film est construit sur l'opposition entre la réalité (à l'extérieur) et le rêve (à l'intérieur). Marja veut vivre en 24 heures ce qu'elle aurait vécu en 24 ans. Et lui, un solitaire aussi, se prend au jeu. Ils vont donc se marier dans la salle du café, puis parler de leurs enfants imaginaires : "Eh oui, Marie et Pierre ont déjà 10 et 12 ans !" Marja va lui rappeler comment ils se sont rencontrés en Pologne. Et elle invente même une scène de ménage !

Dans ma petite tête, je me dis qu'elle veut tout vivre d'une vie de femme, même la douleur. Elle lui dit : "Tu sais, je vais te quitter, j'ai rencontré un autre type..." Et il entre dans le jeu et le jeu va très loin. En contrepoint de cette vie inventée, on apprend par bribes, au hasard des conversations des gens rassemblés autour de la maison, ce que fut la vraie vie de Marja. Et, par des copains routiers, inquiets de ne pas le voir arriver et venus aux nouvelles, ce que fut la vraie vie de l'homme. »

Il en raconte encore et encore, Mehdi Charef, comme s'il racontait une histoire vraie, qui l'étonne lui-même, et qu'il doit relater le plus fidèlement possible. Dans tous ses détails. De temps en temps, il dessine un plan dans l'espace : « Vous voyez, ça sera cadré sur lui et on verra juste, en amorce, la main de Marja. »

Peut-être, quand paraîtra ce livre, *Le Café de Marja* sera-t-il sur le point de sortir. Mehdi Charef aimerait que le tournage ait lieu en été, sous le soleil. Et peut-être aussi sera alors paru son troisième livre, *La Maison d'Alexina* : le récit d'un souvenir d'enfance, quand il avait 10 ans et parlait si mal le français qu'il ne pouvait pas suivre la classe.

*

Le Thé au harem d'Archimède (1 h 50). Réalisation : Mehdi Charef. Scénario : Mehdi Charef, d'après son roman. Image : Dominique Chapuis. Montage : Kenout Peltier. Musique : Karim Kacel. Avec : Kader Boukhanef (Madjid), Rémi Martin (Pat), Laure Duthilleul (Josette), Saïda Bekkouche (Malika), Nicole Hiss (Solange), Brahim Ghenaiem (le père), Nathalie Jadot (Chantal), Frédéric Ayivi (Bengston), Sandrine Dumas (Anita). Production : KG Productions. Distribution : KG Productions – AAA. Sortie : 30 avril 1985.

Miss Mona (1 h 40). Réalisation et scénario : Mehdi Charef. Image : Patrick Blossier. Montage : Kenout Peltier. Musique : Bernard Lubat. Avec : Jean Carmet (Mona), Ben Smaïl (Samir), Albert Delpy (Jean), Albert Klein (le père), Hélène Duc (la mère), Francis Frappat (l'organisateur). Production : KG Productions. Distribution : AAA. Sortie : 28 janvier 1987.

Camomille (1 h 22). Réalisation et scénario : Mehdi Charef. Image : Patrick Blossier. Montage : Luc Barnier. Musique : Tony Coe. Avec : Philippine Leroy-Beaulieu (Camille), Rémi Martin (Martin), Monique Chaumette (la mère), Guy Saint-Jean (le père), Albert Delpy (le boulanger), Michel Peyrelon (Jo), Solenn Jarniou (Jeanne), Geneviève Lallemang (la libraire). Production : KG Productions – Michèle Ray-Gavras. Distribution : KG Productions. Sortie : 4 mai 1988.

Au pays des Juliets (1 h 34). Réalisation et scénario : Mehdi Charef. Image : Gérard De Battista. Son : Pierre Gamet et Bernard Chaumeil. Décors : Alain Poirot. Montage : Christian Dior. Musique : Penguin Cafe Orchestra, Cheb Mami, Alain Souchon et Laurent Voulzy. Avec : Maria Schneider (Raïssa), Laure Duthilleul (Thérèse), Claire Nebout (Henriette), Philippe Said (le chef de gare), Béatrice Aubry (la vendeuse Pronuptia), Sylvie Grainont (la vendeuse de la parfumerie). Production : Erato Films – CEC Rhône-Alpes – FR3 Films – Investimages 3 – Canal +. Distribution : Erato. Sortie : 17 juin 1992.

Arnaud Desplechin

Tout est paradoxe chez Desplechin. A commencer par le titre de son premier film [1]. Quand il parle de la mort, il filme la vie. Ses personnages sont des solitaires, mais réagissent les uns sur les autres. Son cinéma est à la fois intello et extraordinairement physique. Et, à force d'être physique, il devient métaphysique.

« La Vie des morts »

Ce moyen métrage de cinquante-deux minutes est sorti le 12 juin 1991, précédé d'un bouche à oreille si flatteur [2] que le spectateur avait toutes les chances d'être déçu. Non seulement il ne l'a pas été, mais, dès la première minute, il savait qu'un immense cinéaste était né.

« Dès la première minute, vraiment ? – Oui. – Comment est-ce possible ? – Mystère. » Comment expliquer, en effet, ce phénomène – très rare – qui fait qu'on est pris, happé, propulsé à l'intérieur d'un film et que l'on éprouve exactement les mêmes sentiments, et que l'on ressent exactement les mêmes sensations que les personnages ? Desplechin ne donne pas à voir,

1. En fait, ce n'est pas le premier. Avant *La Vie des morts*, Arnaud Desplechin avait déjà tourné deux courts métrages : *Polichinelle*, qu'il aime plutôt bien, et *Le Couronnement*, qu'il n'aime pas trop.

2. Grand Prix spécial à Angers 1991, Grand Prix du meilleur scénario européen, prix Jean-Vigo 1991.

mais à sentir. Nous ne scrutons pas, avec une curiosité indiscrète, les visages et les gestes : nous devenons ce que nous voyons. Nous ne sommes pas spectateurs, mais acteurs. Nous ne sommes pas devant eux, mais avec eux. Nous sommes eux.

Dès le premier plan, donc, nous sommes Christian (Thibault de Montalembert), qui entre dans la pénombre d'une maison vide. A la cuisine, il boit un verre d'eau. Derrière lui, la vitre d'une porte découpe un rectangle de lumière froide et triste. Cette porte conduit à la cour de la maison, où Ivan (Roch Leibovici), grimpé dans un arbre, coupe à la hache une branche morte. Sans transition, nous voilà dans la salle de bains. Pascale (Marianne Denicourt) est dans la baignoire. Soudain, elle suffoque. Dans la cour, les deux garçons échangent quelques mots : « Y a personne ? – Ils sont à l'hôpital. »

Patrick, le cousin Patrick qui a 20 ans, comme eux, s'est tiré une balle dans la tête. Il est dans le coma. Les trois sœurs de la mère de Pascale, Christian et Ivan débarquent avec maris et enfants : une ribambelle de cousins. Tout le monde attend. Quoi ? Que Patrick se réveille – mais dans quel état restera-t-il, s'il survit ? – ou bien qu'il s'endorme pour toujours.

A 20 ans, c'est quoi, la mort ? Quelque chose de lointain. Et voilà que la mort va prendre l'un d'eux. Pire : il s'est lui-même donné à elle. Quatre jours d'attente. Quatre jours invivables, puisque chacun, désormais, vit chaque seconde en se sachant mortel. Quatre jours d'une tension insoutenable qui s'exprime en fous rires nerveux, en provocations enfantines, en bagarres de jeunes chiots…

Les pères, en apparence, s'en sortent un peu mieux. Ils se raccrochent à la science. Ils commentent les radios. Qu'est-ce qu'il y a à l'intérieur d'un crâne ? La même question que Desplechin posera dans *La Sentinelle*.

Les mères, elles, culpabilisent. Surtout la mère de Patrick, bien sûr, une veuve qui a élevé seule ses enfants. « Quand quelqu'un de cet âge meurt, il faut chercher le coupable. Il est vrai que je suis la coupable la plus proche : je suis sa mère… J'attends ici [dans le couloir de l'hôpital] toute la journée, avec les deux autres, en me disant : pourvu que je n'en tue pas un autre. » Elle est ravagée. Au-delà de la souffrance. Mais étonnamment forte, avec, parfois, une ironie dans la voix. C'est Nita Klein, que l'on vit, jadis, dans *Muriel*, d'Alain Resnais. Desplechin la filme à travers une vitre. Comme par pudeur.

Ivan, lui, s'évade dans la musique. Avec Irina (tiens, le prénom d'une des *Trois Sœurs* de Tchekhov !), l'une de ses tantes (Hélène Roussel), il écoute un opéra de Mozart. Ravi. Transporté. Riant de bonheur.

L'art, comme moyen de survie. C'est à Baudelaire que les jeunes confient le soin de dire ce qu'ils ne savent pas ou n'osent pas dire. Un vieil oncle, au salon, a commencé : « Pour l'enfant, amoureux de cartes et d'estampes, / L'univers est égal à son vaste appétit. / Ah ! que le monde est grand à la clarté des lampes ! / Aux yeux du souvenir que le monde est petit ! » A la cuisine, une des filles (Laurence Côte) l'a entendu. Elle continue, sans se laisser arrêter par personne : « Un matin nous partons, le cerveau plein de flamme, / Le cœur gros de rancune et de désirs amers, / Et nous allons, suivant le rythme de la lame, / Berçant notre infini sur le fini des mers… » C'est « Le Voyage », le voyage de la vie. Elle continue longtemps. Et puis Bob (Emmanuel Salinger), le plus solide en apparence, celui, en tout cas, qui se maîtrise le mieux, enchaîne, mezzo voce : « Ô Mort, vieux capitaine, il est temps ! levons l'ancre ! / Ce pays nous ennuie, ô Mort ! Appareillons !… »

Sinon, comment tenir ? En jouant au foot avec les copains. Moins pour taper dans le ballon que pour se bagarrer ou s'embrasser. Sortir de sa solitude. Étreindre un corps vivant. Comme chez Cassavetes. Christian, seul avec son père (Bernard Ballet), craque : « J'ai peur que Patrick meure, papa… Oh, putain, je suis un enculé… » Son père le force à inspirer, à souffler…

Desplechin abolit la dualité entre le corps et l'esprit. Tout, absolument tout, passe par les mouvements du corps. Comble du matérialisme ? Ou comble de l'idéalisme ? Les deux se rejoignent. Grâce à des comédiens de théâtre, tous sublimes, dirigés avec la précision d'un chorégraphe. Grâce à la caméra qui les suit, les enveloppe, épouse leur fausse gaieté et leur vrai désarroi, leur vitalité et leur angoisse. Une caméra qui est toujours à la distance exacte. Peu de gros plans, quelques plans d'ensemble, beaucoup de plans rapprochés pour que nous puissions mieux nous identifier à eux. A eux, c'est-à-dire aux jeunes, et c'est avec leurs yeux que nous voyons les adultes.

La Vie des morts nous emporte dans un mouvement qui exprime la plus viscérale des peurs, celle de la mort. Un mouvement qui, soudain, s'arrête net. La caméra se fige et reprend sa course. Elle chope des gestes, des regards, des bribes de conversations. Elle filme à fleur de peau des gens à fleur de nerfs. A la dixième vision, on s'embrouille encore un peu dans la famille. Et c'est très bien comme ça.

Physique. *La Vie des morts* est un film physique. Que l'on reçoit comme un coup au creux de l'estomac. Ce coup fait mal, mais, parce qu'on a mal, on sent qu'on est vivant. Car ce film sur la mort ne parle que de la vie. Oui, nous sommes tous des morts en sursis qui portons notre mort en nous. Oui, Pascale « accouche » de la mort de Patrick : ses spasmes, le sang qui coule à l'heure exacte de la mort, et son cri muet, quand son père la lui annonce. Oui, à la fin du film, c'est la mort qui gagne. Mais, en même temps, n'est-ce pas une grande bouffée d'air qu'aspire Pascale, comme une noyée qui revient à la vie ? Et n'est-ce pas Pascale qui, au début du film, criait : « Faut s'occuper des vivants, c'est tout. Faut pas s'occuper des morts. Y avait qu'à les aimer » ?

Pascale, qui est le centre du film. Son pivot. Celle qui demeure droite, roide de douleur, seule au milieu des autres. Avec son parler dur, sa sécheresse voulue, son phrasé inattendu. Pascale, la plus écorchée, la plus vibrante, la plus vivante. Pascale, l'inoubliable Marianne Denicourt.

Après avoir vu *La Vie des morts*, la première question que l'on se pose, c'est : « Mais d'où vient-il, ce Desplechin ? » Du Nord, de Roubaix. Il a d'ailleurs tourné son film dans la maison de famille. Il est sorti de l'Idhec en 1984 (sections « réalisateur » et « prise de vues »). Il a été chef opérateur sur quelques courts métrages et a collaboré avec Patrick Grandperret *(Mona et Moi)*, au temps où celui-ci avait du talent.

Quand on interviewe Arnaud Desplechin, on est généralement surpris. Ce qu'il dit paraît quelquefois très loin de ses films. C'est pourtant le récit du processus intérieur qui lui a permis de les tourner. Par exemple, pour *La Vie des morts*, il pensait à un western : « A l'époque, je voyais plein de films de John Ford et je voulais filmer des gens qui ont de la dignité et continuent à se battre, même s'ils se sentent vaguement coupables. Car le pire, c'est d'être témoin. Entre un bourreau et sa victime, il y a l'horreur qui est indicible. Un témoin, lui, fait se souvenir que l'horreur a eu vraiment lieu. C'est un rôle insoutenable [3]. »

Sa direction d'acteurs est aussi tortueuse : « Je leur donne des repères dissemblables. L'un a droit à un bouquin de Nabokov et on travaille uniquement sur ce texte. A un autre, je donne du Dostoïevski un peu crade... Je ne sais pas si vous vous souvenez du type qui a oublié avec quels cousins il joue au foot. Avec Nicolas Koretzky, on a travaillé des textes sur une maladie psychiatrique très connue où le malade perd toute mémoire immédiate. Alors, il est amené à mentir constamment [4]... »

« La Sentinelle »

L'année suivante (1992), Gilles Jacob, délégué général du festival de Cannes, sélectionne *La Sentinelle* en compétition officielle. Il a raison. Mais c'est compter sans le jury, qui, cette année-là, présidé par Gérard Depardieu, se montre particulièrement conformiste. Il couronne deux fois (prix d'interprétation féminine à Pernilla August et... Palme d'or) *Les Meilleures Intentions*, de Bille August. C'est bien payé pour la famille : Pernilla est la femme de Bille August, qui, lui-même, a déjà

3. *Télérama*, n° 2161 (propos recueillis par Pierre Murat).
4. *Ibid.*

reçu la Palme, quatre ans auparavant, pour *Pellé le Conquérant*. *La Sentinelle* est purement et simplement oublié. Rien. Même pas un prix de consolation. C'est que *La Sentinelle* est exactement le contraire des *Meilleures Intentions*. Intrigant, déroutant, dérangeant. Tout, sauf académique.

« Là, t'es tout propre, avec juste un petit caillou de merde au milieu. Mais plus tu vas grandir, plus la salope, là-dedans, elle va grandir… » C'est à cet instant précis, en face de ce gros homme inconnu et inquiétant qui l'insulte en lui disant des choses étranges, que la vie de Mathias bascule. Naturellement, il ne le sait pas encore. Il se contente de se poser des questions. Pourquoi, dans le train qui le ramène d'Allemagne en France, lui, paisible étudiant en médecine, a-t-il été conduit dans ce fourgon par deux soldats, armes au poing ? Pourquoi ce gros homme l'injurie-t-il ? Pourquoi fouille-t-il ses bagages ? Pourquoi lui parle-t-il de culpabilité (« Pour moi, tu es coupable, que ce soit aujourd'hui ou demain ») et d'égoïsme (« Tu ne peux pas avoir d'amis si tu ne fais rien pour eux ») ?

C'est seulement le lendemain matin, en ouvrant sa valise, que Mathias va comprendre que cette nuit de cauchemar au passage de la frontière marque aussi une frontière dans sa vie. Sur le dessus, un paquet qu'il est sûr de n'y avoir pas mis. Une forme ronde enveloppée dans des linges. Du bout des doigts, il les déplie. Des cheveux apparaissent… Cet objet petit et rond est une tête coupée. Une tête réduite.

Si rien, jusqu'ici, n'avait pu donner à Mathias la prescience d'une tragédie imminente, il n'en va pas de même pour nous. Dès la première image – une voiture de police qui tourne doucement autour d'un rond-point de verdure en forme de cul-de-sac –, on ressent la présence, dans un univers apparemment serein, de quelque force implacable.

Nous sommes au consulat français d'Aix-la-Chapelle. Une fête est donnée dans les jardins. Mathias regarde jouer des enfants qui ressemblent à l'enfant qu'il a été. Il s'apprête à quitter cette ville où il a toujours vécu et où son père, mort depuis vingt ans, était en poste : militaire et diplomate.

Pendant ce temps, dans un salon, le consul raconte à une petite cour d'habitués la rencontre secrète, à Moscou, de Churchill et Staline. C'est là, juste avant Yalta, que l'Est et l'Ouest se sont partagé l'Europe. Récit extraordinairement précis (Alexis Nitzer est un acteur prodigieux) d'une entrevue mystérieuse.

Or ce récit historique – utile, bien sûr, à la suite de l'histoire – est fait dans le style même du film, d'autant plus mystérieux qu'il est d'une précision plus maniaque.

La Sentinelle confirme ce qu'annonçait déjà *La Vie des morts* : Arnaud Desplechin est un grand. Son univers est décidément hanté par la mort, et son style toujours aussi fluide. Il suit ses personnages, les recadre dans le mouvement, combine travellings latéraux et panoramiques. Puis il coupe net, change d'axe ou cadre en gros plan un détail – un pied ou une serrure – et reprend sa course. Ses mouvements d'appareil collent de façon si évidente au propos que leur complexité devient presque invisible.

Et, à force de ne nous montrer que l'essentiel, sa caméra nous plonge, pieds et poings liés, dans un monde inquiétant. Celui-là même où Mathias se débat et poursuit obstinément un curieux itinéraire.

Car, sous couvert d'une histoire d'espionnage, c'est bien d'une aventure spirituelle qu'il s'agit. Mathias, en cinquième année de médecine, est spécialisé en médecine légale – autrement dit, il autopsie des cadavres à la morgue. « Alors, tu t'occupes des morts, lui a dit le gros bonhomme du train. C'est bien, il faut s'en occuper. »

Mathias s'en occupe. Il lui semble, quand il est parvenu à fixer exactement l'heure de la mort de son « patient », avoir arrêté, un instant, le temps. Et, quand il est dans la salle de dissection, il se sent bien : « Je suis au cœur, dit-il, à l'endroit où il n'y a plus de différence. »

Sans doute a-t-il l'impression d'atteindre ce point ultime où se rejoignent la vie et la mort et, en perçant le secret de l'une, d'approcher peut-être celui de l'autre.

Alors, quand cette tête lui est mystérieusement confiée, peu à peu, il s'y attache. L'horreur fait place à la sympathie. Desplechin, par sa manière de la filmer, nous fait partager les sentiments de Mathias : « Elle est seule, faut bien que quelqu'un s'en occupe, non ? »

Mathias aime la tête. Non seulement il veut découvrir son identité, mais il veut aussi honorer sa mémoire. Comment ? Il n'est pas croyant, mais il va quand même consulter un prêtre catholique. Il tombe mal. En bon dualiste, celui-ci croit à la vie de l'âme séparée du corps, et ne le lui envoie pas dire : « Un cadavre, c'est rien : un objet. » Les orthodoxes sont plus compréhensifs : un pope bénit le bout de mâchoire que Mathias lui apporte.

Les services secrets s'en mêlent. Mathias est suspecté de détenir un objet compromettant. Mais il se tait. Il protège le gros homme. Toutes ces histoires d'espionnage ne le concernent pas. Il se sent investi d'une mission. Une mission qui le dépasse, qui lui est tombée dessus par hasard, mais qu'il remplira jusqu'au bout. A n'importe quel prix.

Par les traits, Emmanuel Salinger ne rappelle en rien Claude Laydu, le petit curé de campagne de Bresson. Pourtant, les deux personnages se ressemblent. Ils ont le même regard doux, attentif, obstiné. Quelque chose de plus grand qu'eux les mène, à quoi ils obéiront jusqu'à la mort – donnée ou reçue. Non, ce n'est pas un petit caillou de merde que Mathias a au milieu de lui. C'est une petite obsession, mais qui va, en effet, grandir jusqu'à l'envahir tout entier. L'obsession des morts, de tous ces morts anonymes, victimes des guerres, chaudes ou froides, victimes de la cupidité des uns, de l'indifférence des autres.

« Je pense tout le temps à des charniers. » Ce sont les derniers mots que nous l'entendrons prononcer.

La Sentinelle est un film désespéré qui devrait être désespérant. Comme aurait dû l'être *La Vie des morts*. Mais il faut se forcer à raisonner froidement pour ressentir cette désespérance. Car, bien que la mort triomphe, la puissance de vie captée par la caméra de Desplechin est si grande que c'est elle qui nous frappe, c'est d'elle qu'on se souvient.

Le suicide d'un des leurs blessait tous les membres de la famille de *La Vie des morts*. Mais ces blessures, en déclenchant sursauts et convulsions, semblaient apporter un surcroît de vie. Comme si la vie naissait de la mort.

Ici, tout au long du film, on a souri : la lucidité et l'ironie des personnages désamorcent leur mal de vivre ou le dégoût qu'ils ont d'eux-mêmes. Pourtant, le désastre est complet. Non seulement la mort fait son œuvre, mais la folie aussi. Mathias semble avoir pris sur lui le poids d'un crime collectif.

Mais c'est peut-être la possibilité d'une rédemption que lui a offerte le gros homme. Car, à force de creuser toujours plus profond à l'intérieur d'un corps ou d'une tête, on fait d'étranges découvertes. A filmer si bien la matière, le physique devient métaphysique.

Quand on l'interroge sur ses films, les réponses d'Arnaud Desplechin sont toujours séduisantes. Séduisantes parce qu'inattendues. Écoutez-le, interviewé par Pierre Murat :

P. M. : *C'est qui, Mathias ?*

A. D. : C'est quelqu'un de très bête, au départ. De très scolaire. Il part avec l'idée d'être heureux : il désire un métier, une fiancée. Et puis, survient Bleicher, dans le train, la tête dans sa valise, et il se dit : « Je vais balancer tout ce bazar et être heureux. » Ça ne marche pas du tout ! Il lui reste comme une secrète mélancolie et, aussi, le pressentiment que, dix ans plus tard, s'il ne fait rien, il se réveillera avec une belle névrose !

Comme il veut toujours très sincèrement être heureux, il se dit : « Bon, je vais retrouver à qui appartient cette tête, la rendre à qui de droit et, comme ça, je pourrai être heureux. » Et puis, Bleicher réapparaît, les services d'espionnage le traquent. Il se dit alors : « Je vais régler le problème de ce type qui m'emmerde, régler le problème de l'Occident et je vais être heureux. »

P. M. : *Bref, à vos yeux, c'est un con !*

A. D. : Non, un pragmatique, si vous voulez. Mais pas un con.

P. M. : *Et Bleicher ?*

A. D. : Bleicher, c'est un lutin. C'est quelqu'un qui est mort... C'est un mort vivant qui sait qu'il y a eu, jadis, des temps héroïques... Bleicher, c'est le père d'*Hamlet*. Il apparaît à Mathias et lui révèle sur lui et les autres des vérités que celui-ci ne veut pas entendre. Et Mathias passe son temps à se dire : « Ce mec me ment, ce mec me ment ! » En même temps, l'image du père est dans sa tête. A la fin, il se dit : « Je ne sais pas si ce type vient de l'enfer ou non, mais un truc est sûr, je le crois ! Et choisir de le croire va plus me servir dans ma vie que d'opter pour le "clan Claudius" », pour rester dans *Hamlet*.

P. M. : *Et Claudius, c'est ?*

A. D. : C'est Varens, ce type bizarre qui organise l'évasion de citoyens soviétiques. Mais Claudius, dans la pièce, c'est un bon roi. Il a pris le pouvoir, d'accord, mais il passe son temps à dire à Hamlet qu'il le lui transmettra, plus tard. A sa façon, il est sincère. Et les gens sont contents de son règne...

P. M. : *Vous ne jugez jamais vos personnages ?*

A. D. : J'essaie à chaque fois de m'identifier à eux.

P. M. : *Même à Varens, qui est tout de même une crapule... ?*

A. D. : Je comprends particulièrement Varens parce qu'il a un rapport paternel vis-à-vis de Mathias. Il se demande pourquoi l'autre ne l'aime pas. Et ça, c'est une démarche à laquelle je m'identifie hyper facilement !

P. M. : *L'histoire que raconte le consul, au début du film – cette réunion secrète entre Churchill et Staline, entre Téhéran et Yalta –, c'est vrai ou c'est faux ?*

A. D. : Ah, c'est vrai ! Mais j'espérais que les gens croiraient que c'est faux ! J'étais vachement fier, en plus : j'avais déniché cette anecdote dans les *Mémoires* de Churchill. Je la savais peu connue. Et puis, hop, dans *Le Monde* ils ont ressorti cette affaire il y a trois mois ! Pas de chance !

P. M. : *Certains ne voient dans* La Sentinelle *qu'un film d'espionnage, un conflit entre l'Est et l'Ouest...*

A. D. : Ça, c'est le film de Bleicher. Un film à part, un film d'espionnage aux teintes très froides. Rien à voir avec le film de Mathias et Claude ou de Mathias et Marie... On peut comparer tous ces films les uns aux autres, mais il ne faut pas les faire passer les uns pour les autres.

P. M. : *Votre film est donc une mosaïque ?*

A. D. : Des histoires qui se tiennent et qui se lâchent sans arrêt. C'est ce que j'ai essayé de faire, oui.

P. M. : *Mais, plus que la politique, c'est tout de même la quête de Mathias qui vous intéresse ?*

A. D. : L'idée de départ, c'est que si je tombe dans la rue et que je meurs, on va m'emmener à l'hôpital, on va m'examiner sous toutes les coutures et dire : « Voilà, grosso modo, ce qui s'est passé. » Ça fera un rapport médical de plus. Quand il y a dix mille morts sur un champ de bataille, on trace un trait sur une carte. Mais ce trait existe. Comme une cicatrice.

P. M. : *C'est cette cicatrice que recherche désespérément Mathias ?*

A. D. : Oui. Euh... non. Enfin, si, si !

P. M. : *La tête, c'est – si l'on ose dire – le corps du film !*

A. D. : C'est son cœur.

P. M. : *Et quand Mathias ouvre le crâne...*

A. D. : Ça ressemble à une naissance, n'est-ce pas ?

P. M. : *Mais, à l'intérieur du crâne, qu'y a-t-il ?*

A. D. : On s'en fout. De la merde, probablement. Ce n'est pas important.

P. M. : *Alors, que recherche Mathias ?*

A. D. : La certitude que l'autre existe. Est-ce qu'on peut être sûr qu'il y a quelqu'un d'autre que soi ? Qu'il y a jamais eu quelqu'un d'autre que soi ? Mathias recrée un fantôme qui le rassure. L'important, après, c'est d'accueillir ce fantôme. Lui faire de la place.

P. M. : *C'est bien ce que dit Bleicher à Mathias dans le train : « Tu t'occupes des morts. C'est bien, c'est bien... »*

A. D. : Il se fout un peu de lui, là !

P. M. : *Et sa mission consiste en quoi ?*

A. D. : A sauver un mort. Ce n'est déjà pas si mal. Il sauve sa mémoire, son nom, son pays, sa religion ou sa non-religion. Le mort est réintégré. Il vivra avec nous. Il fera partie de nous. Il sera en vie [5].

Deux films, donc, sur cette étrange « communion des saints » laïque qui semble exister entre les vivants et les morts. Et on attend le troisième. Pas pressé, Desplechin : il prend son temps pour écrire, peaufine des mois ses montages. Cela semble un paradoxe – un de plus – mais, en dépit de la longueur de ses films (*La Sentinelle* : 2 h 20, *Comment je me suis disputé...* : 2 h 58), il serre et resserre toujours. « Il faut être sec, dit-il. Pas de gras. Pas de sentiment. » De la part d'un metteur en scène qui ne parle que de sentiments, ça peut paraître curieux. Mais ce qu'il veut dire, c'est que la technique, elle, n'a pas à faire du sentiment. Pas de jolis plans bien éclairés, pas d'effets, pas d'arabesques inutiles ni même de plans inutiles. Le sentiment doit sourdre de l'intérieur. Non pas sollicité avec complaisance, mais un peu contre la volonté de tous. Comme quelque chose d'irrépressible.

« Comment je me suis disputé... (ma vie sexuelle) »

Donc, on attend. Quatre ans. Impatients. Et, enfin, arrive *Comment je me suis disputé... (ma vie sexuelle)*.

Et là, on commence à se poser des questions. Qu'est-ce qui a bien pu pousser l'auteur de *La Vie des morts* et de *La Sentinelle* à s'intéresser aux affaires amoureuses d'une bande de jeunes normaliens ? Mais, au fait, s'agit-il bien d'une chronique sentimentale ? Éducation sentimentale, déjà, serait plus juste. Mais encore ? Ce film recèle un mystère. Le titre étonne. Les personnages intriguent. Le dialogue déconcerte. Mais de quoi parlent-ils donc, ces jeunes gens ? D'affaires de cœur ?

5. *Télérama*, n° 2210.

D'affaires de cul ? Ne serait-ce pas plutôt de la « difficulté d'être », comme disait Cocteau ?

Dans une interview donnée à l'occasion de la sortie de *La Vie des morts*, Arnaud Desplechin disait n'aimer que les films boiteux, et qu'il faut laisser à la télévision les films parfaits : « Par exemple, on demande à deux jeunes acteurs de faire une scène de dispute. Ils y arrivent très bien. Bon. Ben, ça finit par ressembler à un film américain où rien n'existe. Alors que, dans la vie, quand on se dispute, c'est pour des raisons qu'on ne dit pas toujours. Et puis, on n'y arrive pas forcément bien. C'est ça que j'adore au cinéma : des bagarres où on n'arrive pas à se frapper ; les temps d'attente, les gênes[6]... » Et il ajoutait : « Au cinéma, les personnages ne réagissent pas en fonction de motivations logiques. Ils n'existent que parce qu'ils sont bizarres, décalés. »

On croirait qu'il décrit, avec cinq ans d'avance, *Comment je me suis disputé...* Un film – peut-être le plus beau des trois – où les personnages n'arrêtent pas de se raconter, de s'analyser, de se poser des questions plus ou moins existentielles, et où le spectateur, lui, n'en finit pas de s'interroger sur le bien-fondé de ce qu'ils racontent. On se croirait dans un feuilleton pris en marche, où les retours en arrière nous envoient, de temps en temps, un coup de flash explicatif. L'étonnant, c'est que ça dure près de trois heures et qu'on ne sent pas le temps passer, tant on est pris par la curiosité, ému par la justesse du ton et des gestes des comédiens, emporté par la fluidité de la mise en scène.

L'histoire ? Ah ! c'est un peu compliqué ! Enfin, en gros, c'est quelques mois de la vie de Paul Dédalus (Mathieu Amalric), le bien-nommé, qui nous entraîne dans le labyrinthe de ses pensées. Quand on fait sa connaissance, il dort dans un petit bureau de la fac où il est maître-assistant en philosophie. Une voix off nous le présente :

« Comme Paul s'est retrouvé à enseigner sans l'avoir voulu,

6. *Télérama*, n° 2161 (propos recueillis par Pierre Murat).

il désire quitter ce travail “provisoire” depuis déjà deux ans, mais n’y arrive pas. Il le désire assez pour n’avoir jamais passé les examens qui feraient de lui un professeur à part entière. Ainsi il vit une moitié de vie avec un traitement modeste, en attendant de “commencer” ce qu’il serait bien en peine de nommer : sans doute sa vie d’homme.

« Paul habite avec son cousin Bob et il sort avec la même fille depuis dix ans, Esther. Paul et Esther s’entendent très mal et ça fait bientôt dix ans qu’ils essaient de se débarrasser l’un de l’autre. Paul a rencontré une nouvelle fille il y a deux ans, avec qui il a une aventure. Mais il se trouve que cette fille est la fiancée de son meilleur ami.

« Comme Paul croit impossible de “prendre” une fille à un autre garçon, c’est là que ses problèmes commencent… »

Un de ses problèmes. Il en a beaucoup : le souvenir d’une mère à qui il n’a pas encore pardonné d’avoir gâché la vie de son père ; sa thèse, qu’il n’arrive pas à finir ; Esther, qu’il n’ose pas larguer parce qu’il s’en sent responsable ; et puis l’arrivée à la fac d’un nouveau prof : Rabier. Rabier (Michel Vuillermoz), à l’École normale, a été l’un de ses amis intimes. Aussi intime que Nathan (Emmanuel Salinger), le fiancé de cette Sylvia (Marianne Denicourt) qu’il aime en secret. Or Paul est brouillé avec Rabier. Ils se sont disputés… et Paul ne sait plus pourquoi.

Mais, en fait, tous ces problèmes sont l’expression d’un seul : Paul, si brillant, si ironique, si moqueur, vit dans l’angoisse de ne pas exister. Parce qu’il a l’impression de n’avoir pas changé depuis son enfance. Parce qu’il se sent tout seul, sans prise sur les autres, sans que les autres aient prise sur lui.

Sous ses apparences de film franco-français, d’hommage à ce cinéma de la Nouvelle Vague qu’Arnaud Desplechin aime tant, *Comment je me suis disputé…* raconte exactement la même chose que *La Vie des morts* et *La Sentinelle* : l’histoire d’une re-naissance. L’histoire d’une quête. Mais, ici, l’instrument de la connaissance – de soi et des autres – n’est pas la mort d’un proche ou le mystère d’un mort inconnu, c’est le discours amoureux. Ce sont les mots.

D'où l'importance de la voix off. Non seulement pour ce qu'elle dit[7], mais pour sa musique même. D'où l'importance du dialogue. Si Paul est au centre du film, il est entouré d'un frère, d'un cousin, de copains, d'un vieux maître et de quatre filles. Une galerie de personnages « bizarres, décalés », comme Desplechin les aime : le frère de Paul (Fabrice Desplechin) a découvert l'Esprit-Saint en voyant danser une fille ; son cousin Bob (Thibault de Montalembert) s'est entiché d'une autre, simplement parce qu'elle est l'arrière-petite-nièce de Kierkegaard ; Valérie (Jeanne Balibar) semble complètement givrée[8]...

La richesse de ce film, c'est son foisonnement et sa générosité. Dédaignant la ligne droite, Arnaud Desplechin s'autorise toutes les bifurcations. Paul a beau être le fil conducteur du film, il l'abandonne sans scrupule pour filmer Jean-Jacques (Denis Podalydès), le frère de Sylvia, en train de raconter à Nathan, dans un monologue de plusieurs pages, ses démêlés avec Valérie. Ou bien il s'attache à Esther (Emmanuelle Devos) et il la filme, face à la caméra, récitant la lettre sublime qu'elle vient d'envoyer à Paul. Écoutez-la :

Cher Paul, Paul chéri,

Je viens de lire Peer Gynt *dont tu m'avais souvent parlé. Comme je ne travaille pas beaucoup, tu vois, j'ai le temps de me mettre à lire. Les livres que je lis me bouleversent parfois si fort que ça me prend du temps de les lire. Là encore, j'ai fini la pièce d'Ibsen en larmes. Heureusement que tu n'étais pas là, je t'aurais exaspéré ! Mais je suis comme ça !*

Comme je pleurais, je suis sortie marcher dans la rue pour me calmer, puis je me suis arrêtée pour t'écrire ce mot.

7. Il faut lire le texte intégral du film dans la collection « Scénars », éditée par Arte/Hachette.

8. Ce n'est pas l'avis d'Arnaud Desplechin : « On pourrait dire qu'Esther est conne, Valérie, folle, et Sylvia, amère. Mais moi, je pense qu'il n'y a pas de plus haute forme d'intelligence que l'idiotie d'Esther. Qu'en dépit des apparences personne n'est plus doué de raison que Valérie [...]. Et je crois qu'il n'existe pas de plus belle forme de joie que la prétendue amertume de Sylvia » (*Télérama*, n° 2422 ; propos recueillis par Pierre Murat).

Paul, tu n'es pas là, mais souvent il me semble que ton absence me chuchote dans le creux de l'oreille. Ça me tient compagnie.

Et là, ton absence me demande : « Esther, où est-ce que je suis ? Où est-ce que j'ai été vraiment, moi, moi-même, celui que je suis vraiment : Paul ? Je suis tellement perdu que je n'arrive plus à me retrouver... » Et dans ma tête, moi, je pense : « C'est facile : tu étais et tu es encore dans ma foi, dans mon espoir et dans mon amour. »

Et ton absence me demande encore : « Est-ce que je suis ton enfant, est-ce que je suis coupable, est-ce que tu peux me pardonner ? » Et moi, dans ma tête, je te réponds : « Tu as fait de ma vie un enchantement. »

Et ton absence me demande : « Cache-moi, protège-moi. » Et, comme Solveig, je te réponds : « Dors, mon tout petit, dors... Toute la longue journée de la vie, nous l'avons passée à jouer, à courir, à chanter ensemble. Maintenant, mon enfant a besoin de se reposer. Alors ferme les yeux, mon p'tit gars, mon fiancé, mon amour. N'aie pas peur, ne crains rien, parce que je veille sur toi... »

Alors ton absence s'endort tout contre mon esprit.

Je te protège. Je pense à toi. Je t'embrasse.

Esther

On ne sait pas ce qui est le plus beau dans ce film paradoxal [9] : sa rigueur ou sa liberté ? La clarté de l'analyse ou le mystère qui ne se dissipe jamais complètement ? Les dialogues « hyper » quotidiens, truffés de « ouais », « putain ! », « vachement », etc., ou la voix off, qui parle une langue élégante et fluide ? L'intelligence ou la sensualité ? La dimension romanesque – qui n'est pas sans évoquer Proust – ou les métaphores ?

Quoi de plus concret que la chute de Paul, du haut d'un escalier de la fac ? Que le singe de Rabier aplati derrière un radiateur, devenu une forme vide, à l'image de son maître ?

9. On pourrait dire aussi « dialectique », au sens hégélien du terme.

Que le doigt sectionné de celui-ci ? Que la trace rouge laissée par la main blessée de Sylvia sur la joue de Valérie ? Qu'Esther perdant, tour à tour, et sa voix et son sang ?

Film étrange et magnifique où l'importance des mots n'enlève rien à celle de la mise en scène. Une mise en scène qui procède par glissements : la caméra cache un mur, le suit, et, quand le mouvement s'achève, on s'aperçoit qu'il s'agit d'un autre mur dans un autre lieu. Desplechin procède toujours ainsi : sans transitions, mais sans ruptures. Même pour les flash-back : rien ne les annonce, ils arrivent parce que ces morceaux du passé sont restés dans la tête ou le cœur de Paul et de Sylvia. Sylvia : Marianne Denicourt.

Marianne Denicourt n'est pas le personnage le plus présent, mais, comme elle fut celui de *La Vie des morts*, elle est le pivot du film. C'est elle qui va révéler à Paul qu'il existe.

Paul a reçu une véritable initiation. Il a traversé des épreuves, il a été humilié, il a touché le fond et, peu à peu, s'est repris. Il est prêt maintenant à entendre ce que Sylvia va lui dire : « Écoute bien : je t'ai changé. » Le film se clôt non pas sur le visage de Paul, mais sur celui de Sylvia. Tandis que la voix off reprend :

« "Je t'ai changé." Avec cette seule phrase, Sylvia avait su lui rendre Esther, rendre Paul au monde. Bien sûr qu'il pouvait connaître autrui, puisque autrui le changeait. Peu importait son aveuglement.

« Sylvia, qu'il n'avait jamais vue qu'une dizaine de fois lors de rendez-vous clandestins, Sylvia, que sa discipline adultère le forçait à ignorer les rares fois où il la croisait en compagnie de Nathan, Sylvia avait suffi à le changer ! Il se souvenait effectivement quel parfait imbécile il était avant qu'elle ne l'apprivoise. Si un tel miracle avait été possible avec un amour si ténu, c'était donc qu'Esther, elle, avait dû le changer du tout au tout ! Aujourd'hui, il la quittait, mais il la portait en lui d'une manière indélébile. Il serait toujours, désormais, "Paul qui fut dix ans avec Esther". Le vieux Paul était mort. Il ne vivait donc pas pour rien. »

Comment Desplechin, qui se dit « hyper freudien, hégélien à mort », parvient-il à faire passer tout ce qu'il veut dire à travers des films si sensibles et si sensuels ? « C'est parce que, dit-il, quand je filme, la caméra pense à ma place. Ce que j'essaie, moi, alors, c'est d'approcher la musique. Et la grâce [10]. » C'est gagné.

Kieslowski tournait des polars de l'âme. Desplechin, lui, invente le feuilleton métaphysique.

*

La Vie des morts (52 mn). Réalisation, scénario et image : Arnaud Desplechin. Décors : Antoine Platteau. Montage : François Gédigier. Musique : Marc Sommer, Fritz Sommer et Marjolaine Ott. Avec : Thibault de Montalembert (Christian), Roch Leibovici (Ivan), Marianne Denicourt (Pascale), Bernard Ballet (leur père), Suzel Goffre (leur mère), Hélène Roussel (Irina), Nita Klein (la mère de Patrick), Emmanuel Salinger (Bob), Emmanuelle Devos (Laurence), Laurence Côte (Isabelle), Benoist Brionne, Laurent Schilling, André Cellier, Elizabeth Maby, Suzanne Waters, Fabrice Desplechin, Nicolas Koretzky. Production : Odessa Films – RGP Productions – La Sept Cinéma. Distribution : Forum Distribution. Sortie : 12 juin 1991.

La Sentinelle (2 h 20). Réalisation et scénario : Arnaud Desplechin. Adaptation : Pascale Ferran, Noémie Lvovsky et Emmanuel Salinger. Image : Caroline Champetier. Son : Laurent Poirier et Bernard Aubouy. Décors : Antoine Platteau. Montage : François Gédigier. Musique : Marc Sommer. Avec : Emmanuel Salinger (Mathias), Jean-Louis Richard (Bleicher), Bruno Todeschini (William), Marianne Denicourt (Marie), Valérie Dréville (Nathalie), Emmanuelle Devos (Claude), Jean-Luc Boutté (Varens), Thibault de Montalembert (Jean-Jacques). Production : Why Not Productions – 2001 Audiovisuel – La Sept Cinéma – Films A2. Distribution : Pan Européenne. Sortie : 20 mai 1992.

10. *Télérama*, n° 2422 (propos recueillis par Pierre Murat).

Comment je me suis disputé… (ma vie sexuelle) (2 h 58). Réalisation : Arnaud Desplechin. Scénario et adaptation : Arnaud Desplechin et Emmanuel Bourdieu. Image : Éric Gautier. Son : Laurent Poirier. Décors : Antoine Platteau. Montage : François Gédigier et Laurence Briaud. Musique : Krishna Lévy. Avec : Mathieu Amalric (Paul), Emmanuelle Devos (Esther), Emmanuel Salinger (Nathan), Marianne Denicourt (Sylvia), Thibault de Montalembert (Bob), Chiara Mastroianni (Patricia), Denis Podalydès (Jean-Jacques), Jeanne Balibar (Valérie), Fabrice Desplechin (Ivan), Michel Vuillermoz (Rabier). Production : Why Not Productions – La Sept Cinéma – France 2 Cinéma – Canal + – CNC. Distribution : Bac Films. Sortie : 12 juin 1996.

Pascale Ferran

C'est une architecte du cinéma. Non pas qu'elle construise des scénarios « en béton », mais des enchevêtrements subtils où le passé se mêle au présent, où des correspondances s'établissent, où le rythme ralentit ou s'accélère selon un tempo calculé. Les personnages aussi, qu'elle aime nombreux, se croisent, font parfois un bout de chemin ensemble, puis se séparent pour mieux se rejoindre. L'étonnant, avec Pascale Ferran, c'est qu'elle semble ne rien laisser au hasard et que, pourtant, le hasard passe partout entre les mailles. A l'intérieur de ces admirables châteaux de sable ou de cartes, le vent s'engouffre, les personnages respirent, ils inventent eux-mêmes leur vie.

« Petits Arrangements avec les morts »

Pourquoi un travelling est-il si beau ? Question aussi insoluble que de se demander pourquoi une phrase est belle. A toutes les réponses que l'on avancera, il manquera toujours quelque chose : un impondérable, un mystère. Et ce mystère, si l'on arrivait, par miracle, à le percer à jour, ne laisserait plus de cette beauté qui nous touchait qu'un masque sans vie, une écorce vide, une image morte. Pourtant, devant le plaisir « immédiat » qui nous envahit, dès le premier plan du film, devant cette certitude « immédiate » qu'on fait bien d'être là et que ce film est beau, on ne peut pas ne pas s'interroger : pourquoi ce travelling nous émeut-il autant ?

C'est un travelling latéral, de gauche à droite, sur une plage bretonne, un jour d'été. Dans le fond, la mer. Devant, des gosses qui jouent, des adultes qui prennent un bain de soleil. On entend les cris des enfants, des bribes de paroles. Et le travelling s'achève sur un superbe château de sable, tel que tous les gosses en ont rêvé, avec tours crénelées, petits escaliers, mâchicoulis et pont-levis… Et, justement, un petit garçon le regarde avec admiration.

C'est tout. Et cela suffit à nous faire pressentir ce que sera le film. On pense vaguement à *Dimanche d'août* (1949), de Luciano Emmer : fresque unanimiste où une quinzaine de destins se croisaient sur la plage d'Ostie. On se retrouve surtout dans l'état exact qui convient pour entrer dans le film : en quelques secondes, Pascale Ferran a fait resurgir notre enfance et nous a rendu nos yeux de 9 ans 1/2. Les yeux mêmes de Jumbo, le petit garçon qui admire le château de sable.

Comme son maître d'œuvre, Vincent, un homme d'âge mûr, s'en va, Jumbo lui propose de garder le château pendant trois quarts d'heure, jusqu'à l'arrivée de la marée. Vincent remercie poliment et donne rendez-vous à Jumbo pour le lendemain, midi, heure où, comme tous les jours, il construira un nouveau château. Or Jumbo ne peut mener à bien sa mission : le château est détruit. Fin du prologue.

Mais par qui a-t-il été détruit? C'est ce que va nous apprendre le premier volet de ce film en forme de triptyque. Il s'intitule « Jumbo » et commence le lendemain, à midi. Caché sous un pédalo, avec des lunettes de plongée et des jumelles, Jumbo observe Vincent. Il se parle à lui-même : « C'est pas ma faute, mais c'est quand même moi le responsable. » Et il revoit ce qui s'est passé les jours précédents et a entraîné, la veille au soir, la destruction du château par les grands frères d'un certain Bruno.

Mais ces enchaînements de cause à effet sont coupés par d'autres retours en arrière, plus lointains ceux-là. Et tous ces retours en arrière, dans des temps différents, se mêlent, s'entremêlent, s'entrelacent avec tant d'aisance et de logique subjective – mais la logique de Jumbo est devenue la nôtre – que nous ne perdons jamais le fil. Peu à peu, les morceaux du puzzle s'encastrent les uns dans les autres, dessinant un motif que la destruction du château de sable n'a été qu'un prétexte pour ramener au jour.

Jumbo commence par nous raconter pourquoi le « chef de l'Organisation » lui a donné ce nom. « Je lui ai demandé : c'est à cause de mes oreilles, chef ? – Non, c'est parce que les éléphants n'oublient jamais rien. »

Jumbo s'est fait le gardien de la mémoire. Comme Julien Davenne, à qui François Truffaut prêtait son visage, il s'est inventé une « chambre verte ». Dans un vieux blockhaus, il a installé une salle des morts, où il allume des bougies à leur mémoire et où il pense à eux, très fort, parce qu'on lui a dit que les morts, dès qu'on les oublie, sombrent dans le néant. L'Organisation, la chambre des morts, ce sont les « petits arrangements » de Jumbo pour pouvoir survivre à un choc reçu trop jeune, à une mort qui n'est pas dans l'ordre des choses.

Les deux autres chapitres, respectivement intitulés « François » et « Zaza », racontent ce qui se passe dans la tête du frère cadet et de la sœur aînée de Vincent, ce même jour, toujours entre midi et sept heures du soir. François, Zaza et leur plus jeune sœur, Suzanne, sont venus passer quelques jours de vacances auprès de Vincent, resté au pays. Eux aussi, dans leur enfance ou leur adolescence, ont été confrontés à la mort.

Cette mort, dit Pascale Ferran, leur a laissé un sentiment inconscient de culpabilité : ils se sont pris pour des « survivants » – donc ils survivent. Et ils survivent, comme Jumbo, au prix de quelques « petits arrangements » : ils se mentent, ils inventent, ils se créent des obligations. Bref, ils font ce qu'ils peuvent pour vivre au mieux – ou au moins mal. Mais cette journée à la plage dérègle, pour quelques heures, la mécanique.

Mêmes « révélateurs » que pour Jumbo : Vincent et son château. Même construction en forme de puzzle : on suit les pensées de François, puis de Zaza. Et ces pensées nous entraînent dans des retours en arrière selon un temps apparemment anarchique.

Apparemment. Car tout est maîtrisé dans ce premier long métrage de Pascale Ferran. Et surtout le temps. Comment parler de la mort sans parler du temps ? Le temps qui passe et nous rapproche, minute par minute, de la mort. Le temps qui use jusqu'à nos souvenirs. Le temps que l'on casse, pour se donner l'illusion de l'asservir.

Zaza trouve que le temps passe trop vite. Et elle est épuisée d'avoir consacré sa vie à s'occuper des autres. François le voit comme suspendu (« Sur une plage, dit-il, il faut que le temps change pour que le temps passe »). Lui, il a consacré sa vie à des insectes morts qu'il peut à loisir étudier et classifier. Quant à Jumbo, il croit encore que la mémoire peut faire échec au temps.

Mais la mémoire est trompeuse. « François » s'achève sur un dialogue étonnant entre François et Suzanne. Seul avec sa sœur, il laisse tomber le masque, révèle sa parano et crie ses rancœurs, sa rancune, presque sa haine, à l'égard de son frère. Il rappelle à Suzanne ce moment de leur enfance où Vincent les a traités de « sans-cœur » parce qu'ils jouaient au tambour après la mort de leur sœur. « Mais ce n'était pas Vincent, c'est Papa. Et c'était après la mort de Mamie », réplique Suzanne. Et voilà le doute jeté sur tous les souvenirs de François, qu'on avait, jusqu'à présent, tenus pour vrais.

Si l'on excepte le dernier chapitre, « Zaza », moins réussi parce que trop explicite, *Petits Arrangements avec les morts* révèle un nouvel auteur, dont l'univers est proche de celui d'Arnaud Desplechin. Comme dans *La Vie des morts*, Pascale Ferran étudie les réactions des vivants devant la disparition d'un proche. Et, comme dans *La Sentinelle*, elle s'acharne à découvrir un mystère. Mais pas le mystère d'une tête réduite, non : le mystère des vivants. Et pas avec un scalpel : avec une caméra discrète et distante.

Pascale Ferran n'est pas comme ses personnages. Elle ne cède pas aux « petits arrangements ». Elle ne triche pas. Elle se tient à la distance exacte qui convient. Un peu comme Ozu.

Le chapitre « Jumbo » est souvent filmé à hauteur d'enfant et toujours avec une caméra très mobile. « François », au contraire, est tourné sans fantaisie – parce que François n'en a pas. Et, dans « Zaza », il est logique, après tout, que Pascale Ferran illustre par des images un peu niaises – un peu New Age – cette énergie qui s'échappe des corps, puisque c'est ce qu'imagine Zaza. Il n'empêche que Zaza est le moins intéressant des personnages, parce que le moins mystérieux.

Dans le remarquable court métrage de Pascale Ferran, *Le Baiser*, des couples se succédaient devant la caméra. Ils la regardaient, s'embrassaient et la regardaient encore. Puis, après quelques secondes, Pascale Ferran coupait. Ici, elle procède de même. Elle observe, elle cherche à comprendre, mais elle n'intervient pas. C'est une scénariste discrète, qui montre les gestes de ses personnages, qui montre même ce qui se passe dans leur tête, mais sans jamais rien nous expliquer et, a fortiori, sans jamais porter le moindre jugement.

C'est aussi une réalisatrice respectueuse qui, durant tout le film, traque, cerne, apprivoise le mystère – mais ne le perce jamais. Car elle sait bien qu'à l'instant même où elle le percerait, ce mystère, la vie s'échapperait. Et les personnages ne seraient plus que des masques sans vie, des écorces vides, des images mortes…

« L'Age des possibles »

Pascale Ferran affirme que les contraintes de la structure, dans *Petits Arrangements avec les morts*, étaient si fortes qu'elles lui ont paradoxalement donné une immense liberté. « A l'intérieur d'unc telle structure, dit-elle, on pouvait pratiquement tout faire. C'était comme un jeu. C'était stimulant [1]. »

Pour son deuxième film, Pascale Ferran ne s'invente pas de contraintes : elles lui sont imposées. *L'Age des possibles* est

1. *Télérama*, n° 2334 (propos recueillis par Philippe Piazzo).

une commande de Jean-Louis Martinelli, directeur du Théâtre national de Strasbourg (TNS) et de l'école qui en dépend. Il souhaite que les élèves comédiens de troisième et dernière année se familiarisent avec un plateau de cinéma. L'idée amuse Pascale Ferran, mais elle préfère à un « atelier de cinéma » un vrai tournage. Elle pense que l'expérience sera plus fructueuse pour les comédiens et pour elle-même : « Il n'y a pas de raison que les comédiens soient seuls à apprendre quelque chose ! »

Ainsi, elle a du mal à travailler vite. Ici, elle n'a pas le choix : trois mois pour écrire le scénario, un mois de préparation et un mois de tournage. Les conditions d'un téléfilm, alors qu'elle veut faire un vrai film de cinéma. Deuxième contrainte : dix rôles d'importance sensiblement égale [2]. Troisième contrainte (mais en est-ce une ?) : filmer avec très peu d'argent. Suffisamment pour pouvoir tourner avec de la pellicule (et non en vidéo, ce qui ne coûte rien), afin que les comédiens sentent le prix de chaque prise : « Je voulais, dit Pascale Ferran, rendre l'acte de jouer important, risqué, intense. » Mais pas assez pour hésiter à prendre tous les risques, même celui de jeter le film à la poubelle s'il est raté. Arte s'intéresse à l'aventure et accepte de participer au financement.

Dans un premier temps, Pascale Ferran se souvient de ses 20 ans et prend des notes. Puis, avec Anne-Louise Trividic, elle écrit quelques scènes « à partir, dit-elle, de la place du corps dans l'espace, quand cette place influe sur la situation ». Méthode de travail qui rejoint celle de Tonie Marshall. Quand celle-ci écrivait *Pas très catholique*, elle ne pensait pas aux mouvements de caméra, mais aux déplacements des personnages : « Le dialogue, disait-elle, est toujours lié au mouvement. Si quelqu'un dit qu'il en a marre, il n'emploiera pas les mêmes mots s'il est assis, debout ou couché. S'il bouge ou

2. Deux comédiens étant partis en tournée, leurs rôles ont été sensiblement réduits : ce sont ceux de Gérard et d'Emmanuèle (l'amie de Denise, venue tourner une série télé).

s'il reste immobile[3]. » Attitude typique d'une génération qui préfère ses personnages à sa caméra et le mouvement à l'immobilité.

Après ce premier travail, très succinct, Pascale Ferran et Anne-Louise Trividic partent pour Strasbourg, afin de rencontrer les dix comédiens. Une première fois tous ensemble. Ensuite, séparément, une heure chacun. Retour à Paris pour l'écriture d'un scénario très structuré, avec des dialogues très précis, ne laissant place à aucune improvisation.

« C'était un peu un casting à l'envers », dit Pascale Ferran. D'habitude, on cherche des comédiens qui collent aux personnages. Ici, on part des comédiens pour inventer des personnages. Mais attention : les comédiens, elle ne les a vus qu'une heure. Elle travaille donc sur une première impression, due surtout à leur physique. Aussi met-elle beaucoup d'elle-même dans chaque rôle. Ce qui est parfait, puisque cela va obliger les apprentis comédiens à faire tout de même un – ou plusieurs – pas vers leur personnage.

Très bien, direz-vous, mais toute cette cuisine ne nous intéresse pas, qu'en est-il du film ? Eh bien, le film est magnifique. Et, pour une fois, la cuisine est bougrement intéressante. 1) Parce qu'en dépit – ou à cause – des contraintes dont elle a dû tenir compte, Pascale Ferran réussit un film extrêmement personnel. 2) Parce que le sujet même du film ressemble étonnamment à cette cuisine : les jeunes sont angoissés à l'idée d'entrer dans une structure – c'est-à-dire dans l'âge adulte – car ils craignent d'y perdre leur liberté. Or ils sont dans un provisoire qui ne leur donne que l'illusion de la liberté, puisqu'ils s'y lovent comme dans un cocon. Ils ne seront vraiment libres que lorsqu'ils auront eu l'audace de faire un choix.

L'« âge des possibles » est celui de la peur du choix.

Le générique a un côté ludique : « A comme Agnès, B comme Béatrice... », jusqu'à la lettre J. Dix personnages... Pascale Ferran nous les présente à travers une mosaïque de saynètes. Il y

3. *Télérama*, n° 2308 (propos recueillis par Pierre Murat).

est souvent question de choix. Oh ! des choix tout à fait mineurs ! Agnès – qui termine un DEA de philo – enregistre plusieurs fois son message sur le répondeur. Béatrice, en attendant mieux, travaille dans un Quick. Chez elle, devant le frigo ouvert, elle hésite entre un yaourt et un fruit. Henri écrit mollement, dans une chambre de bonne, un mémoire de maîtrise de chinois. Denise travaille pour un institut de sondage. Frédéric, en dernière année d'une école de commerce, partage son appart avec Jacques, étudiant aux Beaux-Arts. Ils font leurs courses ensemble dans un supermarché. Plus de Danette : que prendre ? Ivan, diplômé en économie, supporte très mal de ne pas trouver son premier emploi. Il vit avec Catherine, assistante de production. Un tournevis prêté par elle au gardien et que réclame Ivan révèle les fêlures du couple… C'est un puzzle, dont on ne sait pas encore très bien comment les morceaux vont se raccorder. Qui va rencontrer qui.

Et puis, en voix off, sur des images de Frédéric dans le bus, de Catherine regardant son ventre plat dans la glace, d'Ivan s'essayant à faire des sondages, comme Denise, de Jacques qui dort au lieu d'aller à ses cours, s'élève la voix d'Agnès : « Aujourd'hui, tout le monde a peur. De ne pas trouver de travail, de perdre son travail, de mettre des enfants au monde dans un monde qui a peur, de ne pas avoir d'enfant à temps. Peur de s'engager, d'attraper une maladie, de passer à côté de la vie, d'aimer trop, ou trop peu, ou mal, ou pas du tout. La peur est partout et, partout, provoque des catastrophes. Elle s'auto-alimente. Qui a peur aujourd'hui aura peur davantage demain. La première chose à faire, le seul but à atteindre : tuer la peur qui est en nous. » Ce texte, c'est le centre de gravité du film.

A partir de là, les scènes sont plus longues. Denise rencontre une copine venue de Paris tourner une série télé. On apprend ainsi qu'une fois sortie de l'école du TNS, Denise n'a pas eu le courage d'aller tenter sa chance à Paris. Cette deuxième partie s'achève sur une longue séquence de fête chez Ivan et Catherine. Tous s'y retrouvent. Des crises latentes explosent. Des angoisses se dénouent. Des rencontres décisives se font.

Avec l'épilogue, quelques semaines plus tard, on revient à des scènes très courtes, mais séparées par des fondus au noir. Comme si chaque personnage, désormais, avait pris son autonomie.

Voilà pour la structure. D'une rigueur qui, pour être invisible, n'en procure pas moins un sentiment de bien-être. Mais, une fois qu'on a dit ça, on n'a rien dit. Car l'essentiel est ailleurs. Dans cette mise en scène où les personnages sont souvent entre deux portes (au propre comme au figuré). Dans cette façon de filmer les corps en mouvement, dans la grâce quasi animale de ces corps, dans la justesse de chaque geste. *L'Age des possibles* est aussi – surtout – un film charnel. Nous ressentons physiquement le malaise physique de Denise après sa rencontre avec son ancienne copine de l'école du TNS. Et celui de Béatrice, quand elle découvre que Gérard, qu'elle a aimé, qu'elle aime encore, est le père du futur bébé de Catherine. Charnelle aussi – et pourtant étonnamment pudique – la première étreinte de Denise et Ivan dans une chambre d'hôtel, après la belle scène du karaoké où Denise a chanté *Toulouse*, sa ville. Pour bercer l'angoisse de Jacques, Frédéric le prend dans ses bras, comme un enfant, et nous les retrouvons tous deux endormis, en chien de fusil, lovés l'un contre l'autre. Oser montrer ses sentiments. Oser être vrai.

Il y a des personnages qui, pour atteindre la vérité, se servent, comme arme, du mensonge. Ceux de Marivaux, par exemple. Les personnages de Pascale Ferran, eux, utilisent la méthode inverse. Chacun tente désespérément de trouver les mots exacts pour traduire exactement sa pensée. Écoutez Henri répondre aux questions posées par Denise pour un sondage : « Trois réponses, dit-elle. Oui, non, peut-être. » Il répète très sérieusement : « Oui, non, peut-être. Ce sont les seules possibilités ? » On rit – on rit souvent dans ce film grave mais léger –, mais on voit bien où il veut en venir : on manque parfois de mots pour exprimer ce qu'on ressent.

« La difficulté de formuler les choses, dit Pascale Ferran, trop en dire ou pas assez, ou pas au bon moment, est une de mes obsessions [...]. La première chose qui m'a passionnée dans ce groupe de comédiens de 25 ans, c'est que la "formulation" était au centre de leurs préoccupations politiques du moment. Ils y avaient réfléchi. Ils disaient très clairement qu'ils n'avaient plus de mots pour dire leurs utopies. Même le mot "utopie" leur était interdit. Tout était à construire et tout leur était refusé. Et il y avait une véritable souffrance là-dedans, collective et intime à la fois. [...] "L'horizon est bouché" : voilà ce qui revenait souvent. Et ils ne parlaient pas seulement de la crise ou du chômage, mais de leur difficulté à trouver les termes qui inventeraient leur propre vie [4]. »

L'Age des possibles est une réponse à cette difficulté. Tout se passe comme si Pascale Ferran avait tenté – et réussi – de faire accoucher ses personnages (ses acteurs ?) de leurs propres mots, ces mots qui vont leur permettre d'« inventer » leur vie. La toute fin du film, la longue tirade de Frédéric, assis dans un café, en face d'Agnès qui l'écoute, radieuse, sonne comme un manifeste : « Je veux pouvoir penser à un truc même si c'est utopique et pas me dire que j'y arriverai jamais, ou que : à quoi bon ! Parce que, si tu y réfléchis deux secondes, nous, tout ce qu'on a le droit de faire, en ce moment, c'est assister à la faillite générale. [...] Il faut se bâtir un truc, un endroit où tu es inatteignable, comme Jacques, comme Denise [5]. Je dis pas inventer ou improviser, je pense que ça vient ou que ça vient pas. Mais si tu attends assez longtemps, y a un moment où y a un truc qui te remplit. Moi, j'y crois à ça. Et jamais se dire que les choses sont des formalités. Rien n'est insignifiant. Se dire qu'à chaque étape, y a une alternative. Forcément. Donc regarder à droite, à gauche, et choisir. Ou trouver une autre voie. En tout cas, pas faire semblant. Croire à un truc et y travailler, même si c'est naïf, même si c'est utopique. D'ailleurs, c'est ça, mon programme, je propose, j'en vois pas d'autre : la naïveté, voilà. »

4. *Télérama*, n° 2416 (propos recueillis par Philippe Piazzo).

5. En dépit de son angoisse, Jacques sera peintre. En dépit de sa peur, Denise est partie pour Paris. Elle va tenter d'y exercer son métier de comédienne.

Ce manifeste, né d'une conversation avec Antoine Mathieu (le comédien qui incarne Frédéric), est aussi celui de Pascale Ferran. « La naïveté, pour moi, dit-elle, c'est avant tout le refus de la dérision, du paradoxe pour le paradoxe. C'est la tentative d'être dans un rapport direct avec les mots. Sans passer par les références, les sous-entendus, les clins d'œil. Attention : ce n'est pas un refus de l'ambiguïté ! La tirade de Frédéric appliquée au cinéma, ce serait : "A bas *Pulp Fiction* !" A bas la dérision, le second degré qui vide de sens chaque objet filmé (comme le gros plan de Tarantino sur la seringue), où tout devient prétexte à un coup de coude au spectateur, où le film ne renvoie plus qu'au cinéma sans aucun rapport direct avec le réel [6]. »

A bas la dérision, mais à bas aussi, dit-elle, toute « complaisance dans la représentation de la souffrance [...]. Qu'est-ce qui peut aider le plus de gens (moi comprise) ? La représentation la plus véridique possible de ce malaise afin de se sentir moins seul ? Ou ne faut-il pas faire un film plus léger, avec des échappées, des pointes d'espoir, des tentatives d'invention de sa propre vie, quitte à enjoliver ? C'est évidemment une question qui vient du cinéma de Demy, la légèreté fondée sur un assez grand désespoir ».

Demy, dont Agnès et Béatrice, pendant la fête, chantent le duo du Prince et de la Princesse dans *Peau d'Ane* : « Mais qu'allons-nous faire de tant de bonheur ? – Le montrer ou bien le taire [...] – Nous ferons ce qui est interdit... – Nous irons ensemble à la buvette... – Nous fumerons la pipe en cachette... – Nous nous gaverons de pâtisserie... – Mais qu'allons-nous faire... » Sous ses dehors enfantins, ce programme est celui de Frédéric, quand il fait l'éloge de la naïveté, et de Pascale Ferran, quand elle tourne *L'Age des possibles* [7]...

6. *Télérama*, n° 2416 (propos recueillis par Philippe Piazzo).

7. Les textes intégraux de *Petits Arrangements avec les morts* et *L'Age des possibles* sont parus dans la collection « Scénars », Arte Éditions/Hachette.

*

Petits Arrangements avec les morts (1 h 48). Réalisation : Pascale Ferran. Scénario : Pierre Trividic et Pascale Ferran. Collaboration scénaristique : Arnaud Desplechin. Image : Jean-Claude Larrieu. Son : Jean-Jacques Ferran. Montage : Guy Lecorne. Musique : Béatrice Thiriet. Avec : Didier Sandre (Vincent), Alexandre Zloto (Vincent adolescent), Catherine Ferran (Zaza), Agathe de Chassey (Zaza adolescente), Guillaume Charras (Jumbo), Charles Berling (François), Mathieu Robinot (François enfant), Sabrina Leurquin (Suzanne), Marianne Coillot (Suzanne enfant). Production : Eclipsa Films – La Sept Cinéma – Cinea – Pan Européenne. Distribution : Pan Européenne. Sortie : 5 octobre 1994.

L'Age des possibles (1 h 45). Réalisation : Pascale Ferran. Scénario : Pascale Ferran et Anne-Louise Trividic. Image : Jean-Marc Fabre. Son : Jean-Jacques Ferran. Décors : Virginie Duployez, Annette Kurz et Giulio Litchtner. Montage : Guy Lecorne. Musique : Béatrice Thiriet. Avec : Anne Cantineau (Agnès), Christèle Tual (Béatrice), Anne Caillère (Catherine), Isabelle Olive (Denise), Sandrine Attard (Emmanuèle), Antoine Mathieu (Frédéric), Nicolas Pirson (Gérard), Arnaud Simon (Henri), David Gouhier (Ivan), Jérémie Oler (Jacques), Alain Fromager (le réalisateur). Production : Agat Films & Cie – TNS – La Sept/Arte. Distribution : Diaphana. Sortie : 1er mai 1996.

Laurence Ferreira Barbosa

Elle flirte avec la folie. Non pas avec une certaine difficulté d'être, mais avec une difficulté certaine de vivre. Pour Laurence Ferreira Barbosa, les gens normaux n'ont peut-être rien d'exceptionnel, mais les anormaux non plus. Car, anormaux, un jour ou l'autre, nous le sommes tous. Question de degré. Et encore ! Après avoir basculé de l'autre côté de la frontière, sur un coup de tête – un vrai, dans une vitrine –, Martine (Valeria Bruni-Tedeschi) a décidé d'y rester. Décidé de se laisser aller, de dire ce qu'elle pense et, surtout, de faire le bonheur des autres. Même malgré eux. C'est un drôle de film que *Les gens normaux n'ont rien d'exceptionnel.* Quelque chose comme une pelote de fil qu'on débobine. C'est Martine qui tient le bout du fil. Et elle va, elle va, nous entraînant dans son sillage, agacés et séduits. Mais je laisse la parole à Marie-Élisabeth Rouchy.

« Les gens normaux n'ont rien d'exceptionnel »

« Quand on la voit débouler avec son panier en osier, sa veste en tweed avachie, son écharpe, ses mocassins souples et ses cheveux dans la figure, on se dit que c'est une fille comme tout le monde. Elle marche vite, dans Paris tout gris, puis s'accote à la balustrade d'un pont. La voilà en arrêt, les doigts crispés sur une cigarette, qu'elle fume comme elle marchait tout à l'heure : à toute allure. A voir cette silhouette animée de tressaillements imperceptibles, on commence à sentir que quelque chose ne tourne pas rond.

« Une larme coule sur sa joue. Une larme qui prend son temps et qui sèche aussitôt, comme le chagrin furtif qu'on croise parfois sur le visage de passants – banal.

« Banal encore ce bureau où on la retrouve : bruyant, encombré de téléphones et de gens. Banal, ce début de conversation avec un client, par téléphone interposé. Mais le ton monte, les gestes s'emballent et les mots de Martine perdent de leur vernis. Martine raisonne, elle s'énerve, fait la grimace, raisonne encore, irrésistible de drôlerie, derrière son combiné, et plus du tout banale.

« Il a suffi de cinq minutes pour que la fille au cabas revienne à la vie. Encore cinq minutes, et la voilà muette devant les questions d'un médecin. Sagement assise sur un tabouret, dans la salle des urgences d'un hôpital psychiatrique, Martine ne sait plus comment elle s'appelle. Tout ce qu'elle sait, c'est qu'il lui manque une chaussure, qu'elle a une énorme bosse sur la tête et qu'elle voudrait dormir.

« "Dépression passagère", diagnostiquent les médecins. "Vacances", décide Martine, in petto, pas plus impressionnée que ça de se retrouver chez les fous. Et décidée à s'incruster.

« "Qu'est-ce qu'on peut faire ici ?", demande-t-elle ingénument à l'infirmière. Sans plus attendre, elle part à la conquête de son nouveau territoire, soudain débordée, au point de ne pas pouvoir profiter des moments de liberté qu'on lui octroie. "Trop de gens ont besoin de moi." D'un malade à l'autre, elle s'agite, questionne, réconforte, persuadée d'avoir enfin trouvé sa place. Quitte à chambouler toute l'organisation de l'hôpital et à bouleverser un peu plus l'équilibre déjà précaire de ses nouveaux amis. "Je veux que vous soyez heureux", répète Martine à chaque nouvel interlocuteur, en se doutant confusément qu'on ne lui en demande pas tant.

« L'emmerdeuse type.

« C'est qu'à leur manière les malades du film de Laurence Ferreira Barbosa sont étrangement tranquilles, chacun dans sa bulle et dans son silence, chacun si étrangement à l'aise dans sa folie qu'il en semble presque normal ; ni plus ni moins indifférent, en tout cas, que les gens de l'extérieur. Et c'est justement ce que Martine leur reproche. Impuissante à bouger son entourage au-dehors, elle se sent prête, pour eux, à soulever des montagnes.

« Depuis ses débuts à la réalisation – elle a déjà tourné trois courts métrages, *Paris ficelle*, *Adèle Frelon est-elle là ?* et *Sur les talus* –, Laurence Ferreira Barbosa s'intéresse aux marginaux ; ni clochards, ni originaux, ses personnages sont simplement rebelles aux étiquettes et à l'étroit dans des vies qui tournent trop rond pour eux. Pour son premier long métrage, elle a choisi d'aller plus loin, en mettant les pas de son héroïne dans ceux de vrais déclassés.

« Le point de départ : une histoire vraie. "Quelqu'un – un type comme vous et moi – m'avait raconté comment il avait atterri dans un hôpital psychiatrique, dit la réalisatrice. Ç'a été le déclic. J'ai voulu montrer qu'on peut mener une vie apparemment normale et basculer dans cet univers d'un jour à l'autre. Je voulais aussi comprendre ce qui se passait à partir de ce moment-là. Est-ce qu'on interne d'office les gens ? Est-ce qu'au contraire on essaie de les faire sortir très vite ? A force d'enquêter à droite et à gauche, j'ai vite compris que la tendance, aujourd'hui, n'est plus à enfermer les malades, mais au contraire à essayer de les réinsérer au plus vite dans la vie normale. Les malades, eux, préféreraient rester : ils se sentent protégés. Ç'a été le point de départ du film."

« N'allez pas croire pour autant que *Les gens normaux n'ont rien d'exceptionnel* soit une étude sur la maladie mentale ou sur les rapports entre gens normaux et anormaux. C'est d'abord – c'est avant tout – une comédie. "Quand j'écris un film, dit Laurence Ferreira Barbosa, je pars toujours de la réalité. Ensuite, je prends des libertés, la fiction me fait dériver."

« Et elle dérive, Martine ! Aussi impayable avec ses nouveaux amis qu'elle l'était, au téléphone, avec son client récalcitrant. Et presque aussi adorablement exaspérante que Katharine Hepburn dans *L'Impossible M. Bébé* ! Mais c'est bien le propos de Laurence Ferreira Barbosa : filmer une enquiquineuse de comédie… dans un contexte d'aujourd'hui. En 1993, plus question de se porter au secours d'un paléontologue farfelu. Car, si farfelus il y a, ils sont partout : à l'hôpital comme dans la rue, plus anonymes et aussi plus seuls.

« Avec l'air de ne pas y toucher, à coups de petites phrases drôles, jetées dans le dialogue comme par hasard, Laurence Ferreira Barbosa met le doigt sur le mal du siècle : l'indifférence.

« "J'ai demandé sciemment aux comédiens de ne pas en faire trop, dit-elle. A ceux qui jouaient les malades comme aux autres. Il me semblait que si les dialogues étaient drôles, ils auraient plus de force dits sérieusement."

« "Vous savez, les gens normaux n'ont rien d'exceptionnel", soupire, comique, un malade à son visiteur. Et, pour le prouver, la réalisatrice filme sa petite troupe lâchée dans un marché du 20e arrondissement. Devant les étals des commerçants, les fous de l'hôpital détonnent à peine ; aussi guillerets, aussi tranquillement déboussolés que le commun des mortels. Et même infiniment plus pacifiques que la sœur de Martine, pourtant censée incarner l'équilibre familial ! Ou que Martine elle-même, la moins malade de toute la bande.

« A la voir entortiller éternellement son écharpe entre ses doigts, la nouer et la dénouer dans ses cheveux, la réenrouler autour de son cou, on s'épuise avec elle de tant d'énergie dépensée pour presque rien. Oh, à sa façon têtue de vouloir réordonner les choses, Martine finit bien par changer un peu son monde. Si peu. Mais qu'importe, puisque la générosité l'emporte.

« "J'ai encore tellement, tellement à faire", dit-elle, désolée, au psychiatre qui veut la renvoyer chez elle.

« *Les gens normaux n'ont rien d'exceptionnel*, c'est aussi ça : une histoire d'amour généreuse et drôle, vécue sur des chemins de traverse. A suivre son héroïne (Valeria Bruni-Tedeschi, formidable !) comme elle suivrait une machine emballée, la mise en scène de Laurence Ferreira Barbosa devient fluide et accidentée comme la vie : paisible et folle, drôle et triste.

« Et si l'on se surprend, en sortant du film, à rêver d'un peu de calme, comme les malades de l'hôpital après le passage de la tornade Martine, rien n'est plus exactement pareil. En un peu moins de deux heures, Laurence Ferreira Barbosa nous a rendu une vertu devenue rare : l'énergie [1]. »

« J'ai horreur de l'amour »

L'énergie, elle n'en manque pas non plus, Annie Simonin (Jeanne Balibar). Médecin de quartier, elle sillonne le XIIIe arrondissement sur sa Vespa, tandis que résonne sa chanson fétiche : « Les matins se suivent et se ressemblent / On n'était pas faits pour vivre ensemble / On s'est aimés comme on se quitte / Tout simplement, sans penser à demain. »

Ouais… mais la solitude, ce n'est pas si facile à supporter. Surtout quand on doit réconforter une vieille dame qui déprime parce qu'on a enlevé la plaque commémorant la mort d'un jeune homme, fusillé, sous ses fenêtres, par les Allemands pendant l'Occupation ; prêter une oreille attentive à un monsieur d'un certain âge (Luc Moullet), qui soigne son très vieux père atteint d'un cancer ; et tenter d'aider Laurent Blondel (Laurent Lucas). Ah ! celui-là : jeune, beau, sympa… et séropositif ! Il refuse de se soigner. Pas facile de le convaincre que si, aujourd'hui, on ne guérit pas encore le sida, on peut du moins prévenir les maladies qu'il favorise. Bref, qu'il faut lutter. Lutter pour vivre. Parce que vivre, c'est beau.

Mais un peu lourd, parfois. Alors Annie va retrouver un petit groupe de gens assis autour d'une table basse. Silence. Une question. « Ah ! ça, c'est à toi, Jean-Jacques, d'y répondre : c'est toi le psy ! » Mais Jean-Jacques tente de faire parler quelqu'un d'autre. La conversation traîne. Il y a des silences gênés

1. *Télérama*, n° 2286.

et des mouvements d'humeur mal réprimés. Et l'on se dit que la thérapie de groupe n'est peut-être pas, pour Annie, le meilleur moyen de se changer les idées. Jusqu'au moment où tout le monde se lève pour passer à table et où l'on comprend que c'était une bande de copains en train de prendre l'apéritif… Quant à Jean-Jacques, il est bien psy, mais pas dans l'exercice de ses fonctions. Il est aussi l'ex-mari d'Annie.

Bref, c'est ça, la vie d'Annie, et elle tente de faire face comme un brave petit soldat.

Malheureusement, à l'issue de cette sinistre soirée, elle commet l'imprudence d'aller prendre un verre avec un certain Richard Piotr (Jean-Quentin Chatelain), comédien, qui avait d'ailleurs largement contribué à la pourrir, la soirée. Ce Piotr est un hypocondriaque doublé d'un dangereux parano. Il va bientôt se mettre dans la tête qu'elle lui a inoculé le virus du sida en le vaccinant contre la grippe. A partir de là, la vie d'Annie devient un enfer…

Un enfer tragico-burlesque, où l'imaginaire, parfois, prend le pouvoir. Piotr est assis devant le bureau d'Annie. Il la menace, d'autant plus terrifiant qu'il est plus doucereux. Et, dans son dos, on voit entrer, par la porte, des infirmiers vêtus de blanc qui tiennent une camisole de force. Tandis que par la fenêtre surgissent, vêtus de noir, des tireurs d'élite. Hélas, ce n'est qu'un rêve !

J'ai horreur de l'amour est une comédie en forme de triangle. D'un côté, Annie, qui depuis l'échec de son mariage a décidé de n'avoir que des amours passagères. De l'autre, Laurent, qui partage son point de vue, mais fait fuir toutes les filles dès qu'il les avertit qu'il est séropositif. « Je n'aime, dit-il, que les amours légères et me voilà condamné au grand amour. » Ce grand amour, qu'ils refusent tous les deux, ils vont le découvrir ensemble. Et c'est ce fou de Piotr qui en sera le catalyseur.

Ce triangle, on peut aussi le définir autrement : d'un côté, Piotr, qui, parce qu'il se croit malade, devient porteur de mort ; de l'autre, Laurent, séropositif, mais qui, par amour pour Annie, devient porteur de vie. Annie – le troisième côté du triangle – est menacée de mort par Piotr et sauvée par Laurent. Sauvée physiquement et moralement. Car c'est le moral – ou le mental – qui fait tout. Si on se croit condamné, on finit, comme Piotr, par se jeter sous les roues d'une voiture. Acte manqué. Acte révélateur. Si on veut vivre, on peut faire reculer la mort, comme cette femme que Laurent rencontre à l'hôpital et qui, depuis six ans, fait mentir la médecine.

J'ai horreur de l'amour – au titre ironique – est un hymne à l'amour tout court et à l'amour de la vie. Sous couvert d'une comédie loufoque, Laurence Ferreira Barbosa lance un message d'espoir. A la fois grave et léger.

Ce film, qu'on a envie d'appeler « Balibar et Cie », tant Jeanne Balibar le porte sur ses épaules (comme Annie porte ses malades), est le double inversé des *Gens normaux n'ont rien d'exceptionnel.* Valeria Bruni-Tedeschi (qui portait elle aussi le film sur ses épaules) était une sympathique cinglée qui voulait faire le bonheur de tous. Richard Piotr est un fou dangereux qui veut faire le malheur d'une seule. Et c'est la victime (Annie) qui devient le pivot du film.

Comme Martine dans *Les gens normaux*... (mais discrètement, elle), Annie crée des liens avec les autres. Il y a celui, plus ou moins illusoire, avec Merlin, son ancien professeur, qu'elle ne peut jamais joindre quand elle en a besoin. Et celui qu'elle tisse entre Costa (Bruno Lochet) et elle. Costa est un ancien taulard qui sonne, un jour, chez elle pour lui vendre d'horribles dessins. Par principe, elle refuse : la réinsertion, ça incombe aux pouvoirs publics. Ils discutent un peu et se quittent bons amis. Et puis, un jour de déprime (impossible de joindre Merlin !), elle s'accorde dix minutes de répit, entre deux visites, assise par terre contre la rambarde d'un pont[2]. Costa, ses dessins sous le bras, passe par là. Il la reconnaît, s'assied à côté d'elle, et tous deux fument une cigarette. Un

2. Laurence Ferreira Barbosa associe volontiers déprime et pont. C'était déjà là que nous avions découvert, au début des *Gens normaux n'ont rien d'exceptionnel*, que Martine ne tournait pas très rond.

peu plus tard, et sans qu'aucun dialogue nous en ait averti (c'est devenu rare, aujourd'hui), on découvre que le type en blouse blanche qui sort les fiches et ouvre la porte aux clients d'Annie… c'est Costa.

Costa est à la fois un des éléments comiques et le personnage le plus « vrai » du film. Quand Laurent lui dit qu'il est séropositif, Costa – genre armoire à glace et titi parisien – a les larmes aux yeux. C'est aussi à travers lui qu'apparaît, en positif, ce que disait déjà, en négatif, *Les gens normaux…* : on est tous solidaires, on peut accueillir l'autre, on peut l'aider – mais on ne peut pas vivre à sa place. Quand les vacances de la secrétaire d'Annie s'achèvent, Costa reprend son sac à dos et s'en va. Mais entre Annie et lui demeure quelque chose de précieux : l'amitié.

Avec son foisonnement de personnages, *J'ai horreur de l'amour* dessine un tissu social, où apparaît clairement l'interaction des uns sur les autres. La plus spectaculaire étant l'intervention du très vieux monsieur cancéreux, dont on avait seulement, jusque-là, entendu parler par son fils, et qui, très opportunément, se manifeste pour assommer le dangereux Piotr. L'originalité et le charme du film sont là : dans cette construction bizarre où les scènes s'allongent, parfois, pour le plaisir, mais où on ne prend pas la peine de nous expliquer ce que nous sommes capables de comprendre tout seuls. *J'ai horreur de l'amour* est un mélange, curieux mais harmonieux, de longues durées et d'ellipses. C'est aussi une sorte de patchwork, dans lequel on peut se glisser par plusieurs entrées. Mais peu importe le personnage ou la séquence qu'on privilégie. Annie dehors, sur sa Vespa, ou prise entre deux portes, Laurent coincé dans une pièce trop petite ou Annie perdue dans une autre trop grande, quelle différence ? Tous – Piotr y compris – sont éperdus de solitude. Jusqu'au moment où se crée une relation, fragile (Laurent et le type rencontré à l'hôpital) ou solide (Costa et Annie). Jusqu'au moment où l'amour l'emporte. Les emporte.

Laissons à Laurent le mot de la fin : « Il vaut mieux que je continue ma thèse, dit-il. Finir ma thèse, c'est perdre mon temps. Il n'y a rien de plus important que d'avoir du temps à perdre. »

Cette notion de l'importance du temps perdu – le seul qui ne le soit pas –, on la retrouve partout dans le jeune cinéma français. A une époque où le capitalisme redevient sauvage, où le temps coûte plus cher que jamais, et où la « réussite » est au prix d'un marathon qui ressemble à celui d'*On achève bien les chevaux*, les Enfants de la Liberté, tous, veulent retrouver le temps de vivre.

*

Les gens normaux n'ont rien d'exceptionnel (1 h 43). Réalisation : Laurence Ferreira Barbosa. Scénario, adaptation et dialogues : Laurence Ferreira Barbosa, Santiago Amigorena, Berroyer et Cédric Kahn. Image : Antoine Heberlé. Son : François Waledisch. Décors : Brigitte Perreau. Montage : Emmanuelle Castro. Musique : Cesaria Evora, Cuco Valoy et Melvil Poupaud. Avec : Valeria Bruni-Tedeschi (Martine), Melvil Poupaud (Germain), Marc Citti (Pierre), Claire Laroche (Anne), Frédéric Diefenthal (Jean), Sandrine Kiberlain (Florence), M. Jacquet (Berroyer), Serge Hazanavicius (François), Antoine Chappey (l'infirmier). Production : Gemini Films – BC Films – BVF – CNC – Canal +. Distribution : Pierre Grise. Sortie : 3 novembre 1993.

J'ai horreur de l'amour (2 h 10). Réalisation : Laurence Ferreira Barbosa. Scénario : Laurence Ferreira Barbosa et Denyse Rodriguez Tomé. Image : Emmanuel Machuel. Son : Philippe Morel. Décors : Yves Fournier. Montage : Emmanuelle Castro. Avec : Jeanne Balibar (Annie). Jean-Quentin Chatelain (Richard Piotr), Laurent Lucas (Laurent Blondel), Bruno Lochet (Costa), Alexandra London (Marie), Éric Savin (Alex), Luc Moullet (Raymond), Patrick Catalifo (Jean-Jacques). Production : Gemini Films – France 2 Cinéma. Distribution : Rezo Films. Sortie : 11 juin 1997.

Mathieu Kassovitz

Il fait un cinéma violent, coléreux, généreux. Ancré dans l'air du temps. Ses deux premiers courts métrages, *Fierrot le Pou* et *Cauchemar blanc*, étaient déjà des brûlots contre le racisme. Comme *Métisse*. Comme *La Haine*. Son troisième film, *Assassin(s)*, est moins réussi : la violence est toujours là, mais, cette fois, la colère de Mathieu Kassovitz le pousse à être trop démonstratif et sa générosité même le rend maladroit.

« Métisse »

Le respect des autres – de leur liberté comme de leur différence –, c'est le grand thème de Mathieu Kassovitz. *Métisse*, son premier « long », est un éloge insolent du melting-pot, sous couvert d'un vaudeville sur le thème de *Jules et Jim*. Lola (Julie Mauduech), ravissante métisse franco-martiniquaise, a deux amants qu'elle aime tous les deux : Djamal (Hubert Koundé, que l'on retrouvera dans *La Haine*), un étudiant noir, fils de diplomate, et Félix (Mathieu Kassovitz soi-même), coursier à vélo, blanc et juif. Elle les convoque pour leur annoncer qu'elle est enceinte et ignore qui des deux est le père. Ils sont atterrés. D'autant plus que chacun ignorait l'existence de l'autre. « Qu'est-ce qu'on va faire ? » Lola, elle, est radieuse : « Vous, je ne sais pas [...], mais, moi, je vais faire un enfant. »

Cet enfant, Lola veut bien qu'il ait un père – voire deux. Mais elle ne supporte pas que Djamal décide à sa place de ce qui est bon ou mauvais pour elle : « Tes petits jeux de macho musulman, c'est fini avec moi ! » Il n'y a pas que les Noirs et les juifs qui ont droit au respect : les femmes aussi.

Le comique de *Métisse* naît de la stupéfaction de chacun quand il regarde l'autre. Stupéfaction qui n'entraîne pas toujours l'intolérance. Regardez les grands-parents de Félix, juifs pratiquants : ils acceptent à bras ouverts Djamal et Lola, simplement par amour pour leur petit-fils. Sa terrible grand-mère (superbe Jany Holt) entraîne même Lola à la cuisine pour lui glisser : « Merci de ce que tu as fait pour Félix. Il a l'air plus calme. »

Plus calme ? Il faut le dire vite. Félix est un éternel speedé. Et ce qui l'oppose à Djamal-le-pondéré, c'est moins la couleur de la peau que le caractère. Et aussi – surtout – la classe sociale. Quand Djamal dit à Lola : « Nos grands-parents étaient esclaves ensemble », elle lui répond : « Tes grands-parents étaient diplomates. » Et elle se moque de lui en l'appelant « Bwana ». C'est Félix qui danse en écoutant du rap, et c'est Djamal qui râle parce que ça l'empêche de travailler. Au commissariat, où ils se retrouvent après une bagarre, on traite Djamal avec égards tandis que Félix est prié de fermer sa gueule. Il est amer, Félix : « Je croyais que, dans ce pays, il valait mieux être blanc et pauvre que noir et riche. Il y a des traditions qui se perdent. »

Il faut dire qu'il a tous les malheurs, Félix ! Teigneux et binoclard, il n'arrête pas de se faire casser ses lunettes. Son vélo crève toujours au mauvais moment. Et sa grand-mère l'engueule quand il lui rapporte des poivrons rouges et non des verts [1]. On dirait le petit frère de Woody Allen. A cela près qu'il n'est pas intello. Dans ce rôle, Mathieu Kassovitz révèle un formidable talent d'acteur, que nous allons retrouver dans les deux premiers films de Jacques Audiard, *Regarde les*

1. Mathieu Kassovitz a manifestement une grande tendresse pour les grand-mères. On retrouve la même histoire de poivrons dans *La Haine*. Et, dans *Métisse*, la grand-mère de Lola est, elle aussi, adorable.

hommes tomber (1994) et *Un héros très discret* (1996). Comédien à métamorphoses, il peut apparemment tout jouer : les comiques, les débiles, les menteurs... Chaque fois méconnaissable, chaque fois époustouflant.

Époustouflants, ses débuts de metteur en scène ne le sont pas moins. Pas un temps mort, une idée à chaque plan, un casting et une direction d'acteurs formidables (Marc Berman en oncle-patron de Félix est aussi drôle qu'inattendu).

Et puis, un sacré culot ! Car, enfin, à la fin des fins, il va bien avoir deux papas, le bébé de Lola ! Et probablement à demeure...

« La Haine »

Si l'insolence de *Métisse* est passée un peu trop inaperçue, il n'en va pas de même de *La Haine*. Il remporte immédiatement un succès – mérité, oh combien ! –, mais parfois pour de mauvaises raisons. A cause de la maladresse virulente des propos tenus par Mathieu Kassovitz avant le festival de Cannes, certains n'ont voulu y voir qu'une machine de guerre contre les flics. Plus juste, me semble-t-il, est la déclaration faite par Kassovitz, un peu plus tard, à Vincent Remy : « Je n'ai pas fait un film contre les policiers, mais contre le système policier. Ils devraient avoir dix ans de formation, les flics, avant qu'on leur donne un flingue. Il faudrait qu'ils soient bien payés, qu'ils aient des locaux vivables. Il y a parmi eux un taux de suicides énorme. Ceux qui entrent dans la police parce qu'ils veulent faire régner l'ordre, au sens noble du terme, s'aperçoivent très vite que ça ne marche pas comme ça. Entre les jeunes et la police, entre les jeunes et la société, le respect s'est perdu. Si les politiques respectaient la banlieue, la banlieue respecterait les politiques[2]. »

Saïd (Saïd Taghmaoui) est beur et musulman ; Vinz (Vincent

2. *Télérama*, n° 2368.

Cassel), français et juif; Hub (Hubert Koundé), noir et chrétien. Tous trois habitent une grande cité, dans la banlieue de Paris. La veille du jour où commence le film, leur ami Abdel a été victime d'une bavure au commissariat où on l'interrogeait. Il est entre la vie et la mort. Toute la nuit, la cité a été en ébullition et, ce matin, Vinz a trouvé un revolver perdu par un flic. Il l'a juré : si Abdel meurt, il tue un keuf.

Hub, le plus sage, tente de le calmer : « Si t'avais été à l'école, tu saurais que la haine attire la haine. » Vinz n'a pas été à l'école. Et il est tellement speedé, écorché, désespéré, que la parole de bon sens de Hub, il ne l'entend même pas. *La Haine*, c'est d'abord un film sur l'impossibilité du dialogue.

Pourtant, on parle, dans *La Haine*. On parle, mais personne ne vous répond. Sauf s'il s'agit d'injures. Et encore ! Parfois, les injures aussi peuvent être des monologues : au réveil, Vinz s'entraîne tout seul, devant la glace, comme Robert de Niro dans *Taxi Driver*. Quant à Saïd, il se saoule de ses propres paroles. Il vient de dire à Vinz qu'il pourrait tuer des mecs pour de l'argent, mais que lui, Vinz, il le tuerait gratuit, parce que c'est son copain, et, tout à coup, il s'émerveille devant une telle déclaration d'amitié : « Putain, c'est mortel ; putain, c'est trop ; putain, c'est trop ; c'est mortel ; putain, c'est mortel ; putain, c'est trop, c'est mortel, putain... » On dirait une mélopée, une incantation, un rap sans musique.

La Haine, c'est *Le Thé au harem d'Archimède* dix ans plus tard. Dans le film de Mehdi Charef, on pouvait encore leur parler, aux gars de la banlieue. Aujourd'hui, le dialogue est devenu impossible : on les a rendu autistes.

Regardez-les, Saïd, Vinz et Hub – oui, même Hub – à l'hôpital où ils sont allés tous les trois pour voir Abdel. En face d'eux, un flic gentil (ça arrive, même dans ce film qu'on a accusé d'être raciste envers la police). Eh bien, ils ne peuvent même pas entendre ses raisons. Il est désolé, le petit flic, mais il a des ordres. Et Abdel est dans le coma... Eux, ils n'écoutent rien, prêts à cogner, murés dans un ailleurs inaccessible.

La visite à l'hosto est la première étape d'une grande virée de dix-huit heures. Saïd, Vinz et Hub vont à Paris. Ils y vivent une suite de mésaventures et d'humiliations. La radio leur apprend qu'Abdel est mort. Vinz découvre que ce n'est pas si facile de tuer – même un skin. Au petit matin, ils regagnent la cité. Vinz remet le revolver à Hub. Il lui serre la main, gravement. Et il s'éloigne avec Saïd pour rentrer chez lui. Ouf ! Le pire est évité. Non : deux flics les arrêtent. Contrôle. Fouille. Soudain, c'est la deuxième bavure en trente-six heures : un des deux flics tire. Vinz tombe. Alors, Hub, le sage Hub, qui a vu toute la scène, vise froidement le flic, qui, lui aussi, le vise. Et Kassovitz coupe.

Il y a plusieurs manières de résumer *La Haine*. Par exemple, comparer une boule de haine à une boule de neige. Comme la boule de neige lancée sur une pente neigeuse, la boule de haine, lancée dans un monde haineux, grossit, grossit, jusqu'à ce qu'elle rencontre un obstacle et explose.

On pourrait dire aussi que *La Haine* décrit un cercle vicieux : la peur crée les bavures, les bavures créent la haine, la haine crée la peur. Et ça recommence, indéfiniment.

La Haine nous terrifie parce qu'il dégage un sentiment d'inéluctable.

Alors, direz-vous, où est la liberté dans tout ça ? Eh bien, dans la mise en scène. Pour une fois, le jury du festival de Cannes ne s'est pas trompé en décernant à *La Haine*, en 1995, le prix de la mise en scène. Il est vrai qu'il était difficile de passer à côté, car Mathieu Kassovitz l'a voulue brillantissime, en cinémascope [3], dans un noir et blanc très sophistiqué, avec des superpositions sonores (batterie, chanson de Piaf, etc.) absolument formidables et même, parfois, une image surréaliste, comme cette vache que Vinz est seul à voir au coin d'une allée de la cité. Tout cela pour nous empêcher d'oublier, fût-ce un instant, qu'il ne s'agit pas d'un reportage. Pour créer une distance.

3. Il y a peut-être une autre raison à l'utilisation du cinémascope : le goût de Kassovitz pour les plans larges. « Je n'aime pas le découpage, dit-il. J'aime que les acteurs soient dans un même plan. C'est ça qui est beau : sentir une complicité entre eux » *(ibid.)*.

Cette distance est d'abord une marque de respect envers les habitants des cités et le garant d'un refus constant du voyeurisme. Regardez la façon dont Kassovitz filme la séquence du commissariat parisien où Saïd et Hub sont tabassés et humiliés. Jamais la caméra ne se laisse aller à la moindre complaisance. Elle est là. Juste où il faut. A la distance exacte. C'est-à-dire à côté d'un jeune flic que ses collègues ont assis sur une chaise, comme un spectateur, pour qu'il apprenne le métier. Il ne dit rien, le jeune flic. Il n'ose pas. Mais, de temps en temps, il baisse les yeux : il a honte. Nous aussi.

Elle permet aussi, cette distance, de créer un espace de liberté où Mathieu Kassovitz peut introduire des digressions, qui sont autant de respirations. Tendus, nerveux, au point qu'on se croirait sur un baril de poudre qui peut exploser à chaque seconde, Saïd, Vinz et Hub s'offrent – nous offrent – de temps en temps des plages de détente. Ils jouent comme des gamins : « Regardez, les mecs, je vais éteindre la tour Eiffel. » Et, devant la tour illuminée, l'un d'eux claque des doigts, tel Hippo dans *Un monde sans pitié*. Mais Hippo était un malin qui connaissait l'heure d'extinction des lumières. « Ça ne marche que dans les films », disent les autres, sans illusion.

Ou bien c'est un petit vieux qui sort des toilettes pour raconter aux trois gars médusés l'histoire de son copain, mort de froid pendant son transfert en train dans un camp de travail en Sibérie. A un arrêt, il avait mis trop de temps pour se soulager. Quand il avait voulu rattraper le train en marche, impossible : chaque fois qu'il tendait le bras pour saisir la barre, il était obligé de lâcher son pantalon, qui retombait et entravait sa course. « Pourquoi nous a-t-il raconté ça ? » demande Saïd, ahuri. Sans doute parce qu'il avait envie de parler pour se sentir moins seul. Sûrement parce que Mathieu Kassovitz aime cette histoire, qui montre bien le dérisoire des enchaînements de cause à effet : mort pour avoir chié trop longtemps…

La troisième raison de cette distance imposée par la mise en scène, c'est qu'elle est la condition indispensable pour que ce film, qui colle tragiquement à la réalité, prenne tout de même valeur de fable. Et ce qui semble plaider en faveur de la fable, c'est cette histoire que Mathieu Kassovitz nous raconte trois fois au cours du film : celle d'un homme « qui tombe d'un immeuble de cinquante étages. Pendant sa chute, il se répète, pour se rassurer : "Jusqu'à présent, tout va bien, jusqu'à présent, tout va bien, jusqu'à présent, tout va bien..." Mais l'important, ce n'est pas la chute, c'est l'atterrissage ». Trois fois, il la raconte, cette histoire. Ce n'est tout de même pas par gâtisme. Ni par délectation morose : ce n'est pas son genre. Alors, ce ne peut être que pour nous réveiller, nous inquiéter, nous alerter. Et à quoi bon nous réveiller, nous inquiéter, nous alerter, s'il est vraiment impossible d'arrêter la boule de haine, de briser l'engrenage infernal du cercle vicieux et de filer un parachute au type qui tombe du cinquantième étage ?

Au fond, ce qu'il veut, Mathieu Kassovitz, c'est nous faire partager sa rage. Car il a la rage, comme ses héros. Une rage si forte qu'elle nous ferait presque croire que l'inévitable peut être évité. Absurde ? Pas sûr. En tout cas, c'est ce paradoxe – filmer la mort avec un tel punch – qui donne sa grandeur à ce film magnifique.

« Assassin(s) »

A l'origine d'*Assassin(s)*, un court métrage qui portait le même titre (à une parenthèse près). L'histoire d'un jeune homme (Mathieu Kassovitz), à qui son frère aîné (Marc Berman) veut apprendre de force son métier. Lequel ? Celui du titre...

Cette histoire, Mathieu Kassovitz la développe sur trois générations. Comme certains grands films hollywoodiens, *Assassin(s)* commence par un retour en arrière et la voix off d'un mort. Max (Mathieu Kassovitz) revoit ce qui l'a amené là, sous ce hangar, et réduit à l'état de cadavre. Ce qui l'a amené là ? Sa faiblesse, la stupidité de sa mère [4] et M. Wagner. Un drôle de petit vieux, M. Wagner (Michel Serrault, égal à lui-même, c'est-à-dire fabuleux). Bien propre, avec une barbe blanche bien taillée, mais inquiétant. Ayant surpris Max en train de cambrioler son appartement, il a barre sur lui – soutenu par la mère de Max, tout heureuse que son fils ait enfin trouvé du travail – et le prend comme assistant.

L'embêtant, c'est que M. Wagner est tueur à gages et que Max, sensible, peureux et maladroit, n'est pas fait – mais alors là, pas du tout ! – pour ce métier.

Jusque-là, tout va bien, comme on disait dans *La Haine*. La caméra de Mathieu Kassovitz est toujours aussi fluide. Le cambriolage du supermarché et la première rencontre de Max et de M. Wagner sous un abribus sont superbes. L'humour et l'angoisse font bon ménage.

Ça se gâte un peu lors des premiers travaux pratiques de Max. Mathieu Kassovitz a si peur que nous puissions garder quelque sympathie pour M. Wagner, en dépit de ses activités, qu'il ne nous fait grâce de rien, surtout pas de l'agonie de la victime. Agonie d'autant plus longue que Max est plus maladroit. On peut alors se demander si Mathieu Kassovitz n'est pas en train – par maladresse, comme Max – de participer à ce qu'il dénonce tout au long de ce film : la complaisance dans l'horreur, qui conduit à la banalisation de la violence.

Enfin, bon, ça repart plutôt bien. Tel le lapin fasciné par le serpent, Max, qui a fui, horrifié, le théâtre de ses (lamentables) exploits, retourne chez M. Wagner. C'est qu'il parle bien, M. Wagner ! Il explique à Max qu'il est un véritable artisan. Que son père et son grand-père exerçaient le même métier. Mais que lui, hélas, n'a pas de fils… Il attendrirait des pierres. Surtout – Max le voit bien – que sa vue baisse, que sa main commence à trembler… Alors, ce grand dadais de Max se

4. Le rôle de la mère de Max est tenu par Danièle Lebrun, qui fut aussi la mère d'Albert (toujours Mathieu Kassovitz) dans *Un héros très discret*, de Jacques Audiard. Ce rapprochement entre les deux films est un peu inquiétant…

laisse attendrir. Lui qui n'a pas eu de père va en adopter un. Un père un peu spécial, bien sûr, qui ne le prend pas en traître : « A la première connerie, je te tue. »

Et la première connerie ne va pas tarder. Max commet l'imprudence de se confier à Mehdi (Mehdi Benoufa), un gamin de 14 ans, le petit frère d'un de ses copains. Wagner tue Max (sous le fameux hangar du début : un plan magnifique) et le remplace par Mehdi.

A partir de là, ça ne va plus du tout. C'est l'atterrissage, pour reprendre la métaphore de *La Haine*. *Assassin(s)* n'est plus qu'un film à thèse, si démonstratif, si lourd, qu'il finirait presque par dire le contraire de ce qu'il veut dire. Depuis le début du film, la télévision était omniprésente. Journal, jeux, variétés – et même documentaires –, c'est le défilé des horreurs. La télé, M. Wagner l'ignore. Max l'entend vaguement et la regarde sans trop la voir. Mais le petit Mehdi, lui, est accro. Imbibé de cette télévision qui, selon Mathieu Kassovitz, transforme peu à peu les enfants en petits tueurs sans âme, en robots exterminateurs.

Il n'a pas tort, Mathieu Kassovitz. Il a même sûrement raison. Mais pourquoi, pourquoi la défend-il si mal, sa thèse ? Il y a assez d'émissions monstrueuses pour qu'il n'ait pas besoin d'en inventer d'autres. Tourner une version gore d'*Hélène et les Garçons* est moins fort que de montrer cette émission de jeu, bien réelle celle-là, où le micro a la forme d'un flingue et où un type, les yeux bandés, doit renifler une merde… Après avoir proprement – si l'on peut dire – exécuté un contrat, Mehdi voit un poste de télé et ne résiste pas à l'envie de zapper un peu. Puis il retourne près du lit de sa victime et tire quatre balles dans le cadavre…

Sauf Mathieu Kassovitz, tout le monde le sait : à vouloir trop prouver, on ne prouve plus rien. On lasse ceux qui sont déjà convaincus et on agace ceux qui ne le sont pas. Les seuls qui risquent de prendre leur pied à *Assassin(s)*, ce sont tous ces petits Mehdi que Mathieu Kassovitz a bien raison de présenter comme des victimes. Nos victimes, car cette télévision décervelante, c'est notre génération qui la fait.

Qui plus est, dans cette troisième partie d'*Assassin(s)*, Mathieu Kassovitz en arrive à dire le contraire de ce qu'il veut dire. En montrant la déchéance de Wagner, vieillard qui sombre dans le gâtisme et se pisse dessus, il ne s'en venge pas : il le rend pitoyable. Pire : il le délivre de sa responsabilité. Et le laisser à l'état de légume dans sa maison de retraite, tandis que le petit Mehdi, après avoir flingué le directeur de son école et un prof, se donne la mort, nous apparaît comme une double faute : contre la justice et contre la cohérence du propos. Car ce n'est pas la télé qu'il faut accuser de ce triple meurtre. C'est l'injustice sociale. C'est l'incapacité du système scolaire à prendre en charge les marginaux. C'est l'horizon bouché. C'est le désespoir. Et ça, c'est un autre film.

*

Métisse (1 h 35). Réalisation et scénario : Mathieu Kassovitz. Image : Pierre Aim. Cadre : Georges Diane. Son : Norbert Garcia. Montage : Colette Farrugia et Jean-Pierre Ségal. Musique : Assassin. Avec : Julie Mauduech (Lola), Hubert Koundé (Djamal), Mathieu Kassovitz (Félix), Vincent Cassel (Max), Tadek Lokcinski (le grand-père de Félix), Jany Holt (sa grand-mère), Marc Berman (son oncle). Production : Christophe Rossignon pour Les Productions Lazennec. Distribution : MKL. Sortie : 18 août 1993.

La Haine (1 h 35). Cinémascope. N. & B. Réalisation et scénario : Mathieu Kassovitz. Image : Pierre Aim. Son : Vincent Tulli. Décors : Giuseppe Ponturo. Costumes : Virginie Montel. Montage : Mathieu Kassovitz et Scott Stevenson. Avec : Vincent Cassel (Vinz), Hubert Koundé (Hub), Saïd Taghmaoui (Saïd), Karim Belkhadra (Samir), Édouard Montoute (Dasty), François Levantal (Astérix), Tadek Lokcinski (le monsieur aux toilettes), Félicité Wouassi (la mère de Hub), Karin Viard et Julie Mauduech (les filles de la galerie). Production : Les Productions Lazennec – Canal + – La Sept Cinéma – Kasso Productions. Distribution : MKL. Sortie : 31 mai 1995.

Assassin(s) (2 h 10). Réalisation : Mathieu Kassovitz. Scénario et dialogues : Mathieu Kassovitz et Nicolas Boukhrief. Image : Pierre Aim. Décors : Philippe Chiffre. Montage : Mathieu Kassovitz et Yannick Kergoat. Musique : Carter Burwell. Avec : Michel Serrault (M. Wagner), Mathieu Kassovitz (Max), Mehdi Benoufa (Mehdi), Robert Gendreu (M. Vidal), Danièle Lebrun (la mère de Max). Production : Les Productions Lazennec. Distribution : MKL pour Lazennec. Sortie : 16 mai 1997.

Cédric Klapisch

C'est peut-être le plus humaniste de tous. Et sûrement le plus libre : il a osé briser l'un des (rares) tabous de la Nouvelle Vague et tirer un film d'une pièce de théâtre. Il a bien fait puisqu'*Un air de famille*, excellente pièce d'Agnès Jaoui et Jean-Pierre Bacri, est devenu un film excellent.

Ce qui l'intéresse, Cédric Klapisch, ce sont les rapports entre les gens. Comment ils se perçoivent, comment ils se supportent – ou ne se supportent pas –, comment ils communiquent. C'est l'unique sujet de tous ses films. Pour chacun, il choisit un microcosme et balade sa caméra dans un grand magasin *(Riens du tout)*, dans un lycée *(Le Péril jeune)*, dans un quartier *(Chacun cherche son chat)*. Pour *Un air de famille*, il resserre le décor et réduit le nombre des personnages : six, dans un café. Mais c'est tout aussi passionnant.

« Riens du tout »

Non, pas « rien du tout » : néant, peau d'zébi. Mais « riens du tout » : les petits riens qui font le grand tout. Car ces petits riens, ces « presque rien » – vous, moi – ont une importance énorme dans le fonctionnement du monde. Donc dans celui des Grandes Galeries, ce magasin que Cédric Klapisch voit comme un monde miniature.

M. Lepetit, quant à lui, en est intimement persuadé : il suffit d'un grain de sable pour gripper la mécanique. M. Lepetit

(Fabrice Luchini) est le nouveau PDG des Grandes Galeries, chargé par le conseil d'administration de faire remonter le chiffre des ventes. Les Grandes Galeries sont au bord de la faillite. Si, dans un an, la situation n'est pas redressée, elles fermeront leurs portes, et il y aura quelques centaines de chômeurs de plus.

Enthousiaste, humaniste et bienveillant, M. Lepetit s'attelle à la tâche. Un coup d'œil lui a suffi pour voir qu'aux Grandes Galeries chacun vit sa vie sans s'occuper des autres. Les clients sont des gêneurs, et les vendeurs s'ignorent entre eux. Le chef du personnel a du mal à retrouver le nom de Mme... euh... Micheline (Lucette Raillat), qui doit bien être là depuis une bonne quarantaine d'années. Et le regard fixe des employés entassés dans l'ascenseur en dit long : surtout, surtout, ne pas se voir, on serait obligés de se dire bonjour. Qui sait ? Peut-être même d'esquisser un sourire...

Eh bien, M. Lepetit va le faire naître, ce sourire, grâce à une monitrice chargée de faire travailler les zygomatiques. D'autres stages sont organisés : dynamique de groupe, sauts à l'élastique, camping... L'idée de M. Lepetit est louable : sortir chacun de sa solitude, créer un esprit de corps. Si le personnel est plus heureux, il sera plus motivé. S'il est plus motivé, le rendement sera meilleur. « Vous n'êtes pas dans les Grandes Galeries, dit M. Lepetit, vous êtes les Grandes Galeries... Un pour tous, tous pour un ! »

« Tous pourris », ricane entre haut et bas Roger (Pierre Olivier Mornas), vendeur polyvalent et incorrigible frondeur. Car la plus belle des idées devient suspecte quand elle vous est imposée. L'amitié ne se commande pas. Et on a bien le droit de refuser la mystique du travail...

Qui a tort ? Personne. Qui a raison ? Tout le monde. *Riens du tout* – et c'est là son plus grand charme – ne sombre jamais dans le manichéisme. Chacun a ses raisons. Chacun suit sa pente. C'est vrai qu'il est dommage d'en arriver à perdre son job à force d'incurie. Mais c'est vrai aussi que l'individualisme vaut mieux que le collectivisme.

Il y a du René Clair chez Cédric Klapisch. Et aussi du Tati. On pense à *A nous la liberté* version 92 : le grand rêve du Front popu a laissé place à tous les scepticismes. Et à *Play Time* : quand on sort du film, on a un peu appris à regarder autour de soi et à rire des petites scènes de la vie quotidienne.

Le premier film de Cédric Klapisch possède une grâce. Vingt-quatre personnages principaux et, sans effort, la caméra glisse de l'un à l'autre. Comme les employés des Grandes Galeries, qui sont priés de devenir les Grandes Galeries, une multitude de saynètes se fondent en un tout harmonieux. Et, de même que chaque employé garde sa personnalité, chaque scène a sa couleur.

D'où un patchwork en demi-teintes. On sourit plus qu'on ne rit. Mais on sourit tout le temps. Parce que les comédiens – dont beaucoup venus du théâtre – sont formidables. Parce que les dialogues sont d'une ironie jubilatoire. Parce que le ton – tendre et drôle – se maintient de la première à la dernière image.

Fabrice Luchini, d'autant plus irrésistible qu'il est plus sobre, cite un certain Jules Laffloux, droit sorti de l'imagination de Klapisch : « La mode, c'est ce qui permet d'être différents tous en même temps. » Pour les fêtes de Noël, deux malheureux déguisés en evzones s'épuisent à danser le sirtaki au milieu d'une foule qui les ignore. Et Roger la Fronde s'empare du micro pour demander « une minute de silence ».

Mais, chez Klapisch, les petits ridicules ne tuent pas, ils sauvent.

La morale de ce film ambigu éclate dans la dernière séquence, une chorale très au point, qui chante à plusieurs voix : « Et moi, et moi, et moi… Et toi, t'es toi. »

« T'es toi » ? Ou « Tais-toi » ?

« Le Péril jeune »

Individualistes, les Enfants de la Liberté le sont tous. Mais en même temps capables de solidarité. C'est la marque de leur génération. Une génération dont Cédric Klapisch décrit l'adolescence, au cœur des années 70, dans son deuxième film, *Le Péril jeune*. Avant de sortir en salle, *Le Péril jeune* fut programmé sur Arte, dans la série « Les années lycée ». Une commande, donc. Mais on a vu que les Enfants de la Liberté s'en accommodaient fort bien.

Klapisch plonge donc plus ou moins dans ses propres souvenirs pour décrire le climat d'une époque. Les grands enthousiasmes soixante-huitards ? C'était bon pour les frères aînés. Les partis ? Alors là, c'était bon pour les parents. Les manifs ? C'est surtout bon pour rigoler et sécher les cours. Comme toujours, les filles sont plus mûres. Et puis, c'est la montée du féminisme, les années MLF. Tout de même, s'ils ne savent pas très bien ce qu'ils veulent, les cinq copains, ils savent déjà ce qu'ils ne veulent pas. Ils ne veulent pas être embrigadés.

Le Péril jeune démarre sur les chapeaux de roue : la caméra suit la course d'un garçon dans un couloir. Elle ne cadre que ses jambes et on a l'impression que c'est la jeunesse elle-même qui va faire irruption. Où ? Dans un hôpital où quatre autres garçons accueillent chaleureusement le nouveau venu. Ils ont 23 ou 24 ans. Il y a six ans qu'ils ne se sont pas vus. Sinon une fois, peut-être, pour un anniversaire. Aujourd'hui, c'est pour une naissance. Sophie – « Tu te souviens ? Elle était en seconde quand on était en terminale » – attend un bébé. De qui ? De Tomasi, leur inséparable, le révolté, mais celui vers qui on se tournait toujours quand on était dans la merde, parce qu'il était toujours disponible pour un coup de main ou un sourire. Pour l'amitié, quoi [1].

Seulement, voilà, Tomasi n'est pas là pour accueillir son bébé. Tomasi est mort, il y a un mois. D'une overdose. Alors ses quatre copains sont venus à sa place.

Alignés dans la salle d'attente, les quatre retrouvent naturel-

1. A propos de Djamel, l'Algérien de *Chacun cherche son chat*, Cédric Klapisch dit : « Les gens qui ont du temps à perdre ont plus de temps pour faire des choses importantes que les gens soi-disant intéressants qui n'ont pas de temps » (*Télérama*, n° 2412 ; propos recueillis par Marie-Élisabeth Rouchy). Ce qui peut s'appliquer aussi à Tomasi, dont le bac est bien le moindre des soucis.

lement leurs rapports de potaches. Et puis, ils se souviennent. Le film est fait de retours en arrière, au gré des souvenirs de l'un ou de l'autre. On a beau être inséparables, on n'a pas toujours les mêmes souvenirs. C'est à la fois gai et triste, car l'ombre de Tomasi et l'ombre de la drogue planent sur tout le film. Et aussi ce remords qu'ils taisent mais qui les ronge : ils n'ont pas su protéger Tomasi.

Si les scènes du squat, où ils s'initient à la poudre et à l'acide, sont un peu trop répétitives, et surtout trop longues par rapport à l'ensemble – mais on comprend bien pourquoi –, le meilleur annonce les films futurs de Klapisch. Cette façon de choper la réalité. De s'intéresser à des personnages secondaires, voire à des silhouettes. Le père de Momo, boulanger, est sourd-muet. Et cette petite vieille, à l'accent parigot, qui lance, en sortant de la boulangerie : « Des jeunes, il y en a partout : c'est le péril jeune », mais c'est Mme Renée, celle qui va bientôt perdre le chat de Chloé.

L'immense talent de Cédric Klapisch, il est là : dans son attention aux autres, dans ce mélange d'amour et d'humour.

« Chacun cherche son chat »

Talent qui s'épanouit dans son troisième film : *Chacun cherche son chat*. Le point de départ en est vrai : une amie de Cédric Klapisch a confié son chat à une certaine Mme Renée, authentique autochtone du XIe arrondissement. Mme Renée a cru l'avoir perdu et tout le pâté de maisons s'est mobilisé pour le chercher. On a retrouvé le chat, quelques jours plus tard… coincé derrière l'évier. Cédric Klapisch a d'abord pensé que cette histoire serait un bon prétexte pour un court métrage sur Paris. Mais, très vite, la préparation du film a nécessité tant de repérages et de rencontres que le producteur lui a demandé de transformer ce court métrage très cher en un long métrage pas cher. C'était une bonne idée non seulement question rentabilité, mais aussi pour le film lui-même. « Le principe du court métrage, c'est d'aller très vite, dit Cédric Klapisch. Pour que mon intrigue fonctionne, il fallait, au contraire, entrer dans les personnages. S'attarder [2]. »

Ces personnages, très nombreux, sont joués à 50 % par des comédiens, à 50 % par des non-professionnels. Et pas facile de reconnaître les uns des autres ! Donc, Chloé (Garance Clavel, qu'on aimerait bien revoir un peu plus souvent) cherche son chat. Elle l'a confié pour quelques jours à une voisine, Mme Renée (dans son propre rôle), qui l'a perdu. Elle en est malade, Mme Renée : « C'est la première fois que ça m'arrive. Vous me croyez ? » dit-elle d'une pauvre voix. Mais oui, Chloé la croit. Ce qui ne l'empêche pas d'avoir du chagrin. Tel un chef d'état-major, Mme Renée fait quadriller le quartier. Un quadrilatère, délimité par la rue de Lappe, la rue de Charonne, la rue Keller et la rue de la Roquette, coupé en son milieu par la rue des Taillandiers où elle habite, est confié à Chloé. Elle-même confiée à Djamel (Zinedine Soualem), pour qui les cours, les passages et les impasses n'ont pas de secret. Pour le reste du quartier, Mme Renée fait appel à ses copines : Mme Odile, Mme Maynard, Mme Verligodin, Henriette Laveau… Et toutes ces vieilles dames non seulement cherchent le chat, mais échappent, pour quelques jours, à leur solitude. Il y en a même une qui téléphone régulièrement à Chloé pour la « tenir au courant des nouvelles »… et lui dire qu'il n'y a rien de nouveau.

Elles ne sont pas les seules. La recherche de Grigri est l'occasion, pour tous, de se parler, de se connaître, de s'engueuler ou de s'accepter, de rencontrer l'amitié ou – pourquoi pas ? – l'amour. Car tout le monde crève de solitude. Chloé, qui cherche l'âme sœur. Mme Foulon, qui a perdu la tête et que les flics ramènent régulièrement chez elle. Bel Canto, le peintre qui ne chante plus depuis la mort de sa femme. Djamel, qu'une chute du haut d'un toit a rendu un peu simplet…

Pourtant, Djamel est comme un trait d'union entre les gens. Il

2. *Télérama*, n° 2412 (propos recueillis par Marie-Élisabeth Rouchy).

connaît tout le monde. Tout le monde l'aime bien. Et il rend service à tout le monde. Grâce à lui, Chloé, petite maquilleuse dans un studio de photos de mode, découvre un monde inconnu. Par exemple, cette dame qui s'adresse tranquillement à son mari, Claudinet… dont les cendres reposent dans une urne, sur un coin de la cheminée. Mais Djamel, depuis que Chloé a pris sa défense contre ce crétin de Carlos, caressait un trop beau rêve : « La vie est mal faite », dit-il seulement…

« Depuis que le film est terminé, dit Cédric Klapisch, on me dit : “C'est rare, un cinéaste qui s'intéresse aux gens !” C'est une réflexion bizarre. Comment peut-on être cinéaste sans s'occuper un peu des gens, sans les aimer[3] ? »

Et, parce qu'il s'intéresse aux gens, Cédric Klapisch s'intéresse aussi à leurs cultures. Dans ce quartier en pleine mutation, où l'on démolit une église, où les vieux habitants sont menacés d'expulsion, où les « branchés » commencent à emménager, où se côtoient travailleurs immigrés, clodos, artistes et commerçants, naît une sorte de culture patchwork. Les musiques se mêlent : rock, jazz, classique, chansons populaires. Au coin d'une rue, un couple de Noirs vêtus de blanc danse, les gens s'arrêtent et sourient. Et chacun doit apprendre la langue de l'autre, car chaque génération a ses tics de langage et, parfois, les vieux ont du mal à comprendre les jeunes.

« Je ne suis pas un nostalgique du vieux Paris, dit Cédric Klapisch. Je ne pense pas que ce soit grave qu'on détruise des maisons ou des églises si la vie continue. Ce qui serait grave, c'est que la spiritualité disparaisse. Et la convivialité. C'est tout ce que j'essaie de dire dans le film : si, dans un périmètre donné, des gens réussissent à vivre ensemble, alors c'est gagné[4]. »

Ce qui est gagné aussi, c'est le cœur du public. Ce film, qui est à notre temps ce que les photos de Doisneau ou de Cartier-Bresson étaient au leur, a plu aux jeunes et aux vieux. Et aussi

3. *Ibid.*
4. *Ibid.*

à Mme Renée, qui n'a qu'une critique à formuler : « La seule bêtise qu'il a faite, Cédric, c'est qu'il aurait quand même pas dû faire croire que le chat s'est caché derrière la cuisinière. Il a eu tort. C'était derrière l'évier. On va croire : cette femme-là, elle fait pas son ménage derrière le gaz [5] ! »

Bien sûr que non, Mme Renée, on n'a même pas remarqué ce détail. Mais ce qu'on a remarqué, c'est que si elle le retrouve, son chat, Chloé, c'est parce qu'à son tour elle a été solidaire. Djamel lui a appris que Mme Renée était malade (la perte du chat, bien sûr !), et tous deux sont allés la voir. Par amitié. Pour la faire manger. Et c'est en lui faisant chauffer sa soupe que Chloé a entendu un miaulement, un pauvre miaulement que Mme Renée, un peu sourde, ne pouvait pas entendre. Alors, vous voyez bien que Klapisch ne pouvait pas le laisser derrière l'évier, le chat…

Le plaisir que l'on prend à ce film ne s'émousse pas. On peut le revoir et le re-revoir. Car, derrière la minceur (non, ce n'est pas une critique, au contraire) du prétexte, on découvre chaque fois un détail nouveau. Revoir *Chacun cherche son chat*, c'est se balader inlassablement dans un quartier pour en mieux savourer le charme et en connaître les habitants.

« Un air de famille »

Tout de suite après *Chacun cherche son chat*, Cédric Klapisch a enchaîné sur *Un air de famille*, d'après la pièce d'Agnès Jaoui et Jean-Pierre Bacri. Un seul lieu : un café de province tenu par Henri. Six personnages, la famille d'Henri, qui se retrouvent là, tous les vendredis soir, avant d'aller dîner dans le restaurant le plus chic de la ville. Mais, ce soir-là, ils vont rester dans le bistro pour manger les restes du plat du jour de midi et laver leur linge sale en famille.

« Adapter, c'est une contrainte qui donne des libertés. Je

5. *Ibid.* (propos recueillis par Philippe Piazzo).

n'aurais pas pu tourner *Chacun cherche son chat* sans *Un air de famille*. Les deux se complétaient. Un film tourné en liberté, mais bourré de contraintes, et son inverse[6]. »

Ici, pas d'amateurs, que des pros. Aucun aléa : tournage en studio. Et une pièce forte, mais jamais pesante. Structurée, mais sans raideur. Avec des personnages attachants. Oui, tous. Même la mère, pas trop sympathique, qui, soudain, révèle son désarroi quand sa fille lui reproche sa vulgarité d'âme : « C'est comme ça que tu me vois ? » murmure-t-elle.

Comment ils se voient, comment ils sont réellement, comment, au cours de cette soirée, va se modifier le regard que chacun porte sur l'autre, et comment chacun, peut-être, va se modifier un peu, c'est tout le sujet de cette pièce, où l'on sourit sans cesse, mais dont les personnages, précisément parce qu'ils sont mouvants, deviennent émouvants.

Ce vendredi soir, donc, se retrouvent la mère (Claire Maurier), une veuve autoritaire ; ses deux fils : Henri (Jean-Pierre Bacri), qui a repris le bistro du père, et Philippe (Wladimir Yordanoff), le préféré, celui qui a « réussi » ; sa fille, Betty (Agnès Jaoui), l'éternelle révoltée ; et Yolande (Catherine Frot), la femme de Philippe, dont on souhaite l'anniversaire. Présent aussi, Denis (Jean-Pierre Darroussin), le garçon de café, qui, à l'insu de la famille, est le petit ami de Betty.

Mais, ce soir-là, tout va de travers. Avant l'arrivée des autres, Betty s'est déjà engueulée avec Denis. Philippe ne pense qu'à l'effet sur ses chefs de son bref passage à la télé, aux informations régionales. Et Henri est partagé entre la colère et le désespoir : sa femme, Arlette, vient de lui téléphoner qu'elle ne rentrera pas. Elle reste une semaine chez une copine pour « réfléchir ». A quoi ? Ben, justement, à son retour ou non au domicile conjugal. Il est fou, Henri, d'autant plus qu'il ne comprend rien à ce qu'elle lui reproche. « Elle m'a dit, confie-t-il à Denis, que je ne la considérais pas. Tu comprends ce que ça veut dire, toi ? »

6. *Télérama*, n° 2412 (propos recueillis par Marie-Élisabeth Rouchy).

Comment saurait-il ce que ça veut dire, Henri ? Est-ce que sa famille en a jamais eu pour lui, de la considération ? Non. Même pas Betty, qui se croit des affinités avec Philippe !

A force d'aller de travers, tout va finir par exploser. Betty va enfin découvrir le vrai Philippe (qui ne pense qu'à sa carrière et n'a pas plus de « considération » pour sa femme qu'Henri pour la sienne), le vrai Henri (qui cache son cœur parce qu'on l'a trop blessé), la vraie Yoyo (gourde, oui, mais si bonne : la seule qui pense à féliciter Henri pour son canard !), le vrai Denis (un type bien, lui, plein d'humour, et qui « considère » les autres)...

Faire rire en disant des choses graves : Molière ne faisait pas autre chose, et Jaoui et Bacri ont bien du talent. Mais Klapisch aussi qui, sur cette pièce de faux boulevard, construit un vrai film où la mise en scène parle autant que les mots.

« L'action se passe presque en temps réel, dit Cédric Klapisch. Une soirée de quatre heures racontée en une heure cinquante. La lumière devait donc indiquer le passage du jour au crépuscule et du crépuscule à la nuit. Nous étions persuadés, Benoît Delhomme, le chef opérateur, et moi, que ce serait la lumière qui donnerait à la fois une sensation de continuité (qu'est-ce qui est immuable au sein d'une famille ?) et une sensation de changement (qu'est-ce qui peut tout de même se modifier dans les rapports entre les gens ?) »

Pour éviter un sentiment d'étouffement, Cédric Klapisch a tourné ce huis clos en cinémascope. Ainsi, dit-il, « même dans les gros plans, il y a plus de décor que de visage ». Et le décor, signé François Emmanuelli, obéit au même souci : « Comme dans la peinture hollandaise, dit Klapisch, on voit toujours, dans le fond, une fenêtre, une découverte (ici, un passe-plat, par exemple), ou une porte qui donne sur un autre espace. Bref, une ouverture. »

Car Jaoui, Bacri, Klapisch, même combat. Avec eux, rien n'est jamais définitivement perdu, raté, foutu. « Ce qu'on a envie de dire aux gens, dit Jean-Pierre Bacri, c'est qu'il n'y a pas de fatalité : si on le désire, on peut changer. » Cette famille paralysée – à l'image de Caruso, le chien d'Henri – va sans doute, à l'issue de cette soirée, « bouger » un peu. En tout cas, Betty, sûrement. Et Henri aussi, qui a osé montrer à sa femme à quel point il tenait à elle. Bien sûr, il est difficile de se refaire complètement : au téléphone, quand il dit à Arlette qu'il peut changer, ne plus être aussi coléreux, directif, macho, quoi, et qu'Arlette semble en douter, alors, pour mieux la convaincre… il se remet à gueuler. Tout de même, Henri aura peut-être, désormais, un peu moins honte de montrer qu'il a un cœur. Et un cœur gros comme ça.

Les autres sont partis. Le téléphone est raccroché. Henri reste seul, dans la pénombre, avec son vieux chien qu'il aime. Et ce type bougon, renfrogné, qui ne dit que des lieux communs, qui refuse de lire, qui affirme que réfléchir, c'est « enculer les mouches », ce type-là met un disque. Quel disque ? La romance de *L'Élixir d'amour* de Donizetti : « Une larme furtive… »

*

Riens du tout (1 h 35). Réalisation et scénario : Cédric Klapisch. Dialogues : Cédric Klapisch et Berroyer. Image : Dominique Colin. Son : François Waledisch. Décors : François-Renaud Labarthe. Montage : Francine Sandberg. Musique : Jeff Cohen. Avec : Fabrice Luchini (M. Lepetit), Daniel Berlioux (Jacques Martin), Marc Berman (Puzzuti), Pierre Olivier Mornas (Roger), Olivier Broche (Lefèvre), Antoine Chappey (François), Jean-Pierre Darroussin (Domrémy), Odette Laure (Mme Yvonne), Lucette Raillat (Mme Micheline), Fred Personne (le client), Marie Riva (Zaza), Coraly Zahonero (Véronique). Production : Les Productions Lazennec – MK2 Productions – France 3 Cinéma – Centre Rhône-Alpes. Distribution : MKL. Sortie : 11 novembre 1992.

Le Péril jeune (1 h 41). Réalisation : Cédric Klapisch. Scénario : Cédric Klapisch, Santiago Amigoréna, Alexis Galmot et Daniel Thieux. Image : Dominique Colin. Son : François Waledisch.

Décors : François Emmanuelli. Montage : Francine Sandberg. Avec : Julien Lambroschini (Bruno), Nicolas Koretzky (Momo), Vincent Elbaz (Alain), Joachim Lombard (Léon), Romain Duris (Tomasi), Lisa Faulkner (Barbara), Julie Anne Rauth (Marie), Élodie Bouchez (Sophie), Hélène de Fougerolles (Christine). Production : Vertigo Productions – La Sept / Arte. Distribution : Gaumont Buena Vista. Sortie : 11 janvier 1995.

Chacun cherche son chat (1 h 35). Réalisation et scénario : Cédric Klapisch. Image : Benoît Delhomme. Son : Olivier Le Vacon. Décors : François Emmanuelli. Costumes : Pierre Yves Gayraud. Montage : Francine Sandberg. Avec : Garance Clavel (Chloé), Zinedine Soualem (Djamel), Renée Le Calm (Mme Renée), Olivier Py (Michel), Romain Duris (le joueur de batterie), Joël Brisse (Bel Canto), Nicolas Koretzky (assistant photographe), Estelle Larrivaz (Flo, la coiffeuse), Camille Japy (Victoire), Marina Tomé (la styliste), Marine Delterme, Hélène de Fougerolles, Liane Leroy et Jane Bradbury (les mannequins), Antoine Chappey (le mec bourré), Jacqueline Jehanneuf (Mme Henriette). Production : Vertigo Productions – France 2 Cinéma, avec la participation de Canal +. Distribution : Bac Films. Sortie : 3 avril 1996.

Un air de famille (1 h 50). Réalisation : Cédric Klapisch. Scénario : Agnès Jaoui, Jean-Pierre Bacri et Cédric Klapisch, d'après la pièce d'Agnès Jaoui et Jean-Pierre Bacri. Image : Benoît Delhomme. Son : François Waledisch et Jean-Pierre Laforce. Décors : François Emmanuelli. Montage : Francine Sandberg. Musique : Philippe Eidel. Avec : Jean-Pierre Bacri (Henri), Jean-Pierre Darroussin (Denis), Agnès Jaoui (Betty), Catherine Frot (Yolande), Claire Maurier (la mère), Wladimir Yordanoff (Philippe). Production : Téléma – Studio Canal + – France 2 Cinéma. Distribution : Bac Films. Sortie : 6 novembre 1996.

Noémie Lvovsky

« Oublie-moi »

Il y a des films – et ce sont les plus beaux – dont l'équilibre tient du miracle. Un équilibre sans cesse menacé, sur le fil de l'émotion, sur la crête des sentiments. Un équilibre fragile, précaire, mais que nous sentons si tenu que peu à peu nous oublions d'avoir peur pour seulement nous émerveiller. L'impossible devient possible. L'acteur-funambule ne se rompra pas le cou. Le réalisateur-poète, qui filme au plus près de la vérité, ne basculera pas dans le réel. *Oublie-moi* est un de ces films. Le premier de Noémie Lvovsky.

On voit d'abord deux filles, Christelle (Emmanuelle Devos) et Nathalie (Valeria Bruni-Tedeschi), danser, face à face, dans une chambre. Amies ? Sans doute. Complices ? Sûrement. Les mouvements de leur corps, les gestes de leurs mains se répondent, et la chanson de Patti Smith semble leur coller à la peau.

Sans transition – il n'y aura jamais de transition, et pourtant jamais de rupture –, nous sommes avec Nathalie dans le métro. Et nous ne la quitterons plus, dans une suite de face-à-face avec, tour à tour, quatre personnages – quatre solitudes.

Donc, Nathalie est dans le métro. Elle y rencontre Éric (Laurent Grevill). Éric, qui l'a larguée. Éric, qui avait quitté Paris. Éric, qu'elle n'a jamais cessé d'aimer. Il est gentil, Éric. Devant cette fille qui tente désespérément d'être légère, mais dont chaque mot, chaque intonation, chaque regard, exprime non moins désespérément la passion, il se veut à la fois ferme (« Je ne veux plus te voir… C'est fini ») et doux.

Nathalie ne veut ni comprendre ni accepter. Le retour d'Éric, pour elle, c'est le début d'une quête : retrouver son amour. Alors, elle va, elle va, mue par son idée fixe. Avec des haltes, parfois. Chez Antoine (Emmanuel Salinger), qui l'aime aussi passionnément qu'elle aime Éric, mais est capable, lui, de souffrir sans basculer « de l'autre côté ». Chez Fabrice (Philippe Torreton), le copain de Christelle. Un type aussi paumé qu'elle. Un type qui, comme elle, ne s'aime pas. Alors, ensemble, ils boivent. Méthodiquement. Et, quand ils sont saouls, ils se déshabillent et se couchent côte à côte. Et ils se disent ce qu'ils n'ont sans doute jamais osé dire à d'autres. Mais, entre eux, il ne peut rien se passer. Parce qu'ils sont saouls ? Ou parce qu'ils se sont reconnus frères de désespoir ?

C'est l'un des deux plus beaux face-à-face. L'autre, il se passe entre Éric et Nathalie, sur la terrasse de l'hôpital où travaille Éric. Elle l'a poursuivi jusque-là. Elle lui raconte l'histoire d'une de ses copines de classe qui avait voulu se tuer pour un mec qui ne l'aimait pas. On l'avait sauvée. Elle était rentrée chez elle. Et, cette fois, elle ne s'était pas ratée. « Elle est morte parce qu'elle était malade ou parce qu'elle aimait ce type ? demande Nathalie à Éric. – Je ne sais pas. Les deux : elle l'aimait comme une malade. – Je crois que je ne pourrais pas aimer quelqu'un qui ne m'aime pas. – Mais si, tu vois. »

Alors, Nathalie oblige Éric à répéter chaque phrase après elle : « Je ne t'aime pas. – Je ne t'aime pas. – Je ne t'aimerai jamais. – Je ne t'aimerai jamais. – Il n'y a pas une chance. – Il n'y a pas une chance. – Parce que tu me dégoûtes. » Il hésite, mais finit par répéter : « Parce que tu me dégoûtes. »

Mais ça ne sert à rien. Rien ne sert à rien. Il faut que Nathalie aille jusqu'au bout d'elle-même. Jusqu'au bout de sa solitude. Rejetée par Éric, elle largue Antoine, puis perd l'amitié de Christelle : « Avec Antoine, c'est fini. Avec Éric, c'est fini, lui dit Nathalie. – Avec moi aussi, c'est fini. Tu supportes pas d'être aimée. T'es vide et tu creuses ton vide. »

Des dialogues admirables de concision et de justesse. Avec des phrases ou des mots qui se balancent et se répondent, obsessionnels, incantatoires. Dits sur la pointe des lèvres comme sur le fil du rasoir. D'autant plus cruels qu'ils sont dits à voix plus basse, par des gens à bout de nerfs, qui se retiennent pour ne pas hurler.

Combien de temps va durer cette descente aux enfers ? Deux jours ? Deux semaines ? Deux mois ? On ne sait pas. Seuls les changements de vêtements de Nathalie peuvent, si l'on est attentif, indiquer le temps qui passe. Mais, en fait, la durée réelle, on s'en fiche. La vraie durée, c'est celle vécue par Nathalie. Une durée hors du temps.

Au début du face-à-face Nathalie-Fabrice, il lui fait écouter une chanson révolutionnaire qui dit qu'il n'y a plus de temps, que le temps s'en va. Nathalie n'est pas une révolutionnaire, au sens politique. Mais c'est une terroriste de l'amour. Pour elle non plus, il n'y a plus de temps. Puisqu'Éric le lui refuse. Puisque le temps, il le lui a dit, n'y changera rien, que jamais plus il ne l'aimera.

Nathalie vit dans un monde clos, seule avec son obsession. Elle marmonne : « Y a un truc qu'il a pas compris. Y a un truc que j'ai pas compris. » Et elle grimpe l'escalier d'Éric en tournant sur elle-même. Elle pose la main à plat sur sa porte. C'est ainsi qu'ont dû naître les rites magiques, comme des expressions physiques, charnelles, d'un désir trop violent, d'une peur trop vive.

Car *Oublie-moi* ne s'adresse pas seulement à notre intellect, mais à nos sens. Les dialogues expriment ce que les personnages peuvent dire. La mise en scène traduit ce qu'ils ne peuvent pas dire.

Nathalie est toujours dans des lieux de passage : le métro, une voiture, un abribus, une laverie, un café (où elle ne s'assied même pas), et des rues, des escaliers, des paliers... Quand elle se pose quelque part, c'est juste pour quelques heures. Elle quitte Antoine et Christelle la vire de chez Fabrice. Nathalie est en transit.

Alors, elle marche, et c'est toujours dans l'embrasure d'une porte qu'on la retrouve. Ce sont ces portes, innombrables, qui donnent à *Oublie-moi* sa fluidité. On passe de la porte de l'immeuble d'Éric, qui se referme, à la porte du café, qui s'ouvre. On laisse Nathalie dans le café pour la retrouver tout au fond d'un couloir d'hôpital dont elle vient de pousser la porte[1]...

Noémie Lvovsky filme la passion dans les deux sens du terme : passion amoureuse et chemin de souffrance. La dérive de Nathalie la mènera jusqu'à la déréliction. Dans les toilettes d'une boîte, elle s'offre à un inconnu. Pour, dit-elle, « apprendre quelque chose sur moi... ou qu'est-ce que c'est que l'amour ? »

Mais on n'« apprend » jamais rien : on touche le fond et, parfois, on remonte à la surface. Cela s'appelle la grâce. C'est ce qui arrive à Nathalie. On l'a vue errer dans les rues. Y dormir peut-être : ce plan d'un clochard fouillant une poubelle n'est pas là par hasard[2]. Et, soudain, elle rit. Elle marche toujours, mais elle rit. C'est comme une remontée vers la lumière. Une re-naissance. Nathalie se dirige vers une cabine téléphonique. Elle appelle Antoine. Antoine qui lui avait dit que si elle partait, c'était pour toujours. Et Antoine n'est pas un garçon à se dédire. Mais Antoine l'aime. Alors, il s'invente un double : « Je suis le nouveau locataire », dit-il. Nathalie se prête au jeu : « On se connaît pas. Je suis dure, sèche, froide et cruelle. » C'est une demande de pardon. « Vous me dites où vous êtes ? – Juste en bas, dans la cabine. – J'arrive. »

Nous ne verrons pas l'arrivée d'Antoine. Mais nous en verrons le reflet sur le visage de Nathalie, qui, soudain, s'illumine.

Nathalie pourrait dire à Antoine ce que Michel dit à Jeanne, à la fin de *Pickpocket*, de Bresson : « Pour aller jusqu'à toi, quel drôle de chemin il m'a fallu prendre ! »

1. Ce tournage entre les portes, Noémie Lvovsky en avait fait un jeu dans son très brillant court métrage, *Dis-moi oui, dis-moi non*, qui réunissait déjà Emmanuel Salinger, Emmanuelle Devos et Valeria Bruni-Tedeschi.

2. C'est en ne montrant pas, mais en suggérant, que Noémie Lvovsky ne sombre jamais dans le réalisme.

Comme Pascale Ferran, comme Emmanuel Salinger, Noémie Lvovsky fait partie de la « nébuleuse » Desplechin. Ils se sont connus à l'Idhec. Ils sont restés copains. Noémie Lvovsky a été scripte sur *La Vie des morts*, coscénariste, avec Pascale Ferran et Emmanuel Salinger, de *La Sentinelle*. Le plus curieux, c'est qu'après avoir fait l'Idhec dans le but d'écrire des scénarios, elle conçoit *Oublie-moi* en ne partant ni de l'histoire ni des personnages, mais exclusivement des sentiments.

« Au départ, dit-elle, ces sentiments, je les concevais d'une façon assez abstraite. Je me posais des questions. Comment se sert-on des mots ? Peut-on vraiment aimer quelqu'un sans être aimé en retour ? Est-ce vraiment de l'amour ? Comment est-ce que c'est de se sentir à la fois hors de soi et une prison pour soi-même ? Qu'est-ce que c'est de se sentir près de quelqu'un et d'être tellement prisonnier de soi qu'on ne peut pas communiquer ? Qu'est-ce que c'est d'être à la fois hors de soi et hors de chez soi ? Eh bien, ça donne des paliers, des portes... »

Ça donne, on l'a dit, un chef-d'œuvre.

« Ferme les yeux et creuse la neige »

Le prochain film de Noémie Lvovsky (tournage prévu pour l'été 97) est parti d'une envie : « Filmer un groupe de très jeunes filles : 12, 13, 14 ans. » Pierre Chevalier – la providence du jeune cinéma – accepte le projet pour Arte. Ce qui n'exclut pas (comme pour *Le Péril jeune*, de Cédric Klapisch) une éventuelle sortie cinéma.

Le titre, *Ferme les yeux et creuse la neige*, est tiré du dialogue : c'est ce que dit un adulte à une petite fille pour l'aider à s'endormir.

« Ce sera, dit Noémie Lvovsky, une comédie un peu loufoque. Loufdingue – mais de façon réaliste. Avant de commencer à écrire, j'ai demandé à une copine de nous interviewer longuement et séparément, trois de mes amies d'enfance et moi-même. Toutes les quatre, nous nous sommes connues, à

10 ans, au lycée Rodin, où nous formions une bande, et nous nous voyons encore aujourd'hui. Je me suis donc retrouvée avec quatre décryptages où chacune raconte, à sa manière, ces années d'enfance.

« Un jour, je suis tombée par hasard sur un livre : *Les Apparitions*, de Florence Seyvos. Je le lis et je me dis : "C'est très, très bien." Puis je vais à la maternité, pour accoucher, et Sophie Fillières [3] m'apporte... *Les Apparitions*. Je n'ose pas lui dire que je l'ai déjà lu... et je le relis. Cette fois, je me dis : "C'est fortiche." Et j'appelle Florence Seyvos pour lui demander de travailler avec moi. Elle finit par accepter. On se raconte nos souvenirs d'enfance, l'amour qu'on avait pour les variétés et comment des choses graves étaient éclipsées par des vétilles, avant de revenir en boomerang, deux ans plus tard. Par exemple, les parents divorcent, se foutent sur la gueule..., et nous, les enfants, on est seulement obsédés par la note qu'on aura à la rédac, ou la honte de ne pas avoir mis les bonnes chaussures...

« Sans Florence Seyvos, qui a su, avant moi, se mettre à la hauteur des enfants [4], ce scénario ne serait pas ce qu'il est. Autant *Oublie-moi* fut un travail jusqu'à l'épuisement sur de longues scènes, autant, ici, il s'agira de petits événements qui prennent plus de place que les grands. »

3. Sophie Fillières, qui a réalisé *Grande Petite*, avec Judith Godrèche, a participé à l'écriture d'*Oublie-moi*.

4. Outre *Les Apparitions* (Éd. de l'Olivier), Florence Seyvos a écrit plusieurs livres pour enfants à L'École des loisirs.

*

Oublie-moi (1 h 35). Réalisation : Noémie Lvovsky. Scénario : Sophie Fillières, Marc Cholodenko et Noémie Lvovsky, avec la collaboration d'Emmanuel Salinger et Pierre-Olivier Mattei. Image : Jean-Marc Fabre. Son : Ludovic Hénault. Décors : Emmanuel de Chauvigny. Montage : Jennifer Augé. Musique : Andrew Dickson. Avec : Valeria Bruni-Tedeschi (Nathalie), Emmanuelle Devos (Christelle), Laurent Grevill (Éric), Emmanuel Salinger (Antoine), Philippe Torreton (Fabrice), Olivier Pinalie (Denis), Jacques Nolot (l'inconnu). Production : Alain Sarde. Distribution : Pan Européenne. Sortie : 25 janvier 1995.

Tonie Marshall

Moins d'un mois après la sortie d'*Un monde sans pitié*, personne ne s'intéresse beaucoup au premier film de Tonie Marshall. Sinon pour signaler que *Pentimento* est réalisé par la fille de Micheline Presle et du comédien américain Bill Marshall. Tonie Marshall, jusque-là, était (un peu) connue comme comédienne. Elle a joué dans les films de Jean-Claude Biette *(Le Champignon des Carpathes)*, Jacques Davila (*Qui trop embrasse* et *La Campagne de Cicéron*) et Gérard Frot-Coutaz *(Beau temps, mais orageux en fin de journée)*. On l'a entrevue, toute jeunette, dans *L'Événement le plus important depuis que l'homme a marché sur la Lune*, de Jacques Demy. Et beaucoup vue dans la série télé « Merci Bernard ».

« Pentimento »

Et voilà qu'elle passe derrière la caméra pour réaliser un très sympathique petit film, dont elle a écrit elle-même le scénario avec Sylvie Granotier. Lucie (Patricia Dinev) est secrétaire dans un petit atelier de pièces détachées. Chaque mardi, elle va déjeuner chez sa mère (Magali Noël), qui force un peu sur le gin. Or, ce jour-là, sa mère lui montre une coupure de presse : on enterre, ce jour même, un certain Philippe Corti. « C'était ton père », dit-elle. Il n'en faut pas plus pour que Lucie se précipite comme une folle au cimetière Montmartre et, par ses sanglots, perturbe la cérémonie. Scandale. Seul, son demi-frère, Charles

(Antoine de Caunes), est ravi : il tombe tout de suite amoureux de Lucie. Mais est-il bien son demi-frère ? Lucie ne s'est-elle pas trompée d'enterrement ?

Au départ, Tonie Marshall renoue avec un Paris populiste à la René Clair, dont elle n'est pas seule à avoir la nostalgie – bientôt, ce sera le tour de Cédric Klapisch avec *Chacun cherche son chat*. Puis Lucie et son amoureux se lancent dans une enquête policière. *Pentimento* devient alors une course-poursuite, où nos deux héros courent à la fois après un tableau, la vérité et l'amour. Pas de quoi révolutionner l'Histoire du cinéma, peut-être. Mais prometteur.

« Pas très catholique »

Et Tonie Marshall tient superbement ses promesses : quatre ans et demi plus tard, sort *Pas très catholique*. Quelques jours de la vie d'un « privé ». Signes particuliers : ce privé est une femme, au look un peu spécial puisqu'il est joué par Anémone, il ne travaille ni à New York ni à Los Angeles, mais à Paris, et il ne boit que du jus de fruits. A part cela, Maxime est bien un vrai privé : elle n'a plus trop d'illusions sur la vie.

Il y a vingt ans – quand elle avait 20 ans –, Maxime était mariée à un bourgeois très riche qui parlait, pensait et décidait pour elle. Un jour, elle s'est aperçue qu'un type la suivait. Elle a suivi son suiveur et abouti à l'agence de détectives privés André-Dutemps. Elle y est restée. C'est même elle qui a rédigé le rapport destiné à son mari…

Elle est comme ça, Maxime. Et Tonie Marshall l'accepte comme elle est. Draguant les mecs qui lui plaisent, mais rejoignant, pour une nuit, la belle Florence (Christine Boisson, toujours sublime, qui, sans rien dire, peut tout dire). Elle a son franc-parler, des blessures cachées, l'humour vache et un caractère de chien.

C'est même face à un chien que nous faisons sa connaissance. C'est la première scène du film. Extérieur nuit. Une rue de Paris. Au volant de sa voiture, Maxime attend. Une alarme se déclenche : un énorme chien-loup vient de pisser sur la roue d'une bagnole. Un type en pyjama (Bernard Ballet) jaillit d'un immeuble, revolver au poing. Ça n'est pas du goût du chien, qui montre les crocs. C'est alors que Maxime intervient, d'une voix si calme qu'elle en devient insolente. Elle explique poliment au chien : « Monsieur est un crétin, qui croit que les voitures sont des objets sacrés. » Puis elle se retourne vers le type : « Faites-lui des excuses. »

Non seulement la scène est drôle – petit court métrage à l'intérieur d'un long –, mais elle donne le ton. Ce n'est qu'après avoir renvoyé le chien dans ses foyers et fini de converser de choses et d'autres avec le type au revolver que Maxime lui demande le nom du locataire du troisième. Ainsi apprenons-nous son métier et, du même coup, que ces enquêtes ne seront jamais, pour Tonie Marshall, que des prétextes.

Prétextes à filmer les rues de Paris. Et prétextes à rencontres. Des rencontres qui vont déstabiliser le bel équilibre fragile de Maxime. Cette femme totalement libre – donc totalement seule – est à un tournant difficile : celui où l'on découvre ses premières rides. Or c'est à ce moment précis que le hasard de ses enquêtes va la confronter à la mort, à la vieillesse, à son ex-mari et à son fils de dix-huit ans, qui avait dix-huit mois la dernière fois qu'elle l'a vu.

Regardez la scène où Maxime annonce à Michèle (Micheline Presle) la mort de son mari, détective lui aussi, sans doute assassiné au cours d'une enquête. Soudain, Michèle craque : « Tu sais pourquoi je pleure ? Parce que je vais vieillir et que je vais finir ma vie toute seule. Ah ! c'est affreux, je ne pense qu'à moi ! A mon âge, il va falloir que je mette une annonce. Quelle honte ! Tu vois mes mains, toutes ces taches... Tu en auras aussi. J'aurais bien voulu avoir un enfant, moi. La vie est mal faite... Je me fous de tes calmants, je ne veux pas dormir seule. » Et que répond-elle, Maxime, à ce cri de souffrance ? Trois petits mots : « Prends un chien. » Et elle s'en va. Maxime vient de se voir dans un miroir, telle qu'elle sera dans dix ans.

Il y a aussi cette femme, roide de douleur, qui vient la trouver parce que son fils, lycéen, se drogue et qu'elle veut faire arrêter les dealers. Au cours d'une planque devant le lycée, Maxime rencontre son propre fils, Baptiste (Grégoire Colin). Ne me demandez pas comment ils se sont reconnus : ça, Tonie Marshall s'en fout. Elle ne va pas encombrer son film avec des explications inutiles. La seule chose qui l'intéresse, c'est ce face-à-face gêné entre la mère et le fils. Comment ils se regardent. Ce qu'on imagine des sentiments de Maxime.

Ces sentiments, que Maxime n'exprime jamais avec des mots, Tonie Marshall les filme sur le visage d'Anémone, qui trouve ici son meilleur rôle et qui n'a jamais été meilleure. Tonie Marshall non plus, à ce jour, n'aura jamais été meilleure. Elle filme exactement comme vit Maxime : elle s'octroie toutes les libertés, entre autres et surtout celle de casser sans cesse l'émotion pour laisser la vie reprendre ses droits. La vie, donc l'humour. Celle aussi de couper sec une scène et de passer à une autre sans transition inutile. Ces ellipses non seulement allègent le récit, mais tiennent notre curiosité en éveil. Puisque chaque scène nous surprend, nous voilà donc disponibles pour tous les hasards. Comme Maxime.

Comme Maxime toujours, qui envoie leurs quatre vérités à la tête des gens, Tonie Marshall ne fait pas de cadeaux à ses personnages. Mais à chacun elle laisse sa chance et le temps d'exister. Les seconds rôles sont magnifiques. Micheline Presle, bien sûr, qui n'a qu'une scène, mais quelle scène ! Mais aussi Michel Roux, directeur de l'agence, homo marié, homo honteux, homo vieillissant. Denis Podalydès, comédien au chômage et détective maladroit. Et surtout Roland Bertin, patron de bistrot amoureux de Maxime – et sa tête de Turc. On ne le voit pas beaucoup, Roland Bertin, mais cela suffit pour nous ramener au beau temps des années 30, quand Tissier, Carette et les autres créaient des personnages inoubliables et prononçaient des dialogues dont on ne saura jamais ce qui sonnait le mieux, du texte ou de l'intonation, car ils sont devenus indissociables.

Toujours dans les années 30, au temps de la Grande Dépression, le tonus des comédies américaines insufflait au spectateur le courage de vivre. Et certaines de ces comédies, celles de Capra, par exemple, ou *Sylvia Scarlett*, de Cukor, y réussissaient sans même masquer la tristesse de la réalité. C'est avec le même tonus que Tonie Marshall filme les blessures, les fêlures, les regrets ou les remords.

« Ce que j'aime au cinéma, dit-elle, c'est le mouvement. Les films ni morts, ni mornes. Ce qu'il faut, c'est... ah, c'est difficile à exprimer ! C'est de l'humanité et de l'énergie. Des films vivaces. Des films qui vous permettent, en sortant de la salle, d'aller un tout petit peu moins mal. De vivre un tout petit peu mieux[1]. »

Eh bien, elle y parvient. Et, avec un sujet pareil, cela tient du miracle. Mais chacun sait que la cruauté et la tendresse font bon ménage. L'une donnant son prix à l'autre. Et vice versa.

A la fin de *Pas très catholique*, Maxime, dont la devise est « Pas de pitié pour les salauds » et qui a toujours, dit-elle, « vécu avec des principes, pas avec des sentiments », voit soudain ses sentiments caramboler ses principes : le salaud qu'elle a démasqué n'est autre que le père de son fils. Que faire ? Elle choisit de dire à Baptiste la vérité sur son père et de le laisser prendre lui-même une décision. Elle, elle se tire, en vacances, à Moscou, avec son amant... La dernière image nous montre donc Baptiste devant un dossier déchiré, dont il rapproche les morceaux pour savoir qui est son père.

« Enfants de salaud »

Le troisième film de Tonie Marshall, *Enfants de salaud*, commence exactement là où finit *Pas très catholique*. Sylvette (Anémone), Sophie (Nathalie Baye), Susan (Molly Ringwald) et Sandro (François Cluzet) découvrent eux aussi, mais dès le début du film, qu'ils sont des enfants de salaud. Et pas n'im-

1. *Télérama*, n° 2308 (propos recueillis par Pierre Murat).

porte quel salaud : un assassin qui a coupé la langue de sa victime et tracé avec son sang un S mystérieux.

Accourus à Bruxelles, au procès de ce père inconnu, ils apprennent en même temps qu'ils sont tous les quatre frère et sœurs. Et le moment le plus drôle du film est peut-être celui où ils se montrent les photos de leurs mères, qui ont respectivement les visages de Danielle Darrieux, Micheline Presle, Gena Rowlands et Claudia Cardinale.

Malheureusement, de toutes ces mères nous ne verrons que Micheline Presle, et encore dans une toute petite scène. Mais elle a une façon tellement revigorante, Micheline Presle, de balayer les questions angoissées de sa fille avec un « Foutaises, foutaises ! » qu'on se prend à espérer.

Espoir déçu, il faut bien le dire. *Enfants de salaud* n'a ni la grâce ni le punch de *Pas très catholique*. Des comédiens un peu lourds incarnent des personnages dont les problèmes ressemblent fâcheusement à des névroses. Et Tonie Marshall montre et démontre au lieu d'évoquer et de suggérer.

Les problèmes de famille, on les retrouve dans tous ses films. La quête du père *(Pentimento)*, la découverte de ce qu'il est réellement *(Pas très catholique)* et la difficulté de vivre en se sachant une telle hérédité *(Enfants de salaud)*. Mais, jusqu'à présent, ce n'était pas le plus important. Ici, Tonie Marshall a beau essayer de nous intéresser aux influences réciproques – et bénéfiques – qu'exercent les uns sur les autres un garagiste macho et superstitieux, une bourgeoise coincée, une Américaine cinglée et une serveuse-strip-teaseuse, l'ombre du père (Jean Yanne) envahit tout.

Or les rapports des quatre enfants avec ce père, mystérieux mafioso, ne nous intéressent guère. Pas plus que la vengeance cruelle de Sandro. Pas plus que la mise en image de la « mort du père », au sens psychanalytique du terme : les quatre enfants sautant – en ralenti, s'il vous plaît – sur le cercueil de leur père pour tenter de le faire descendre au fond de la fosse…

Il n'y a pas que le cercueil qui coince et grince. Le film aussi.

Mieux vaut se souvenir d'un des derniers plans de *Pas très catholique* : Maxime et M. Paul dansant, au son du juke-box, dans le café désert.

*

Pentimento (1 h 30). Réalisation : Tonie Marshall. Scénario : Tonie Marshall et Sylvie Granotier. Image : Pascal Lebègue. Son : Henri Moralle et Dominique Hennequin. Décors : Jean-Pierre Fouillet. Montage : Luc Barnier. Musique : Steve Beresford. Avec : Antoine de Caunes (Charles), Patricia Dinev (Lucie), Magali Noël (Madeleine), Jean-Pierre Jorris (Claude), Étienne Bierry (Lambert), Laurence César (Aline), Frédéric Pottecher (Étienne), Micheline Dax (Christiane), Nini Crépon (Serge), Jean-Paul Muel (Bérenger). Production : Téléma – FR3 Films. Distribution : AMLF. Sortie : 13 décembre 1989.

Pas très catholique (1 h 40). Réalisation et scénario : Tonie Marshall. Image : Dominique Chapuis. Son : Alix Comte et Gérard Lamps. Décors : Marie-Pierre Bourboulon. Montage : Jacques Comets. Avec : Anémone (Maxime), Michel Didym (Jacques), Denis Podalydès (Martin), Micheline Presle (Michèle), Roland Bertin (M. Paul), Michel Roux (André Dutemps), Christine Boisson (Florence), Grégoire Colin (Baptiste), Bernard Verley (Vaxelaire). Production : AB Films – Les Productions du 3e étage – M6 Films. Distribution : Ariane Distribution. Sortie : 6 avril 1994.

Enfants de salaud (1 h 40). Réalisation : Tonie Marshall. Scénario : Tonie Marshall et Jack Cukier. Image : Dominique Chapuis. Son : Jean-Jacques Ferran et Gérard Lamps. Décors : Marie-Pierre Bourboulon. Montage : Jacques Comets. Musique : Vincent Malone. Avec : Anémone (Sylvette), Nathalie Baye (Sophie), François Cluzet (Sandro), Molly Ringwald (Susan), Jean Yanne (le père), Vincent Elbaz (Napo), Luis Marquès (Antonio), Micheline Presle (la mère de Sophie), Patrick Bauchau (Pierre-Yves). Production : MP Production – France 2 Cinéma – M6 Films – UGC Images – Tabo-Tabo Films – Zagora Films – Banama Films. Distribution : UFD. Sortie : 3 avril 1996.

Agnès Merlet

Pour crier la révolte de ses personnages, elle ne fait confiance qu'à la mise en scène. Parfois, l'osmose est totale, et ça donne *Le Fils du requin*. Parfois, elle l'est un peu moins, et c'est *Artemisia*. Qu'importe ! Si Agnès Merlet, dans son premier film, a été capable de faire un cinéma si original, si peu « franco-français », un cinéma visionnaire, expressionniste, mais jamais coupé d'une réalité physique, et si, dans le deuxième, par le seul traitement de l'espace, elle rend sensible le désir fou de liberté qui anime son personnage, c'est qu'Agnès Merlet est un auteur, un vrai.

« Le Fils du requin »

Au festival de Venise 1993, dans une salle vétuste et excentrée, une poignée de spectateurs a été éblouie par un film français qui ressemblait à un film russe. C'était *Le Fils du requin*, sélectionné pour la « Semaine de la critique ». Assez mal distribué à Paris (trop peu de temps dans trop de salles, alors qu'il aurait dû rester plusieurs mois dans une seule), *Le Fils du requin* n'a pas eu le temps de trouver son public. Parce qu'il en a si bien parlé, je laisse à Pierre Murat le soin de vous raconter ce film inracontable :

« Il a une drôle de bouille, l'aîné des Vanderhoes. Avec son foulard qui lui entoure le cou et sa "chapka", bizarre dans ce village du Nord de la France, il évoque le héros de Kanevski, le Valerka de *Bouge pas, meurs, ressuscite*. Et lorsqu'on lui rase la tête, dans le centre psychiatrique où il a échoué, Agnès Merlet le fait ressembler à un Jean Genet miniature. La même révolte. La même sauvagerie. Et la même ironie, aussi, derrière ces yeux qui ont oublié la tendresse.

« Il a deux passions, Martin, l'aîné des Vanderhoes : son frère et un livre. Le frère, Simon, a 11 ans, deux de moins que lui. Pas question de les séparer, ces deux-là. Ils font corps. Dès qu'on les enferme loin l'un de l'autre, ils s'évadent pour mieux se retrouver, libres, seuls et heureux. Enfin, heureux... Qu'est-ce que ça veut dire, le bonheur, pour ceux qui ne savent pas ce que c'est ?

« L'autre passion de Martin, c'est un livre, qu'il a gardé durant toutes ses errances avec Simon. Il est en morceaux, ce livre. Ça ne fait rien : il le lit, le soir, en fumant un clope, à la lumière d'une lampe électrique quand, par hasard, on l'enferme dans une institution d'où il s'évadera comme il s'est évadé de tant d'autres. Il le lit, même lorsque Simon, par innocence ou secrète perversité, le fout dans une lessive improvisée. Ben quoi, on a beau coucher dans un wagon de chemin de fer ou dans les débris d'un autobus, c'est pas pour ça qu'il faut puer. Alors, Simon lave les vêtements. Et le livre de Martin, par la même occasion.

« "Moi, j'aurais voulu être le fils de la femelle du requin." Lautréamont, c'est Lautréamont que Martin lit obstinément. Mais ça, il s'en fout. Ce qui l'intéresse, c'est que le livre parle de poissons. Dans le cinéma où ils se sont introduits, empli d'affiches de Stallone et de Schwarzenegger, quel est le bout de film que Martin projette à son frère qui bâfre des friandises en hurlant : "Remboursez, remboursez !" ? Un long plan fixe sur des poissons qui, contrairement à tant de gens, "ne prennent jamais un tournant en rond. Ils avancent d'un seul coup et, hop, ils tournent au carré".

« Est-ce bien vraisemblable, ces deux gamins réfugiés dans un cinéma, projetant un documentaire sur des poissons ? Non. Pas plus que n'est vraisemblable ce plan étrange : Simon marchant, tel un funambule, sur le toit de sa maison. Cette maison où habitent son alcoolo de père et Luc, le petit dernier, qui travaille bien à l'école, lui, qui n'a pas fugué comme les autres, mais qui collectionne, dans un album, les exploits dérisoires de ses aînés : les fameux Vanderhoes, qui, pour les journalistes locaux, sèment la terreur dans toute la région…

« Tout est donc vrai dans *Le Fils du requin*. Mais rien n'est vraisemblable. Et ce qu'Agnès Merlet atteint, dans ce premier long métrage, c'est précisément la vérité irréelle. Fragile.

« Agnès Merlet ne juge pas. Elle montre. Elle ne fait que ça, montrer, ce qui rend son film si brutal et si inconfortable. Dans cette ville du Nord, filmée comme une prison, elle montre quelques “braves gens”, miliciens dans l'âme, qui lâchent un chien sur un pauvre gamin. Mais elle filme aussi quelques gens bien : une vieille dame qui recueille Simon et lui offre de se restaurer avec un reste de nouilles froides dans le frigo. Ou cet employé de mairie qui va, en toute gentillesse, chercher un sandwich à l'un des deux frères, au risque de se faire dévaliser.

« Ce qu'elle montre surtout, Agnès Merlet, c'est le cercle infernal dans lequel se sont enfermés – dans lequel on a enfermé – Martin et Simon. Liberté, chapardages, prison, évasion. Que ça, rien que ça. Les chapardages diffèrent, les lieux d'emprisonnement aussi, et les refuges avec. Mais le mouvement du film ressemble à cette ronde aussi impeccable qu'implacable. Les mêmes mots, les mêmes gestes, éternellement recommencés.

« Par deux fois, ce cercle infernal se brise : lors de l'entretien avec le psy, d'abord. Jusqu'à présent, il y avait des coups, des cris, mais le dialogue était impossible. Là, soudain, Martin répond. Par monosyllabes, certes, mais avec humour : “Que veux-tu faire plus tard ? – Vendre. – Et pourquoi ? – Eh ben, pour vendre !”

« C'est tout juste si Martin ne hausse pas les épaules. Mais si vendre, dans sa bouche, c'était échanger… Et Agnès Merlet filme, en une suite de plans fixes, les yeux de son gamin qui en disent tellement plus que les mots.

« Et puis, il y a le sentiment que Martin éprouve pour Marie. Un sentiment, c'est nouveau dans sa vie : jusqu'à présent, même avec son frère, il n'éprouvait que des sensations. Et il voudrait tant lui expliquer, à Marie, qu'il se sent le "fils de la femelle du requin", qu'il voudrait courir sur la plage avec elle, lui faire l'amour une fois, rien qu'une fois, et mourir... Mais il y a les autres, tous les autres, qui le prennent pour un voyou. Et il y a Simon, jaloux, haineux, brutal. Pour la première fois, les deux frères deviennent ennemis, et l'un d'eux sort même un couteau. "T'en as marre de moi, c'est ça ? demande Simon. – Non, mais t'es un peu chiant, parfois", réplique Martin.

« Le poissonnier de la ville où les Vanderhoes ont échoué manie aussi le couteau. Avec lui, les poissons ne tournent plus, soudain, au carré. Tête séparée du corps, ils ouvrent la bouche quelques fois, et, hop, c'est fini. "Ça leur fait mal, aux poissons, quand ils meurent ?" demande Martin. Le poissonnier est tout éberlué : "Si ça leur fait mal ? Pourquoi que ça leur ferait mal ? Non, bien sûr, ça ne leur fait pas mal !"

« Martin, lui, est persuadé que si, les poissons souffrent, mais qu'ils ne peuvent pas le dire. Comme eux, les Vanderhoes. Alors, à quoi ça sert de parler ? "Si vous voulez que je vous raconte pourquoi ma mère est partie, pourquoi mon frère Simon et moi, on s'est barrés de chez le vieux, pourquoi on dormait dehors, pourquoi on cambriolait les boutiques, et tout ce mélo à vous faire chialer, comptez pas sur moi. Moins j'y pense, mieux je me porte", avait dit Martin au début du film. Maintenant, il nous chuchote que le passé dérisoire fera place à un futur illusoire, mais que ce n'est pas grave.

« Il n'y a que le présent qui compte. Il n'y a que ce plan sublime d'Agnès Merlet : Martin et Simon en extase devant un bateau en partance [1]. »

Ce qui est étonnant, c'est la maîtrise avec laquelle Agnès Merlet tient les deux bouts de la corde : d'un côté un fait divers, de l'autre la souffrance d'un enfant qui sent germer en

1. *Télérama*, n° 2289.

lui l'artiste. L'histoire de Martin, ce pourrait être l'enfance de Jean Genet.

Avant *Le Fils du requin*, Agnès Merlet a réalisé un court métrage : *Poussière d'étoile*[2]. Renvoyé du foyer où il a été placé, et en attendant que ses parents viennent le chercher, un garçon accepte de rédiger la dissertation d'un copain qui fait le mur pour rejoindre une fille. Cette fille est sa petite amie et le garçon fait l'apprentissage de l'écriture dans la douleur.

« *Poussière d'étoile* terminé, dit Agnès Merlet, j'ai eu envie d'aller plus loin : montrer un gamin en qui germe le désir de devenir écrivain. Je commençais à écrire le scénario, quand j'ai lu, dans *Libération*, un fait divers : deux frères semaient la terreur dans une petite ville du Nord. C'était l'occasion d'ancrer mon projet dans la réalité. Je crois qu'on entre d'autant mieux dans l'imaginaire qu'on part de quelque chose de très concret. Grâce au fait divers, je pouvais me permettre toutes les libertés : donner des rêves littéraires à Martin ou filmer sa fascination pour les poissons.

« D'ailleurs, je ne m'éloignais pas tellement de la réalité. Lorsque j'écumais les foyers de la DDASS pour trouver mes acteurs[3], j'ai découvert non seulement que les enfants faisaient des rêves fantastiques, mais qu'ils lisaient et écrivaient des poèmes. La déclaration d'amour de Martin à Marie, je l'ai volée à un petit garçon de 12 ans : c'est une lettre qu'il avait écrite à sa petite amie. »

« Artemisia »

Ce désir de création entravé par la société, c'est aussi le sujet d'*Artemisia*.

Comme pour *Le Fils du requin*, Agnès Merlet part d'une his-

2. Prix Jean-Vigo 1986.

3. Finalement, elle ne les a pas trouvés à la DDASS. Martin et Simon sont joués par deux copains, enfants d'ouvriers.

toire vraie. Ici, celle d'Artemisia Gentileschi, qui, dans la première moitié du XVIIe siècle, fut une des premières femmes peintres à se faire un nom. A l'époque, sa gloire surpassa même celle de son père, Orazio Gentileschi. Elle fut aussi la première à briser ouvertement les tabous qui interdisaient à une femme de regarder et, a fortiori, de représenter l'anatomie masculine. Agnès Merlet imagine que son amant, le peintre florentin Agostino Tassi, servit de modèle à Artemisia pour ses tableaux représentant le meurtre d'Holopherne par Judith. On a retrouvé les actes du procès que le père d'Artemisia, Orazio, intenta à Tassi. « Un vrai mystère, ce procès ! dit Agnès Merlet. Artemisia a été conduite devant les tribunaux par son père pour témoigner d'un viol qu'elle n'avait pas subi, le prétendu violeur étant son amant… et le meilleur ami du père. De quelles sombres machinations a-t-elle été l'enjeu ? Une chose est certaine : c'est dans cette humiliation qu'elle a trouvé la force d'imposer sa peinture [4]. »

Entre Agnès Merlet et Artemisia, c'est une longue histoire d'amour. Merlet a découvert son existence quand elle était aux Beaux-Arts. Elle a vu ses tableaux aux Offices, à Florence, et au Grand Palais, à Paris, lors d'une exposition. Quand elle a abandonné les Beaux-Arts pour s'inscrire à l'Idhec, elle a eu envie de lui consacrer un court métrage. Pas le premier, non. Le premier, c'était *La Guerre des pâtes*, l'adaptation d'un manuel de cuisine futuriste écrit par Marinetti sous Mussolini. Mais le deuxième. « Un court métrage expérimental, dit-elle, où je mettais en parallèle les différentes parties d'un tableau, *Judith et sa servante décapitant Holopherne*, et où j'essayais de montrer comment le prétendu viol était contenu dans l'histoire du tableau. Mais je pensais que cette histoire méritait plus qu'un petit court métrage. Artemisia est un grand personnage romantique, déchiré par un amour impossible (Tassi est déjà marié) et en quête d'absolu. »

4. *Télérama*, n° 2456 (reportage sur le tournage d'*Artemisia* par Marie-Élisabeth Rouchy).

Un grand film romantique, donc ? Oui et non. « J'avais très peur, dit Agnès Merlet, de faire un film d'époque. Pour tenter d'éviter l'académisme, je suis allée, le plus possible, vers le réalisme. Pas question de s'attarder sur le passage d'une belle calèche, alors qu'il ne me viendrait pas à l'idée de m'attarder sur une Mercedes dans un film contemporain. Pas question d'habiller les gens comme des gravures de mode, alors qu'on sait très bien qu'à l'époque les mêmes vêtements passaient de génération en génération. Je crois aussi que c'eût été une erreur de tourner en scope avec de grands mouvements d'appareil. »

Sans doute. Mais la violence d'Artemisia et celle qui explose dans ses tableaux, sa passion pour Tassi et celle qu'elle voue à la peinture créent forcément – et heureusement – un mouvement et un lyrisme magnifique. Tout le film est construit sur l'opposition intérieurs / extérieurs. « L'histoire d'Artemisia, dit Agnès Merlet, me fait penser à l'arrivée de la Nouvelle Vague dans le cinéma. On a élevé cette fille dans la religion du Caravage : un moment de l'histoire de la peinture où l'on peignait en intérieur et à la bougie. En l'initiant à la perspective, Tassi lui fait découvrir une forme de liberté. La même liberté qu'ont découverte les cinéastes français quand ils ont déserté les studios pour tourner dans la rue [5]. »

A l'intérieur, Artemisia semble se heurter aux murs. Dès qu'elle quitte la maison de son père, elle court. Elle court vers son amant. Elle court vers son chevalet dressé devant la mer. Elle court vers la liberté. Et la caméra, immobile, la suit longtemps, en plongée, petit point blanc qui s'éloigne dans la lumière du soleil. Le meilleur du film est là. Dans cette façon de filmer l'espace. Dans cette façon qu'a Tassi de le découper en le regardant à travers un grillage fixé dans un cadre. « Par une fenêtre, dit Artemisia enthousiasmée, il peint le monde. » Elle aussi va apprendre à peindre le monde. Au début, elle a peur : « Il n'y a pas de personnages, j'ai l'impression de dessi-

5. *Ibid.*

ner le vide. » Pendant qu'elle peint – ou qu'elle fait l'amour, mais, pour elle, il n'y a pas de différence – la jeune servante qui lui sert de chaperon joue sur la plage avec un cerf-volant. De la fenêtre de sa prison, Tassi voit « deux collines qui se chevauchent ». Et quand Artemisia, à la fin du film, revient dans la maison de Tassi, elle installe devant la mer le cadre grillagé. Elle regarde à travers et murmure : « Il y a deux collines, l'une chevauche l'autre... »

*

Le Fils du requin (1 h 25). Réalisation : Agnès Merlet. Scénario : Agnès Merlet et Santiago Amigorena. Image : Gérard Simon. Son : Henry Morelle et Jean-Pierre Laforce. Décors : Laurent Allaire. Montage : Guy Lecorne et Pierre Choukroun. Musique : Bruno Coulais. Avec : Ludovic Vandendaele (Martin), Erick Da Silva (Simon), Sandrine Blancke (Marie), Maxime Leroux (le père). Production : Compagnie des Images – Gaumont – France 3 Cinéma – Première Heure – Saga Film. Distribution : Gaumont Buena Vista. Sortie : 24 novembre 1993.

Artemisia (1 h 50). Réalisation et scénario : Agnès Merlet. Adaptation et dialogues : Agnès Merlet et Patrick Amos. Image : Benoît Delhomme. Décors : Antonello Geleng et Emita Frigato. Costumes : Dominique Borg. Montage : Guy Lecorne. Musique : Krishna Levy. Avec : Michel Serrault (Orazio Gentileschi), Valentina Cervi (Artemisia), Miki Manojlovic (Agostino Tassi), Brigitte Catillon (Tuzia), Silvia de Santis (Marisa), Emmanuelle Devos (Constanza), Maurice Garrel (le juge), Jacques Nolot (l'avocat d'Agostino), Sami Bouajila (Batiste), Dominique Reymond (la sœur d'Agostino). Production : Première Heure Long Métrage – France 3 Cinéma – Schlemmer Films – 3 Emme Films. Distribution : Polygram. Sortie : 10 septembre 1997.

Claire Simon

Vingt ans. Il aura fallu vingt ans à Claire Simon pour tourner son premier long métrage, *Coûte que coûte*. Mais, durant ces vingt années, elle n'a pas cessé de tourner (des « courts ») et de contourner (les obstacles). Car plus entêtée, plus énergique et plus passionnée que Claire Simon, c'est difficile. D'abord, mais sans perdre de vue qu'elle veut devenir réalisatrice, elle est monteuse. Puis, voyant tous ses scénarios refusés à l'Aide au court métrage, elle s'achète un caméscope. Et elle qui ne pensait qu'à la fiction se met au documentaire. « Ça coûte moins cher, dit-elle, mais c'est pareil : le documentaire, c'est de la fiction improvisée. Tout à coup, le miracle se produit : ce qu'on a rêvé arrive. »

Avec Claire Simon, les miracles se multiplient. Prenez *Récréations* (1992), un moyen métrage (54 mn) tourné dans la cour d'une école maternelle. Eh bien, ce qu'elle capte, en filmant patiemment les jeux des petits, c'est une vraie comédie humaine. On s'amuse, d'abord, de l'imagination des enfants, qui se prennent au jeu au point de pleurer derrière une barrière ouverte à tout vent dont ils ont décidé qu'elle était une prison. Mais, bientôt, certains vont user de cette imagination pour prendre le pouvoir sur les autres. C'est fascinant et terrifiant.

Et l'on découvre alors – ce que nous ignorions à la seule vision de *Coûte que coûte* – le côté inquiétant du cinéma de Claire Simon. *La Police* (1988) – court métrage de fiction, celui-là – en est un autre remarquable exemple. A la suite d'un coup de téléphone de son ami, la baby-sitter d'une petite fille la laisse aller seule à l'école. La petite, qui aime beaucoup la jeune fille, lui promet de ne rien dire à sa mère. Et toute la journée, par jeu, elle s'ingénie à brouiller chaque piste qui pourrait trahir l'absence de la jeune fille, si la police venait à enquêter. C'est déjà un superbe voyage dans l'imaginaire enfantin. Mais c'est plus encore : une inquiétude sourd et du jeu et des images. Où Claire Simon veut-elle nous mener ? *La Police* n'est tout de même pas un film d'horreur ?

Non, si l'on s'en tient à la notion de genre. Mais, dans sa banalité quotidienne, la fin bascule tout de même, pour la petite fille, dans l'horreur : sa mère [1] découvre la vérité et la petite, qui s'est donné tant de peine pour tromper des policiers imaginaires, se désespère parce que la baby-sitter non seulement est renvoyée, mais peut croire qu'elle l'a trahie. Elle pleure le malentendu possible et en porte la culpabilité sans être coupable. Voilà qui annonce *Sinon, oui* (1997), le deuxième « long » de Claire Simon.

« Coûte que coûte »

Mais parlons d'abord de *Coûte que coûte* [2], qui révéla à beaucoup d'entre nous le nom de Claire Simon. C'est un documentaire lumineux, chaleureux et presque gai sur la faillite d'une minuscule PME de Saint-Laurent-du-Var, près de Nice. Un documentaire en forme de polar. Ou, plus précisément, dit Claire Simon, « un polar sur le fric et un documentaire sur les sentiments ». Claire Simon, qui, enfant, a habité dans le Var et été à l'école à Cannes, connaît bien Jihad. Celui-ci a monté une petite boîte de plats cuisinés vendus aux grandes surfaces. L'affaire marche bien. Mais pas assez pour rembourser les emprunts. Très vite, Jihad a dû licencier du personnel. Restent

1. La mère est jouée par Françoise Lebrun, qui fut Véronika dans *La Maman et la Putain* (1973), de Jean Eustache, auteur très aimé des Enfants de la Liberté.

2. Comme ses courts métrages, il fut couvert de prix dans tous les festivals et reçut le prix Georges-et-Ruta-Sadoul 1995.

Fathi, Toufik et Madanni (les cuisiniers), Marouan (le livreur) et Gisèle (la secrétaire-emballeuse-étiqueteuse).

Claire Simon demande l'autorisation de venir, chaque mois, filmer les quatre derniers jours. C'est-à-dire cette période cruciale de la paye, qui est comme l'épreuve du feu.

« Une fois devant la vérité, dit Claire Simon, peut-on la voir, la dire ? Le sol se dérobe. "On sera payés la semaine prochaine... Ça ira mieux le mois prochain..." Chacun s'arrange, trouve les mots, les phrases qui tracent un pont au-dessus de l'abîme, on ferme les yeux pour ne pas avoir le vertige et on s'accroche aux sentiments : "Sauver la boîte, c'est se sauver soi-même." La vérité, celle qu'on attendait à la fin du mois, on ne l'a pas vu passer... Tant mieux ! Le mois prochain, peut-être, on saura si on a gagné ou perdu la guerre...

« J'ai filmé délibérément cette entreprise comme un camp retranché ; car, aujourd'hui, travailler, c'est faire la guerre. Je n'ai jamais eu le désir de faire un film sur ceux qui gagnent systématiquement la guerre du travail, car ç'aurait été faire un film à la gloire du capitalisme. Au contraire, je voulais montrer ce que le capitalisme suppose comme vie. Surtout pour ceux (la majorité) qui ne sont pas, au départ, des capitalistes et qui s'essaient malgré tout à sa cause.

« Dans ce bout de local industriel de l'allée des Métallos, entre ces cloisons frigorifiques tout juste montées et ce bureau digne de Dashiel Hammett, se déroulait, à mes yeux, un drame universel, une sorte de comédie tragique du travail. »

Une tragi-comédie, donc. Mais à suspense. On a beau se dire que c'est foutu d'avance, qu'il n'est pas de taille, le gentil Jihad, pour se battre contre les requins de la finance, et qu'en dépit de la plus chouette des équipes – sauf Gisèle, tout de même, qui lâche les copains ! –, Navigation Systèmes (ça ne s'invente pas !) finira, un matin, comme la chèvre de M. Seguin, on a beau se le dire, on espère quand même ! Car ils sont formidables, tous. Surtout les cuistots. Il y en a même un qui ressemble à Al Pacino...

N'allez pas croire pour autant que tout soit idyllique. Ils sont à bout de nerfs. Surtout Jihad, qui a le boulot le plus ingrat : faire patienter les fournisseurs, qui veulent être payés, tenter d'attendrir le banquier, qui a bloqué le compte, trouver de nouveaux clients et surtout, surtout, l'argent pour payer ses employés. Il va même jusqu'à leur proposer de les prendre pour associés !

Comme dans un feuilleton – c'en est un, d'ailleurs –, des « cartons » séparent les épisodes. Depuis « Il faut gagner » jusqu'à « Le dernier jour ». Et une image de la Promenade des Anglais vient scander chaque nouveau chapitre, comme pour nous rappeler qu'à l'extérieur, il y a du soleil. Nos amis, eux, n'ont guère le temps de le voir, le soleil. Sauf le chef cuistot quand il va faire son marché. Mais ça, c'est la pire épreuve. Allez donc acheter de bons produits – et le chef cuistot ne transige pas là-dessus –, en quantité suffisante, quand vous n'avez jamais assez d'argent en poche !

Coûte que coûte, c'est le film de l'amitié. Amitié entre les gens que filme Claire Simon, tous embarqués sur la même galère. Et amitié entre Claire Simon et eux. Il en fallait pour qu'ils les acceptent, elle et sa caméra. « Les gens que je filme, dit-elle, m'acceptent comme celle qui raconte une histoire. Pas vraiment leur histoire, mais cette histoire dans laquelle ils sont. Filmer, c'est la raconter à d'autres, et je suis, pour eux, le premier autre. Ils sont donc partagés entre le double désir de me montrer et de me cacher l'histoire, entre l'amour que je leur porte et l'angoisse qu'il faut chasser tous les matins pour continuer. Ils ne maîtrisent pas mon regard comme je ne maîtrise pas les événements, et s'installe alors une sorte de confiance mutuelle minimale qui permet de jouer à l'éternelle partie de cache-cache amoureux, qui a lieu entre le filmeur et le filmé. »

Si les documentaires de Claire Simon ressemblent à des fictions, c'est qu'à ses yeux, au cinéma, le « réel » n'existe pas : « Il y a toujours un point de vue sur une situation. Derrière chaque caméra, il y a une question. Et cette question fabrique la fiction. Même derrière la caméra de surveillance d'un grand magasin, il y a une question : “Qui va voler et quand ?” C’est déjà une fiction… L’erreur, c’est de croire que le documentaire est la réalité. Le réel est un mystère que le réalisateur interroge [3]. »

« Sinon, oui »

Cette petite phrase, digne de Jean Cocteau, pourrait aussi bien s’appliquer à la fiction vue par Claire Simon. C’est précisément parce qu’il colle à la réalité que *Sinon, oui* est un film mystérieux, inquiétant, opaque.

Dès les premières images, on éprouve un sentiment de danger qui ne nous quittera plus. Ces premières images, brouillées, montrent des voitures qui foncent dans la nuit sur une autoroute. Une voix d’homme : « Ici, c’est loin… C’est pour ça qu’ils viennent… Ils foncent comme des fous… Ils cherchent le centre… » On se croirait dans un film de science-fiction. Puis une autre voix dit le générique, très fort, pour dominer une musique violente et grinçante. On se sent à la fois agressé et angoissé. Le silence revient. On n’entend plus que le bruit des voitures, mais, cette fois, nous sommes dans l’une d’elles. On distingue mal les passagers. Un profil, parfois. La conductrice s’affole : « J’ai plus de phares. – Magali, calme-toi, continue. – J’y vois rien. » L’homme, très calme, insiste : « Ça fait rien, continue. »

Magali (Catherine Mendez), la conductrice, ramène son père (Lou Castel) chez elle. Oui, il peut y dormir puisque le mari de Magali, Alain (Emmanuel Clarke), travaille toute la nuit à Trafic FM, la radio de l’autoroute. Ah ! c’était donc la voix d’Alain qu’on entendait tout à l’heure ! Et ces images brouillées, c’étaient celles de la caméra de surveillance ! Peu à peu, les choses s’éclairent : l’histoire en même temps que l’image, qui devient à la fois de plus en plus réaliste et de plus en plus lumi-

3. *Télérama*, n° 2404 (propos recueillis par Philippe Piazzo).

neuse. Jusqu'à être, à la fin, presque transfigurée. Ce chemin qui va des ténèbres à la lumière, du quasi-fantastique à la réalité, c'est celui que va parcourir Magali.

Or la beauté du film naît d'un paradoxe : c'est en s'enfonçant dans le mensonge que Magali va atteindre la lumière. C'est en poursuivant une chimère qu'elle va s'ancrer dans la réalité.

Inquiète de ne pouvoir joindre Alain au téléphone, Magali reprend sa voiture sans phares pour se rendre à Trafic FM. En la garant, elle l'emboutit et le gardien – un type étrange et boiteux – l'en sort, un peu commotionnée. « Vous n'êtes pas enceinte, au moins ? » Magali ne répond pas. Le gardien prend son silence pour un acquiescement. Il l'emmène à l'hôpital et, un peu plus tard, dit à Alain : « Je ne savais pas que vous alliez devenir papa. » Et Magali continue de se taire. Enceinte de la parole d'un gardien boiteux, Magali va garder cet enfant imaginaire.

Sinon, oui (quel joli titre, et si juste !) est un film sur le mensonge. Pire : sur le malentendu. Car elle tente bien, Magali, de rétablir la vérité. Mais personne ne veut l'entendre. Quand Alain lui demande si elle a pris rendez-vous pour l'avortement, elle répond : « J'ai jamais été enceinte. » Et que croyez-vous qu'il comprend ? « Je sais que c'est la première fois… »

Plus le temps passe, moins Magali peut parler. Et d'autant moins qu'Alain, maintenant, le veut, cet enfant. S'il renonce à aller passer, seul, une année au Canada, Magali sait que ce n'est pas pour elle, mais pour l'enfant…

Claire Simon filme en longs, très longs plans-séquences (qu'elle appelle des « unités sémantiques »). « Je rêvais, dit-elle, d'un film sans ellipse. Ici, ce n'était pas possible, puisqu'il se déroule sur plusieurs années. Mais je voulais, au moins, qu'à l'intérieur des séquences il n'y en ait pas. » Plans-séquences, donc, caméra à l'épaule, et au plus près des personnages, c'est-à-dire en très gros plans. De Magali, nous voyons, par exemple, le visage, et, en amorce, l'épaule d'Alain. Et cette épaule suffit à faire peser sur Magali – et sur nous – une angoisse. Avouer ? Mais ce serait perdre définitivement Alain. Se taire ? C'est courir aussi à la catastrophe.

« Magali, dit Claire Simon, est une femme archaïque qui laisse les autres parler pour elle : elle devient ce qu'ils disent. » Mentir sur sa maternité, pour une femme, c'est le mensonge le plus impossible. Et Magali y parvient, au coup par coup, guidée par son instinct, aidée par le hasard – ou par la volonté des autres qui la veulent enceinte. Parce qu'elle a froid, son mari lui entoure le ventre d'une couverture. Il lui donne alors l'idée de simuler sa grossesse. Un casting au Théâtre de Nice (elle est danseuse) lui permet d'acheter au magasin d'accessoires trois ventres postiches de quatre, six et huit mois.

Finalement elle sera acculée à voler un bébé à la maternité de l'hôpital. Et c'est à une Magali transformée, rayonnante, épanouie que la police arrachera cet enfant, quelques années plus tard. « Car, dit Claire Simon, je ne crois pas que la vérité de la maternité soit dans les cellules. »

Le scénario est né d'un fait divers. Mais, dit Claire Simon, « ce n'était pas le fait divers qui m'intéressait, c'était l'idée de faire un film sur quelqu'un de vide, au propre et au figuré. Une femme qui déçoit son père, qui déçoit son mari, qui n'existe qu'en creux et est le reflet du désir des autres. Je pense que la passivité, aujourd'hui, regagne du terrain… »

Cette histoire-là, Claire Simon ne pouvait la situer qu'à Nice, « qui est la ville du mensonge, du trompe-l'œil et des apparences ». Et elle l'a tournée comme elle tournait ses documentaires : « Bien sûr, j'ai beaucoup travaillé le scénario, j'ai fait des repérages, j'ai prévu les costumes, mais si, chaque jour, je savais ce que j'allais tourner, je ne savais pas comment. Quant aux acteurs, je les avais préparés à leurs rôles – mais je ne les faisais pas répéter. »

Et cela donne un beau film étrange, qui nous touche moins par les intentions du scénario que par la mise en scène. Une mise en scène qui a sa vie propre et nous raconte – en creux, elle aussi – la vraie histoire. Une histoire de peur viscérale, d'impossibilité de dire, d'amour à contretemps. L'histoire d'un gâchis qui conduit – peut-être – à une re-naissance.

*

Coûte que coûte (1 h 35). Image : Claire Simon. Son : Dominique Lancelot. Montage : Catherine Quesemand. Musique : Arthur H. Production : Les Films d'Ici – La Sept / Arte. Distribution : Rezo Films. Sortie : 7 février 1996.

Sinon, oui (2 h). Réalisation : Claire Simon. Scénario : Claire Simon, avec Nathalie Donnini et Anny Romand. Image : Richard Copans. Son : Dominique Lancelot. Décors : Michel Vandestien. Montage : Catherine Quesemand. Musique : Archie Shepp et Catherine Ringer. Avec : Catherine Mendez (Magali), Emmanuel Clarke (Alain), Lou Castel (le père de Magali), Agnès Regolo (Myriam), Claude Merlin (Lemeur), Magali Leris (Mme Yvon), Pierre Berriau (Gaultier). Production : Zélie Productions – La Sept Cinéma – French Productions – Verseau International. Sortie : 8 octobre 1997.

Michel Spinosa

« Emmène-moi »

L'urgence. Tourner dans l'urgence. Ressentir si fort le désir, la nécessité de tourner, qu'on insuffle inconsciemment à son film une violence, une véhémence, une impatience. Et si l'héroïne, elle aussi, vit dans l'urgence – c'est-à-dire dans la violence, la véhémence et l'impatience –, alors cela donne *Emmène-moi*. Un premier film inconfortable, terrible et superbe.

Tout commence par un plan fixe, de nuit, au buffet d'une gare vide. Face à nous, accoudée au bar, une fille entre deux permissionnaires qui la draguent. Mais c'est la fille qui mène le jeu. Elle provoque les mecs, mais les tient en respect. Elle joue avec le feu, mais c'est elle qui risque de brûler les deux autres. La preuve : elle leur raconte le « jeu de la cigarette ». Un drôle de jeu, un jeu dangereux, qui laisse les deux types perplexes. C'est vrai ? C'est pas vrai ? Elle y jouait vraiment avec ses frères ? Mais non, voyons…

Les deux dragueurs, rassurés à bon compte, lui emboîtent le pas. Les voilà tous trois, déjà un peu éméchés et les bras chargés de bouteilles, dans des rues quasi désertes. Des rues bien réelles, mais éclairées d'une lumière irréelle. Des rues de rêve – ou plutôt de cauchemar, parce que la réalité, avec Sophie, tourne vite au cauchemar.

Inquiétante Sophie, avec son teint trop pâle, son regard trop dur, sa bouche trop rouge, sa frange trop courte et ses cheveux trop longs. Trop… Tout est « trop » chez Sophie. Trop de passion, trop d'exigence, trop de désespoir. Vincent, le gérant de l'hôtel où elle se rend tout droit, avec ses deux acolytes, en sait quelque chose. Vincent, elle l'a quitté il y a deux ans. Elle réapparaît, ce soir, pour bouleverser à nouveau sa vie...

Dès le début, on est ébloui. Par les acteurs : non seulement Karin Viard (Sophie), dont on ne dira jamais assez à quel point elle est formidable de présence, d'abattage et d'inattendu; mais aussi Antoine Basler (Vincent), avec sa voix rauque, contenue, et sa force intérieure; et tous les autres. Par les dialogues, rythmés comme des solos de batterie. Par la mise en scène, enfin.

Ah ! la mise en scène ! Dans un format un peu élargi, s'il vous plaît [1] ! alors qu'il s'agit de filmer des lieux clos, des rues qui finissent en impasses, des couloirs, des chambres culs-de-sac, des portes qui battent, des parois vitrées, auxquelles on se heurte, et des corps, qui s'aiment ou se repoussent, et des visages, qui s'offrent ou se refusent.

Qu'elle est belle, cette mise en scène ! A la fois précise et fluide. La caméra suit les personnages, les recadre dans le mouvement, ne lâche l'un que pour rattraper l'autre, vite rejoint par le premier. Et dans les scènes à deux, en suivant Sophie qui tourne et qui vire, elle rend presque palpable son sillage, qui s'enroule autour de Vincent et l'enveloppe et le ligote comme un trop-plein d'amour. Mais, au montage, Michel Spinosa a parfois coupé ses plans-séquences. Et l'on ressent alors ces ruptures comme une souffrance. La même souffrance qui torture les deux amants chaque fois que se brise leur rêve d'harmonie.

Car *Emmène-moi* est l'histoire, en quelques nuits, d'une passion impossible. « Plus on s'aimait, plus on se déchirait. » Exactement comme Fanny Ardant et Gérard Depardieu dans *La Femme d'à côté*. Exactement comme Jane Birkin et Marushka Detmers dans *La Pirate*.

1. Michel Spinosa a tourné en 1/85, format rare en France, mais très utilisé en Amérique.

Mais le ton de Michel Spinosa ne ressemble à personne. Plus extraverti que celui de François Truffaut. Moins constamment hystérique que celui de Jacques Doillon. Michel Spinosa contrôle ses dérapages. Et il nous fait sans cesse craindre le pire : Sophie joue, ment et crâne, tour à tour faussement douce et vraiment dure. Mais toujours fragile, vulnérable, donc explosive. C'est une bombe à retardement. Une grenade dont on ne sait jamais à quelle seconde la goupille va sauter.

Alors, le spectateur a peur. Peur de cette souffrance qui va se déchaîner. Peur du drame qui couve. Peur des incessants rapports de force entre Vincent et Sophie.

Emmène-moi, c'est une descente – pardon, une montée – aux enfers. Des enfers situés au dernier étage d'un immeuble vide. Là, dans quelques chambres de bonne, des Polonais survivent en prostituant leurs filles, en vendant de la gnôle. Là, on chante, on danse, on boit. On tente d'oublier sa misère. Par deux fois, Sophie et Vincent iront y échouer. Et, la deuxième fois, Sophie initie les clients au « jeu de la cigarette »...

Il y a du Dostoïevski chez Spinosa. Sans la grâce ni la rédemption, mais du Dostoïevski quand même. Parce que, même au fond du gouffre où ils sont tombés, ses personnages sont encore capables de se pardonner, de s'aider, de s'aimer. Alors que Sophie vient d'exercer sur elle sa cruauté, une petite émigrée roumaine (Inès de Medeiros, silencieuse, émouvante et calme), épave solitaire, elle aussi, empêche Vincent de la battre. Et, au plus profond de son désespoir, Vincent donne sa veste à un type qui grelotte, la nuit, dans la rue. Scène insolite, onirique, inoubliable...

« Les Tueurs »

Emmène-moi est sorti le 15 mars 1995. Depuis, on attend avec impatience que Michel Spinosa tourne son deuxième film. Il vient d'en terminer le scénario, après un détour du côté de la télévision. Détour infructueux, car le script, que lui avait commandé l'atelier d'écriture de Canal +, a finalement été refusé par la chaîne. Ceux qui ont eu le privilège de lire le scénario des *Tueurs* disent qu'il s'agit d'une méditation sur la souffrance et la mort, à la Dostoïevski. Spinosa, lui, évoque plutôt l'ombre de Tarkovski. Quoi qu'il en soit, ni Dostoïevski ni Tarkovski ne sont évidemment les meilleures références pour les directeurs de chaînes qui, généralement, ne rêvent que de faire un tabac à vingt heures trente. Et, généralement aussi, considèrent que le public de vingt heures trente est exclusivement composé de débiles mentaux…

J'exagère ? A peine. En tout cas, le refus de Canal + n'a guère affecté Michel Spinosa. « Dans mon esprit, dit-il, *Les Tueurs* reste une commande : c'eût été un film de genre, un film noir. Même si j'y ai injecté un peu de métaphysique, avec des personnages en quête d'une espèce de transcendance, cette histoire reste assez loin de moi. » Si loin, vraiment ? « C'est vrai, je m'en aperçois seulement maintenant, le début ressemble à celui d'*Emmène-moi* : un gangster revient pour régler ses comptes, accompagné de sa bande ; dans *Emmène-moi*, Sophie revenait aussi pour régler ses comptes et elle se faisait escorter par deux militaires ramassés à la gare. Et les deux films sont des huis clos, même si, dans *Les Tueurs*, c'est la neige qui en dessine les contours. »

« La Parenthèse enchantée »

Voué au noir, Michel Spinosa ? Pas du tout. Son deuxième film sera situé sur ce qu'il appelle son « versant solaire ». Sujet : le couple (« ma préoccupation habituelle », dit-il), mais traité, cette fois, sur le mode de la comédie. L'action se passe dans les années 70, entre l'apparition de la pilule et celle du sida. Période que Françoise Giroud appelle – et ce sera, sans doute, le titre du film – la « parenthèse enchantée ».

Le canevas est celui du *Songe d'une nuit d'été* : deux couples seraient parfaitement assortis sans la tyrannie d'un père et l'inconstance d'un amant. Puck le lutin intervient avec un philtre d'amour. Mais il se trompe sur la personne, et voilà les couples dépareillés. Jusqu'à ce qu'Obéron, le roi des elfes, rétablisse l'harmonie. « Aujourd'hui, dit Michel Spinosa, plus besoin de philtres. On sait que le cerveau sécrète des substances chimiques, les neurotransmetteurs, qui provoquent parfois des comportements bizarres dus au dysfonctionnement entre le cerveau et le sexe. » Adultères. Chassés-croisés. Une jeune militante féministe sert de révélateur aux quatre personnages. « Elle ressemble un peu à la Sophie d'*Emmène-moi*, mais en positif. C'est en fonction d'elle que chacun va se déterminer. »

Construction en flash-back, plusieurs types de narrations – du documentaire à la féerie – et une théorie philosophico-scientifique « discutable mais très séduisante, dit Michel Spinosa : nous serions tous programmés pour la recherche du plaisir ». Ce qui entraîne pour les personnages pas mal de complications... *La Parenthèse enchantée* sera tourné dans le Midi, au soleil, au bord de la mer. Tout le contraire d'*Emmène-moi*. Mais ne seront surpris que ceux qui n'ont pas vu *La Rue ouverte*, le superbe court métrage réalisé par Spinosa en 1988, à Marseille, dans le quartier où il est né.

« La Rue ouverte »

La Rue ouverte, c'est, en vingt minutes, une heure ou deux de la vie de deux garçons et une fille. Jeannot (Pierre Berriau) aime Marie (Marie Matheron), qui aime Francis (Nicolas Tronc). Mais Francis aime trop le foot pour partir avec Marie, car, enfin, « regardez Cerdan, s'il a perdu contre La Motta, en 49, c'est à cause d'Édith Piaf, c'est sûr ». Alors, Marie se réfugie auprès de Jeannot, qui lui raconte l'histoire de sa tante, amoureuse d'un GI, mais qui n'a pas eu le courage de quitter Marseille, sa famille et ses amis quand, après la guerre, il est revenu la chercher. « Et le GI, tu sais qui c'était ? Paul Newman... » Et Marie de fondre en larmes.

On parle beaucoup dans *La Rue ouverte*. En voix off, Francis raconte et se raconte. Le dialogue ne doit rien aux clichés à la mode, et ces trois adolescents qui rêvent d'évasion, mais, sans doute, comme la tante de Jeannot, ne quitteront jamais le quartier, parlent avec leurs mots et ne ressemblent qu'à eux-mêmes. « Tu sais, Francis, on dit que les footballeurs, c'est bête. Mais moi, je m'en fous que tu sois bête parce que je t'aime. » La caméra les filme avec amour, mais aussi avec respect. Juste à la bonne distance. Et quand Francis se croit poursuivi par des mafieux que nous ne verrons jamais, la caméra, portée à l'épaule, le suit dans la course folle où il entraîne Marie. Plan-séquence magnifique, à travers la foule, aussi magnifique que les plans fixes du début sur ces rues étroites et vides, où le linge pendait aux fenêtres et où l'ombre le disputait au soleil.

Il peut tout faire, Michel Spinosa : passer des ténèbres à la lumière ; ou vice versa. Car *Emmène-moi*, au départ, devait être tourné entre Golfe-Juan et Saint-Jean-Cap-Ferrat, sur la trace des Fitzgerald. Seulement, voilà, le film coûtait trop cher. Alors Spinosa a supprimé le ciel bleu, les palmiers et la mer. Il a durci le scénario et l'a tourné à Paris, de nuit. « D'ailleurs, dit-il, ça correspondait mieux à mon humeur du moment. »

Le secret de l'immense talent de Michel Spinosa est peut-être là : dans cette adéquation exacte entre l'émotion qui l'habite et les images qu'il tourne. D'où cette urgence dont nous parlions au début. Car les émotions, le mot le dit, sont mouvantes : elles changent vite et il faut les prendre de vitesse.

*

Emmène-moi (1 h 26). Réalisation : Michel Spinosa. Scénario : Michel Spinosa et Gilles Bourdos. Image : Antoine Roch. Son : Pierre Mertens. Montage : Stéphanie Mahet. Musique : Peter Hammill. Avec : Karin Viard (Sophie), Antoine Basler (Vincent), Inès de Medeiros (Anna), Éric Savin (premier militaire), Bruno Putzulu (deuxième militaire), Didier Benureau (Gardet). Production : Persona Films. Distribution : Ciné Classic. Sortie : 15 mars 1995.

Marion Vernoux

« Personne ne m'aime »

Au début, ça étonne : quelle drôle d'image ! Un peu sale, avec du grain et des couleurs bizarres... On se dit que la production a dû être très pauvre et qu'il s'agit sans doute de super-8 gonflé en 35. Et puis on n'y pense plus, trop occupé à suivre les méandres d'un film où rien ne ressemble à ce qu'on a l'habitude de voir.

La tendresse ? Oui, elle existe, mais on a la pudeur de ne la point nommer. Les personnages sont parfois vulgaires ? Oui, mais le film, jamais. La construction semble linéaire ? Oui, mais coupée de flash-back qui s'insèrent naturellement dans le présent, puisqu'ils sont autant de blessures restées inguérissables.

C'est cela, *Personne ne m'aime* : une comédie où affleurent sans cesse de petites plaies vives, des fragments de douleur. Une « comédie dramatique », mais qui inverse les règles du genre : au lieu de commencer par faire rire pour finir dans le drame, Marion Vernoux préfère montrer d'abord les blessures, puis les cicatriser par un happy end, provisoire peut-être, mais qui fait la part belle au hasard et à la vitalité formidable des personnages.

Un soir de blues, Annie (Bernadette Lafont), virée par son mec, ses affaires sur le palier et un beau gnon sur la figure, va voir sa sœur Françoise (Bulle Ogier, à contre-emploi). Françoise est une bonne petite-bourgeoise, dont le mari vient de partir pour un congrès. Du moins, c'est ce qu'il lui a dit. Annie persuade Françoise de prendre le vieux camping-car, et les voilà toutes deux à la poursuite de l'époux présumé infidèle. En chemin, elles entraînent dans leur périple, vers les plages du nord de la France, Cricri (Michèle Laroque), la patronne de l'hôtel où a lieu le congrès, et une adorable femme de chambre, Dizou (Maaike Jansen), ravie de l'aubaine, car elle n'a jamais vu la mer.

Pendant ce temps, Marie (Lio), la fille d'Annie, part de son côté en week-end retrouver celui qu'elle croit l'homme de sa vie. Elle profite de l'absence de sa fille, Lili (7 ans), que son père, amant d'un soir, a invitée… à son mariage.

Road movie, film puzzle, course-poursuite coupée de haltes, de brusques bifurcations, de coq-à-l'âne. A part Dizou, mère de onze enfants, qui étale innocemment son bonheur conjugal (« Dizou, vous vous aimez vraiment, ou c'est uniquement pour me faire chier ? » lui crie Annie, exaspérée), toutes ont des problèmes. Annie, Françoise et Marie rêvent de petits déjeuners à deux, alors que les bonshommes ne pensent qu'à tirer un coup et préfèrent petit-déjeuner seuls. Sauf le mari de Cricri. Mais il n'a pas de chance : Cricri, elle, réagit comme un mec !

Les dialogues sont drôles et émouvants. Avec des mots d'auteur, oui, mais juste ce qu'il faut : assez écrits pour « dire des choses », assez discrets pour n'en pas avoir l'air. Et ils sont dits par des comédiens magnifiques. Lucien (Jean-Pierre Léaud) en a marre de recevoir, au milieu de la nuit, des coups de fil de son ex-femme, Annie, qui sont autant d'appels au secours : « C'est triste, dit-il doucement, on quitte les gens pour les raisons mêmes qui nous les ont fait aimer. » Et Annie-la-grande-gueule, qui boit dans l'espoir d'oublier qu'elle n'a pas vu sa fille depuis sept ans, a ce mot magnifique à propos des enfants : « Tu restes pour eux ; ils partent à cause de toi. »

Le plus beau, c'est le respect des personnages les uns pour les autres. Ces femmes entre elles s'engueulent, mais elles sont toujours prêtes à se filer un coup de main. Et, surtout, elles ne se jugent pas. Pas plus que Marion Vernoux ne les juge. Elle filme en liberté des personnages qui ont, l'espace d'un week-end, choisi la liberté. De temps en temps, ces écorchées s'adressent directement à la caméra pour nous confier leur ras-le-bol. Et la fin est celle d'un étrange vaudeville, où tout le monde se retrouve et où, sous le rire, affleure la tendresse.

La sortie de *Personne ne m'aime*, le 9 mars 1994, n'a laissé planer aucun doute, Marion Vernoux a beaucoup plus que du talent : un ton. Fait d'un mélange improbable et évident de mini-drames et de surprises comiques, fait surtout d'un goût pour la liberté qu'elle insuffle à la fois à ses personnages et à sa mise en scène.

Quant à cette bizarrerie de l'image, très vite oubliée, elle était parfaitement volontaire, et Marion Vernoux s'en est fort bien expliquée : « Je redoutais, dit-elle, le style téléfilm propret. Je voulais être hors naturalisme. La pellicule, c'est du super-16 gonflé en 35. Au tournage, l'image d'Éric Gautier était très douce. Ensuite, j'ai décidé de la durcir. Les couleurs ont été travaillées en laboratoire. Elles donnent un côté un peu furieux, un peu "too much". Tout à coup, ces femmes décollent de la réalité. Leur caractère devient plus tranchant. Elles ne sont plus simplement des femmes vieillissantes, elles deviennent immédiatement des personnages de fiction. Je ne savais pas que les gens seraient à ce point décontenancés. De ma part, il n'y a ni volonté de choquer ni cruauté. Pour moi, l'image n'est pas moche. Ce qui est moche, c'est l'image sitcom, un décor bien éclairé partout. J'aime l'idée que les spectateurs aient la sensation physique de la pellicule. La tonalité des films tchèques, les copies abîmées… ça me fait rêver[1]. »

Finalement, elle a peut-être eu raison, Marion Vernoux. Qui sait si cette image insolite ne nous a pas aidés à entrer dans l'histoire, à sauter dans la fiction, à rêver, quoi ? Petr Král[2] parle en poète des vieux burlesques dont les copies, rongées

1. *Télérama*, n° 2446.

2. Petr Král est l'auteur de deux livres remarquables : *Le Burlesque ou Morale de la tarte à la crème* et *Les Burlesques ou Parade des somnambules*, Stock, coll. « Stock Cinéma ».

par le temps, modifient notre vision du film, donc du monde. Il évoque, par exemple, l'aspect « grisâtre et granuleux » qu'a pris l'asphalte frais, « jadis d'un beau noir lustré », dans lequel Charlot s'est embourbé et oscille comme un pendule. Eh bien, du fait même de cet aspect grisâtre et granuleux, « les oscillations obstinées du petit corps coriace » ne sont pas seulement drôles, elles « résument tout le pathos de notre situation face au temps et à l'usure qui nous dévore ».

Ce n'est pas l'usure du temps qui a modifié la pellicule de *Personne ne m'aime*, c'est Marion Vernoux elle-même. Mais, ce faisant – et à condition, bien sûr, que le procédé demeure exceptionnel –, elle nous a intrigués, titillés et, du même coup, rendus plus concernés, plus vulnérables, donc plus réceptifs.

« Love etc. »

Dommage, bien sûr, que Marion Vernoux n'ait pas été l'auteur complet de son deuxième film. *Love etc.* est une commande : l'adaptation d'un roman de l'écrivain anglais à la mode, Julian Barnes. Pourtant, on l'oublie vite, car, à travers l'œuvre d'un autre, Marion Vernoux parvient à affirmer non seulement son talent, mais sa personnalité. Du roman, elle n'a gardé que le meilleur et elle a inventé une fin – magnifique – sur une de ces plages du nord de la France – toujours Le Portel – qu'elle filme si bien.

Dans le roman, les trois héros – deux garçons et une fille – prennent la parole à tour de rôle pour s'adresser au lecteur et lui raconter, chacun à sa manière, les péripéties de leur histoire d'amour. C'est donc un récit à facettes. De temps en temps, un témoin objectif rapporte ce qu'il a vu. Le ton – il n'y parvient pas toujours – se veut à la fois léger, drôle, cruel.

Le film, lui, est constamment léger, drôle, cruel et, qui plus est, tendre. Cette manière de s'adresser directement au lecteur ne pouvait que plaire à Marion Vernoux, qui avait déjà, dans *Personne ne m'aime*, placé de temps en temps un de ses per-

LES FILMS ET LEURS AUTEURS (suite)

Coûte que coûte
de Claire Simon, avec Fathi, Toufik et Madanni
(© Claire Simon)
Avec l'aimable autorisation des Films d'Ici

CLAIRE SIMON
D. R. *Avec l'aimable autorisation de Rezo Films*

AGNÈS MERLET
(© Première Heure / Umberto Montiroli)
Avec l'aimable autorisation de Première Heure Long Métrage

LE FILS DU REQUIN
d'Agnès Merlet, avec Ludovic Vandendaele et Erick Da Silva
D.R. *Avec l'aimable autorisation de la Compagnie des Images*

MICHEL SPINOSA
D.R. *Avec l'aimable autorisation de Persona Films*

EMMÈNE-MOI
de Michel Spinosa, avec Antoine Basler et Karin Viard
(© Jean-Claude Lother)
Avec l'aimable autorisation de Jean-Claude Lother

Marion Vernoux
D.R. *Avec l'aimable autorisation de VMA*

Christian Vincent
D.R. *Avec l'aimable autorisation de Lazennec Diffusion*

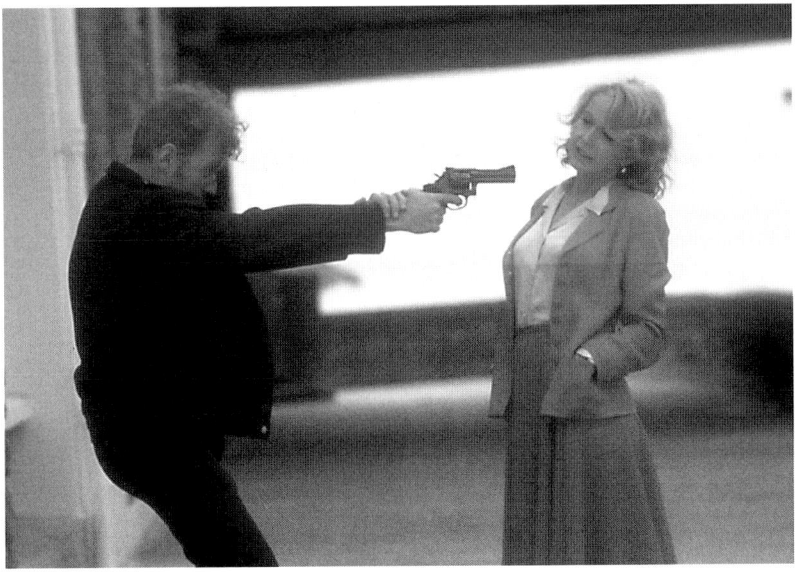

PERSONNE NE M'AIME
de Marion Vernoux, avec Jean-Claude Leguay et Bulle Ogier
(© B. Barbereau)
Avec l'aimable autorisation de Bloody Mary Productions

La Discrète
de Christian Vincent, avec Fabrice Luchini
D.R. *Avec l'aimable autorisation de Lazennec Diffusion*

LES COMÉDIENS

MARIANNE DENICOURT
(© Why Not Productions)
Avec l'aimable autorisation de Why Not Productions

VALERIA BRUNI-TEDESCHI
D.R. *Avec l'aimable autorisation de Pierre Grise Distribution*

BRUNO PUTZULU
(© Why Not Productions)
Avec l'aimable autorisation de Pierre Grise Distribution

EMMANUEL SALINGER
D.R. *Avec l'aimable autorisation de PolyGram Film Distribution*

LAURENCE CÔTE
D.R. *Avec l'aimable autorisation de Pierre Grise Distribution*

Nathalie Richard
(© Sunday Morning Productions)
Avec l'aimable autorisation de Sunday Morning Productions

Melvil Poupaud
D.R. *Avec l'aimable autorisation des Films du Losange*

EMMANUELLE DEVOS
(© Why Not Productions)
Avec l'aimable autorisation de Why Not Productions

MATHIEU AMALRIC
(© Jean-Claude Lother)
Avec l'aimable autorisation de Why Not Productions

SANDRINE KIBERLAIN
D.R. *Avec l'aimable autorisation d'Isabelle Sauvanon*

OLIVIER PY
(© Alain Fonteray)
Avec l'aimable autorisation d'Alain Fonteray

KARIN VIARD
(© Jean-Claude Lother)
Avec l'aimable autorisation de Jean-Claude Lother

sonnages face à la caméra pour qu'il parle au spectateur. Pas question, bien sûr, d'utiliser ce procédé tout au long du film. Alors, elle utilise alternativement la voix off de l'un ou de l'autre pour commenter une scène. Et, pour ne pas alourdir ce qui doit rester une comédie, elle invente deux personnages qu'elle assied sur un banc, dans un square, et à qui Pierre va raconter ses peines et ses rêves.

Pierre ? Ah oui ! c'est vrai, je ne vous ai pas raconté l'intrigue. Eh bien, c'est l'éternelle histoire de deux copains, dont l'un pique la femme de l'autre. Une histoire si banale que, plus encore que toutes les autres histoires, elle doit tout, mais absolument tout, à la manière dont elle est contée. On peut en faire un vaudeville graveleux, une comédie légère, un drame romantique, une tragédie, enfin, tout ce qu'on veut. Henri Pierre Roché (pour le roman) et François Truffaut (pour le film) en ont fait, eux, *Jules et Jim*. Et c'est un peu ce ton-là, indéfinissable parce que toujours décalé, que l'on retrouve ici, même si l'époque, les personnages et le style sont tout à fait différents.

Donc, Benoît (Yvan Attal), bosseur timide, qui gagne de l'argent, est ami, depuis l'école, avec Pierre (Charles Berling), flemmard fauché, séducteur insolent, bavard impénitent et prof à ses moments perdus. A quelques semaines d'intervalle, tous deux tombent amoureux fous de Marie (il y a de quoi : c'est Charlotte Gainsbourg). Benoît, qui a eu l'avantage de la connaître le premier, l'épouse. Pierre cache son amour sous le masque du pitre. Et c'est là qu'interviennent les deux personnages du square : une dame d'un certain âge (Charlotte Maury-Sentier) et un jeune homme (Yvan Martin), que Pierre choisit pour recevoir ses confidences. « Voilà comment je vois la suite des événements. Il faut que Marie se rende compte qu'elle m'aime. Il faut que Benoît se rende compte qu'elle m'aime. Nous devons vivre ensemble jusqu'à la fin des temps. Benoît doit rester notre meilleur ami. Personne ne doit souffrir… » Tu parles ! Et comme ses deux interlocuteurs l'accusent, l'un de dire des conneries, l'autre de ne parler que de lui, Pierre a ce mot désarmant : « J'ai dit quelque chose qui vous a fait de la peine ? » Sauf erreur, cette dernière phrase est de Marion Vernoux et de sa coscénariste Dodine Herry. Elle donne à Pierre son côté tendre et enfantin.

De même, Marion Vernoux et Dodine Herry ont transformé une logeuse qui n'y voyait pas très clair en une veilleuse de nuit aveugle (merveilleuse Andrée Tainsy). A travers elle, c'est toute l'absurdité du monde qui apparaît : les amoureux aiment à contretemps, les amis se déchirent, une femme aime deux hommes en même temps… et les veilleurs sont aveugles.

Love etc. est l'histoire de trois solitudes. « Car, écrit Isabelle Danel[3], être trois, ça revient, la plupart du temps, à être deux plus un, parfois même un plus un plus un. La caméra traduit, tout au long du film, cette impossibilité d'embrasser les trois amis à la fois. Elle glisse en travelling de Pierre à Marie, de Marie à Benoît, et retour. Elle tourne autour d'eux comme un rôdeur amoureux, abandonnant l'un pour attraper l'autre. Jusqu'à ce bouleversant épilogue sur la plage, en plan fixe, comme un temps suspendu : les personnages vont et viennent, disparaissent du cadre, y entrent à nouveau… » Libres, enfin.

Cette plage, Benoît, Marie et Pierre y étaient venus, au début du film, en week-end. Ils s'étaient jurés de s'y retrouver pour y fêter l'an 2000. Ils ont tenu parole. Quelques années ont donc passé. On apprend que Pierre est toujours avec Marie, que Benoît revient de Leningrad, où il a trouvé un nouvel amour. Il en a rapporté du caviar et trois chapkas. C'est l'aube. Les deux hommes sont vêtus de noir. Marie porte une longue robe grise et un manteau blanc. Ils semblent échappés d'une pièce de Tchekhov.

Puis tous les trois s'asseyent sur un banc, face à la mer. Ils nous tournent le dos. Marie est heureuse, encadrée « par les deux seuls hommes que j'ai jamais aimés », dit-elle. Et nous

3. *Télérama*, n° 2446.

voyons, derrière elle, timidement, tendrement, les mains de Pierre et de Benoît se chercher et s'étreindre.

« Dedans »

Parmi les dix courts métrages consacrés à l'homosexualité au temps du sida et réunis sous le titre *L'amour est à réinventer* (1997), les deux meilleurs, de loin, sont ceux de Jean-Claude Guiguet *(Une nuit ordinaire)* et de Marion Vernoux *(Dedans)*. *Dedans*, c'est ce qui se passe à l'intérieur d'une chambre où vit un garçon et à l'intérieur de ce garçon, qui se garde bien de raconter à l'extérieur ce qu'il ne s'avoue qu'à lui-même. Seul, face à une caméra vidéo, il récite les litanies du conditionnel passé première forme : tout ce qu'il *aurait aimé* vivre... s'il n'était pas séropositif. Oh ! des choses très simples ! Voir grandir les enfants de sa sœur, présenter son compagnon à ses parents : « Papa, maman, voici Michel dont je vous ai tant parlé », et plein d'autres choses que font, tout naturellement, les autres : ceux du dehors.

Avec presque rien – mais ce presque rien est presque tout –, Marion Vernoux nous bouleverse. Et, une fois de plus, dans ce mini-court métrage, c'est de la solitude qu'elle parle. Comme elle en parlait déjà, en 1991, dans son premier film, écrit pour le cinéma mais qu'elle a dû réaliser pour la télévision : *Pierre qui roule*, avec Marianne Denicourt et Benoît Régent. Ça se passait déjà dans le Nord, au bord de la mer...

*

Personne ne m'aime (1 h 35). Réalisation, scénario et dialogues : Marion Vernoux. Image : Éric Gautier. Son : Jean-Louis Garnier. Décors : Michel Vandestien. Montage : Patricia Ardouin. Musique : Arno. Avec : Bernadette Lafont (Annie), Bulle Ogier (Françoise),

Lio (Marie), Michèle Laroque (Cricri), Maaike Jansen (Dizou), Jean-Pierre Léaud (Lucien), Judith Vittet (Lili). Production : Bloody Mary Productions. Distribution : Rezo Films. Sortie : 9 mars 1994.

Love etc. (1 h 45). Réalisation : Marion Vernoux. Scénario et dialogues : Marion Vernoux et Dodine Herry, d'après le roman de Julian Barnes. Image : Éric Gautier. Son : Didier Sain. Décors : François Emmanuelli. Montage : Jennifer Augé. Musique : Alexandre Desplat, et la chanson de Léonard Cohen *Take this Waltz*. Avec : Charlotte Gainsbourg (Marie), Yvan Attal (Benoît), Charles Berling (Pierre), Thibault de Montalembert (Bernard), Charlotte Maury-Sentier (Catherine), Yvan Martin (Nicolas), Andrée Tainsy (la veilleuse de nuit). Production : Alicéléo – France 3 Cinéma – Studio Canal +. Distribution : AFMD. Sortie : 27 novembre 1996.

Christian Vincent

« Elle est (h)im-monde. » Qui ça ? Mais la jolie et trop discrète Catherine (Judith Henry), du moins pour Antoine-le-snob (Fabrice Luchini). La réplique – et surtout le ton sur lequel elle était dite – est restée fameuse. Et le succès public de *La Discrète* doit beaucoup, c'est sûr, à la présence irrésistible de Fabrice Luchini. Cela dit, le film le méritait. Sorti le 21 novembre 1990, juste un an après *Un monde sans pitié* d'Éric Rochant, il confirme le renouveau du jeune cinéma français. Son auteur, Christian Vincent, a 35 ans et, en choisissant pour son premier film d'engager Fabrice Luchini, héros rohmérien par excellence [1], il annonce franchement la couleur.

« La Discrète »

La discrète, c'était le nom donné à la mouche que les élégantes se posaient au coin du menton. Coquetterie, mais aussi langage codé des amoureuses, puisque, selon l'emplacement où l'on collait le petit morceau de taffetas noir, la mouche changeait de nom. Il y avait la passionnée, l'assassine, la généreuse…

Ce petit cours d'histoire galante, Antoine-le-pédant s'em-

1. Fabrice Luchini a tourné six films avec Éric Rohmer : *Le Genou de Claire*, *Perceval le Gallois*, *La Femme de l'aviateur*, *Les Nuits de la pleine lune*, *Quatre Aventures de Reinette et Mirabelle*, *L'Arbre, le Maire et la Médiathèque*.

presse de le faire à Catherine, dont le menton est orné d'un grain de beauté. Il donne le ton : *La Discrète* relève de la plus pure tradition « franco-française », celle des romans plus ou moins libertins du XVIIIe siècle.

On y parle beaucoup, on y ment un peu, on y ourdit une machination – comme dans *Les Liaisons dangereuses*. A cela près qu'Antoine est un Valmont naïf et Catherine, une Tourvel affranchie.

La voix off d'Antoine ouvre le film : « Tout a commencé ce jour-là, gare de l'Est. C'est la première fois qu'une femme me quitte. D'habitude, je m'arrange toujours pour partir le premier. J'ai noté, ce soir-là, dans mon journal : "Solange m'a quitté ce matin." » Nous voyons, en effet, Solange (Marie Bunel) débarquer du train avec un jeune homme sportif (Brice Beaugier), sous l'œil d'Antoine, stupéfait. Stupéfait et vexé. Car, raconte-t-il ensuite à son vieil ami Jean (Maurice Garrel), il n'était venu chercher Solange que pour lui annoncer leur rupture. Vrai ou faux ?

Jean, qui dirige une nouvelle collection de romans en forme de journaux intimes, propose à Antoine de séduire une femme – n'importe laquelle –, de s'en faire aimer, de l'abandonner, et de tenir en même temps, minutieusement, le journal de son aventure. Ainsi se vengera-t-il non pas seulement de Solange, mais de toutes les femmes, et ainsi, peut-être, l'écrivain paresseux qu'il est parviendra-t-il à vaincre sa paresse. Le sort tombe sur Catherine, qui semble droit sortie d'un tableau de Cranach…

La Discrète se situe donc dans la lignée de Rohmer. Voix off, dates apparaissant sur l'écran (l'action se déroule entre le 24 mars et le début du mois de juin), dialogues abondants (à la fois écrits et comme pris sur le vif), géographie très précise (la place Saint-Sulpice et son Café de la Mairie, la rue de l'Odéon, le Luxembourg, les quais, la rue Trudaine…).

Christian Vincent s'offre même le luxe de deux hommages à Rohmer : la barrière normande contre laquelle pleure Catherine, réplique de celle du *Rayon vert*, et le proverbe auxois (vrai ou faux ?) qui clôt le film : « Quand on regarde quelqu'un, on n'en voit que la moitié [2]. »

Qu'avons-nous vu, en effet, d'Antoine et de Catherine, de Jean et de Solange ? Mentent-ils seulement aux autres ou se mentent-ils aussi à eux-mêmes ? Est-ce la vérité qui pointe sous l'apparence du mensonge ? Ou le mensonge qui triomphe sous le masque de la sincérité ? Une seule fois, l'espace d'une nuit, Antoine et Catherine jettent le masque. Antoine-le-mondain (« On dit que je suis mondain », disait Fabrice Luchini dans *Les Nuits de la pleine lune*), qui ne se dit heureux que dans les bars de luxe, ne semble pas si malheureux dans la petite chambre de bonne de Catherine. Et voilà que Catherine-la-discrète raconte, de sa voix un peu rauque, émouvante, un souvenir indiscret. Et voilà qu'Antoine-le-bavard se tait, ému. Les rôles sont inversés. Quelque chose entre eux a changé. Et quelque chose est né, qui ressemble à l'amour et qui ne sera jamais dit. Car les dés sont pipés. Jean-le-manipulateur veille. Et, comble d'ironie, c'est en révélant la vérité à Catherine qu'il fera définitivement triompher le mensonge…

Dans ce conte cruel et bavard, l'essentiel, pourtant, est ce qui passe entre les mots : dans un silence, un regard, un geste. Deux filles assises face à face au Café de la Mairie sont maintenant côte à côte. Et le regard d'Antoine, quand il les retrouve ainsi, en dit plus long que ses plus longs discours.

On sourit, on rit, sans cesser jamais d'être intrigué – et peut-être ému – par ces personnages légers, qui cachent leurs blessures sous le masque élégant de la futilité.

« Beau fixe »

Pour son deuxième film, Christian Vincent semble, cette fois, lorgner du côté de chez Rozier. Plus précisément, *Du côté*

2. On sait que Rohmer a fait précéder chaque film de la série *Comédies et Proverbes* d'un proverbe parfois vrai, parfois modifié, parfois inventé…

d'Orouet. *Beau fixe*, c'est onze jours de la vie de quatre étudiantes en deuxième année de médecine, dans une villa vendéenne, à Saint-Palais-sur-Mer. Avec un garçon, jugé indésirable par ces demoiselles, lâché comme un chien dans un jeu de quilles – pardon, comme un toutou dans un jeu de filles. Et les quatre filles ne se gênent pas pour faire tourner le toutou en bourrique. Deux différences notables, pourtant, avec *Du côté d'Orouet*. L'une au niveau du scénario : chez Rozier, il n'y avait que trois filles, et qui n'étaient pas des intellectuelles. L'autre au niveau de la forme : Rozier laissait les situations se prolonger encore et encore pour voir ce qui allait résulter de cet étirement du temps, Christian Vincent, lui, enchaîne des saynètes coupées sec.

Alors ? Rohmer, encore ? On pourrait le croire, puisque Christian Vincent, comme dans *La Discrète*, ponctue le déroulement de son film par des dates : onze jours, du dimanche 7 au mercredi 17 juin. Et aussi parce qu'à la manière de Rohmer, il a travaillé plusieurs mois avec ses comédiennes pour leur voler une expression, une intonation, un geste, un mot. Mais là s'arrête la ressemblance : *Beau fixe* n'est ni un conte, ni une comédie, ni une nouvelle ; *Beau fixe* ne raconte pas une histoire ; *Beau fixe* n'est pas construit selon une architecture rigoureuse.

Non, *Beau fixe* est une suite d'instants volés, de confidences avortées, de disputes non résolues. Christian Vincent amorce les situations, il ne les conclut jamais. A nous de combler les vides, à nous d'imaginer Armelle (Estelle Larrivaz), qui vient de grimper l'escalier en courant, pleurant peut-être dans sa chambre. A nous d'observer. A nous d'apprendre peu à peu à aimer ces quatre filles. Même et surtout les deux plus insupportables : cette chieuse d'Armelle, surmenée, épuisée, à bout de nerfs, et qui crève d'angoisse de louper ses examens ; et Frédérique (Elsa Zylberstein), qui, sous sa désinvolture insolente, n'est pas moins écorchée qu'Armelle.

Moins réussi peut-être que *La Discrète*, *Beau fixe* est sans doute le film le plus personnel – et le plus attachant – de Christian Vincent. Il s'y laisse aller à ce qui manifestement le passionne : révéler ce qui se passe à l'intérieur des gens, simplement en les regardant marcher, courir, rire ou pleurer. Pourtant, on reste un peu sur sa faim : on s'y est si bien attaché, à ces quatre filles, qu'on aimerait savoir ce qu'elles vont devenir. Peut-être que si Christian Vincent avait creusé davantage le présent, on se soucierait moins de l'avenir…

« La Séparation »

Pour son troisième film – et c'est un peu dommage –, Christian Vincent change de producteur. Il passe d'une petite maison de production, Lazennec, qui lui assurait une liberté totale, à une maison beaucoup plus importante, celle de Claude Berri. Résultat : plus d'argent, donc moins de liberté. A l'origine, un roman de Dan Franck et deux vedettes en prime : Isabelle Huppert et Daniel Auteuil. On n'est pas loin de trouver réunis tous les ingrédients du « cinéma de qualité ». Christian Vincent n'en a eu que plus de mérite de faire de *La Séparation* un vrai film d'auteur.

Ça commence par presque rien. Ils sont dans l'obscurité d'une salle de cinéma. Sur l'écran, Ingrid Bergman, en larmes : son fils est mort. (Que c'est beau, *Europe 51* !) Pierre, doucement, pose sa main sur la main d'Anne. Elle la retire… Ça continue par pas grand-chose. Le soir, Pierre s'inquiète : « Qu'est-ce qui t'a pris tout à l'heure ? » Ça tourne court, mais mal : Pierre se retrouve avec le mauvais rôle. « Tu vas pas faire une scène parce que je t'ai pas pris la main… ou alors, trouve autre chose ! Allez, viens te coucher ! »

La faille est là. Insidieuse, douloureuse, elle va s'élargir, jusqu'à devenir un gouffre béant, un abîme infranchissable.

La Séparation, c'est la radioscopie d'une cassure. Comment, jour après jour, de silences en mots maladroits, un couple en arrive non au divorce – Pierre et Anne, vieux enfants de 68, ne sont pas mariés –, mais à la séparation. Et c'est la même chose.

Et c'est aussi difficile. D'autant plus difficile qu'ils ont un enfant de 18 mois, Loulou.

Pourtant, *La Séparation* n'est ni un mélo ni une tragédie. Une tragi-comédie, tout au plus, grâce à un couple ami qui apporte l'élément comique : Jérôme Deschamps, toujours parfait dans l'humour décalé, et Karin Viard, épatante [3].

Grâce, surtout, à Christian Vincent, qui se refuse à tout sentimentalisme. Par exemple, Loulou est presque toujours vu à travers la caméra vidéo de son père. Ce qui ne tue pas l'émotion, mais la maîtrise, en introduisant une distance.

Pierre et Anne, au contraire, sont filmés par une caméra-microscope qui cherche à percer leur secret. Et, parce que Daniel Auteuil et Isabelle Huppert sont formidables, c'est passionnant comme un polar. A nous de comprendre ce qu'ils pensent, ce qu'ils sentent ou ce qu'ils pressentent, sans vouloir ou sans savoir le dire.

Oh ! ils parlent, bien sûr ! Ils disent des dialogues étonnamment vrais, qui sonnent juste. Si juste qu'on les croirait pris sur le vif. Mais on les a déjà entendus, ces mots ! Ou bien les a-t-on déjà prononcés ? Alors, on ressent comme un malaise, parce qu'on voit bien dans quel engrenage Pierre et Anne sont en train de se laisser prendre : un mot malheureux, ça ne se rattrape pas, et ses dégâts font boule de neige…

Après *La Discrète*, après *Beau fixe*, *La Séparation* confirme le talent de Christian Vincent. Et, en même temps, il en marque les limites. On dirait que Christian Vincent a peur de prendre des risques. Un scénario et un dialogue très écrits convenaient parfaitement à une comédie cynique, façon XVIIIe siècle, comme *La Discrète*. Mais *Beau fixe*, fondé sur l'improvisation – ou la fausse improvisation : qu'importe, si on ne le sent pas ! –, semble parfois tourner un peu court. Et, ici, Christian Vincent réussit un beau film de « cinéma-vérité », un superbe documentaire. Mais pas plus.

3. Ces deux personnages n'existaient pas dans le roman de Dan Franck (Éd. du Seuil).

Au début du film, il y a un moment étonnant où Anne semble sur le point de dire à Pierre quelque chose que, finalement, elle ne dira pas. Tout – le désir de parler, la peur de l'irréparable, la complicité, une seconde retrouvée et aussitôt reperdue –, tout se lit sur le visage d'Isabelle Huppert. Et c'est fabuleux. Là, Christian Vincent décolle du réalisme pour atteindre à une espèce de stylisation dans le non-dit, à la manière de Pialat.

Et l'on rêve à ce qu'aurait pu être *La Séparation* s'il avait osé continuer à filmer ainsi, dans cet équilibre précaire, dans cette incertitude permanente. S'il avait osé filmer sans filet.

« Je ne vois pas ce qu'on me trouve »

Le parcours de Christian Vincent, de novembre 1994, date de la sortie de *La Séparation*, à février 1997, début du tournage de *Je ne vois pas ce qu'on me trouve*, est exemplaire. C'est le parcours banal d'un réalisateur reconnu qui enchaîne ses films sans difficulté. Mais qu'est-ce que ça veut dire, « sans difficulté », dans le monde du cinéma ?

Eh bien, ça veut dire que, même si *La Séparation* n'a pas eu le succès espéré, Claude Berri (Renn Production) propose gentiment à Christian Vincent de produire son prochain film. Christian Vincent travaille donc sur un scénario pendant neuf mois. Le scénario ne plaît pas à Claude Berri. Christian Vincent reprend alors un vieux projet, *Je ne vois pas ce qu'on me trouve*, dont il destinait le rôle principal à Fabrice Luchini. Après *La Discrète*, il avait, en effet, envie de retravailler avec lui. Mais Luchini, entre-temps, était devenu un acteur très cher, trop cher pour une maison comme Lazennec et pour le type de films que Christian Vincent aime tourner. Avec Renn Production, le projet redevient possible. Vincent le propose à Luchini et à Berri. Tous deux sont d'accord.

Nous sommes au tout début de l'automne 1995 et Christian Vincent se met au travail, avec, comme coscénariste, Jackie

Berroyer, à qui il destine d'ailleurs un petit rôle. En un an, tous deux écrivent trois versions du scénario, ce qui est tout à fait courant dans le métier : trois « états » avant d'arriver au définitif. En septembre 1996, Fabrice Luchini « sort » du projet : il ne le « sent » pas. Christian Vincent propose alors le rôle de Luchini à Jackie Berroyer[4]. Mais il a l'impression que Renn Production « traîne les pieds ». Il écrit donc à Claude Berri qu'il comprendrait très bien que celui-ci renonce au projet. Et Berri y renonce. Notons que tout cela est absolument normal et même tout à fait sain. La complicité indispensable entre un producteur et un réalisateur est à ce prix : ils doivent partager le même enthousiasme.

N'empêche que, depuis près de deux ans, Christian Vincent travaille – et beaucoup – à des projets qui n'aboutissent pas. Il se retourne donc vers Lazennec, la maison qui a produit ses deux premiers films, et propose à Alain Rocca *Je ne vois pas ce qu'on me trouve*. Maintenant que Fabrice Luchini est remplacé par Jackie Berroyer, le budget du film est redevenu moyen : « 15 millions pour un tournage de 7 semaines en province, c'est bien, dit Christian Vincent. En deçà, tout le monde fait des sacrifices. Au-delà, c'est du gâchis. Mais un film qui coûte moins de 20 millions, Renn Production ne sait pas le produire. C'est une maison habituée à gérer d'énormes budgets, type *Germinal*. »

Alain Rocca accepte le projet, mais lui-même est déjà pris sur d'autres films. Il propose alors à Christian Vincent de déjeuner avec Bertrand Faivre. S'ils s'entendent bien, l'affaire est dans le sac[5]. Ils s'entendent bien et, début novembre, Lazennec prend le risque de produire *Je ne vois pas ce qu'on*

4. Décidément, bien qu'il en soit l'antithèse, Berroyer semble destiné à jouer les doublures de Luchini. C'est parce que Luchini a refusé le rôle du professeur dans *Encore* que Pascal Bonitzer le lui a confié.

5. Alain Rocca a créé Lazennec, mais il s'est peu à peu adjoint des collaborateurs qui ont, chacun, leur propre écurie. Par exemple, Adeline Lecallier s'occupe plus particulièrement de Philippe Harel *(Les Randonneurs)*, Christophe Rossignon, de Mathieu Kassovitz...

me trouve, sans savoir encore comment le financer. En décembre, le film obtient l'Avance sur recettes, puis France 3 et Canal + entrent dans la ronde. Le tournage commence en février 1997.

Voilà donc le parcours le plus aisé que puisse connaître un réalisateur pour « monter » un film. On mesure la puissance de travail et l'énergie nécessaires. Et on imagine ce qu'il en faut quand ça se passe moins bien, ce qui est presque toujours le cas. Quand arrive le tournage, le réalisateur est déjà sur les genoux.

« Je ne suis pas amoureux de ce que je fais, dit Christian Vincent. D'un film à l'autre, j'essaye de me perfectionner et je m'aperçois que je retombe toujours dans les mêmes défauts. C'est pourquoi je change souvent de collaborateurs. J'espère trouver ceux qui vont me pousser dans mes retranchements, m'obliger à sortir de moi-même. Je voudrais être plus léger, moins explicatif, moins caricatural…

« Depuis toujours, j'admire Maurice Pialat et sa façon de capter des instants de vie. Un cinéaste, ce doit être ça : un magicien. Je suis très impressionné aussi par la façon dont Ken Loach inscrit ses films dans un contexte social et tire ses personnages vers le haut : il montre ce qu'il y a de plus beau en eux.

« Je regrette de ne pas avoir dix ans de plus : j'aurais pu participer à Mai 68 et connaître Jean-Pierre Léaud quand il tournait avec François Truffaut (*Baisers volés*, 1968) et avec Jean Eustache (*La Maman et la Putain*, 1973). C'est *La Maman et la Putain* qui m'a donné envie de faire du cinéma. Et m'a fait aimer les longs dialogues. Avant même d'entrer à l'Idhec, j'écrivais des scénarios qui en étaient tous de pâles copies. Ce film, pour moi, c'est la comète de Halley.

« Ça me fait plaisir qu'un type plus jeune que moi, Lucas Belvaux, ait fait un clin d'œil à ce film dans *Pour rire !* Vous vous souvenez ? Quand Jean-Pierre Léaud va voir Tonie Marshall à l'hôpital, il regarde une infirmière et lui dit : “On s'est déjà vus quelque part.” Elle répond : “Non.” Mais nous, nous savons bien que si : l'infirmière, c'est Françoise Lebrun, qui a accepté de venir faire cette apparition pour rendre un petit hommage à Eustache, mort en 1981 [6]. »

A l'heure où j'écris ces lignes, *Je ne vois pas ce qu'on me trouve* est au montage. Au tout début. A ce moment, que Christian Vincent trouve si angoissant, où l'on est confronté à ce que l'on a tourné, mais à l'état brut. Alors, laissons Christian Vincent le raconter, ce film, écrit et joué par Berroyer :

« L'histoire, dit-il, commence en gare d'Arras, un samedi à midi, quand descend du train une espèce d'humoriste (Jackie Berroyer). Elle s'achève le dimanche matin, toujours en gare d'Arras, quand notre héros reprend le train pour Paris. Un peu moins de vingt-quatre heures, durant lesquelles on le suit pas à pas. Berroyer incarne un personnage qui connaît le succès sur le tard, grâce à un one-man show (dont on verra des extraits) où il fait rire à ses dépens en racontant ses déboires. Comme il a passé quelques années de son enfance à Liévin, chez ses grands-parents, la ville l'a invité à parrainer la Nuit du burlesque. Mais il ne reconnaît plus rien. Plus de mines. Des routes remplacent les voies de chemin de fer. Il est hébergé dans un centre culturel qui sert à accueillir les sportifs. Il n'a plus de repères.

« Quand votre vie n'a été qu'une suite de bides dans tous les domaines et qu'on rencontre le succès à 45-50 ans, on le prend avec pas mal de recul. De plus, c'est un personnage qui s'était habitué aux échecs et ne trouve pas absolument normale sa célébrité nouvelle. Il est perpétuellement dans l'autodérision. A la fois, c'est vrai : il ne s'aime pas. Mais c'est aussi devenu un truc : sa réussite même repose sur l'autodérision. »

Comme partenaire, Karin Viard, qui joue une des organisatrices de la Nuit du burlesque. De quoi attendre beaucoup du quatrième film de Christian Vincent. Non seulement à cause du couple formé par Berroyer et Karin Viard. Mais aussi parce

6. *La Maman et la Putain* était interprété par Jean-Pierre Léaud, Bernadette Lafont et Françoise Lebrun.

que cette histoire convient bien à Christian Vincent. Elle a beau ressembler un peu à celle de Berroyer, qui connaît une notoriété tardive et sait fort bien faire rire en se dénigrant, elle a tout de même, au départ, été conçue par Christian Vincent. Un modeste, un anxieux, un auteur qui n'est jamais content de ses films et que le succès foudroyant de *La Discrète* a laissé un peu désemparé. A eux deux, ce serait bien le diable s'ils ne nous offraient pas une comédie désenchantée mais hilarante.

*

La Discrète (1 h 35). Réalisation : Christian Vincent. Scénario : Christian Vincent et Jean-Pierre Ronssin. Image : Romain Winding. Décors : Sylvie Olivé. Montage : François Ceppi. Musique : Jay Gottlieb. Avec : Fabrice Luchini (Antoine), Judith Henry (Catherine), Maurice Garrel (Jean), Marie Bunel (Solange), François Toumarkine (Manu), Brice Beaugier (l'ami de Solange), Yvette Petit (la boulangère), Nicole Félix (Monique), Olivier Achard (le client), Serge Riaboukine (le garçon de café). Production : Les Productions Lazennec – Sara Films – FR3 Films Productions. Distribution : Pan Européenne. Sortie : 21 novembre 1990.

Beau fixe (1 h 32). Réalisation : Christian Vincent. Scénario : Christian Vincent et Philippe Alard. Image : Denis Lenoir. Décors : Sylvie Olivé. Montage : François Ceppi. Avec : Isabelle Carré (Valérie), Judith Rémy (Carine), Elsa Zylberstein (Frédérique), Estelle Larrivaz (Armelle), Frédéric Gelard (Francis), Jean-Denis Monory (Jérôme). Production : Les Productions Lazennec – Films Alain Sarde – FR3 Films Productions – Pan Européenne – CMV Productions. Distribution : Pan Européenne. Sortie : 18 novembre 1992.

La Séparation (1 h 28). Réalisation : Christian Vincent. Scénario, adaptation et dialogues : Dan Franck et Christian Vincent, d'après le roman de Dan Franck. Image : Denis Lenoir. Son : Claude Bertrand. Décors : Christian Vallerin. Montage : François Ceppi. Musique : *Variations Goldberg* de J.-S. Bach, interprétées par Glenn Gould. Avec : Isabelle Huppert (Anne), Daniel Auteuil (Pierre), Jérôme

Deschamps (Victor), Karin Viard (Claire), Laurence Lerel (Laurence), Louis Vincent (Loulou), Nina Morato (Marie), Claudine Challier (la grand-mère). Production : Renn Production – France 2 Cinéma – Da Films – CMV Productions. Distribution : AMLF. Sortie : 9 novembre 1994.

Ils arrivent avec leurs comédiens

L'arrivée, derrière la caméra, d'une vague nouvelle s'accompagne toujours de visages nouveaux. Les Enfants de la Liberté se sont donc entourés de Karin Viard, de Mathieu Amalric, d'Emmanuel Salinger et de quelques autres, dont nous allons esquisser le portrait.

Mais ils ne font pas tourner que les moins de 25 ans. Leur choix, alors, est révélateur. Délaissant allègrement les comédiens qui ont illustré les années 80 (Jean-Marc Barr et Jean Reno chez Luc Besson, Denis Lavant et Juliette Binoche chez Leos Carax), c'est vers Bernadette Lafont, Bulle Ogier, Jean-Pierre Léaud, Jean-Louis Richard et Fabrice Luchini qu'ils se tournent spontanément. Filiation émouvante et revendiquée avec cette Nouvelle Vague dont ils ont si bien su retrouver l'esprit.

Pour leurs premiers films – respectivement *La Discrète* et *Riens du tout* –, Christian Vincent et Cédric Klapisch font appel à Fabrice Luchini, qui ne tourna pas moins de six films avec Éric Rohmer. Olivier Assayas engage par deux fois Jean-Pierre Léaud (sept films avec Truffaut, huit avec Godard) : pour *Paris s'éveille* et *Irma Vep*.

Marion Vernoux raconte que *Personne ne m'aime* « s'est imposé avec des flashes, comme des résonances. J'avais en tête l'image de Bernadette Lafont et je me disais : "Qu'est ce que la femme de *La Maman et la Putain* est devenue, vingt ans plus tard ? Qu'ont-ils fait, les personnages du film d'Eustache ?" C'est pour ça qu'après avoir donné l'un des rôles principaux à Bernadette Lafont[1] j'ai demandé à Jean-Pierre Léaud sa participation ».

Dans *Pour rire !*, son deuxième film, Lucas Belvaux ne résiste pas à l'envie de faire se croiser, dans les couloirs d'un hôpital, Jean-Pierre Léaud et… Françoise Lebrun[2].

Qui plus est, cinq parmi les meilleurs jeunes comédiens des années 90 ont été révélés par des réalisateurs de la Nouvelle Vague : Marianne Denicourt et Valeria Bruni-Tedeschi, par Jacques Doillon (*L'Amoureuse*, 1988) ; Nathalie Richard et Laurence Côte, par Jacques Rivette (*La Bande des quatre*, 1988) ; Melvil Poupaud, par Jacques Doillon encore (*La Fille de quinze ans*, 1988).

A son tour, Éric Rohmer engage Melvil Poupaud pour son *Conte d'été* (1996)…

Valeria Bruni-Tedeschi

Elle sort de l'école du théâtre des Amandiers de Nanterre. Professeurs : Patrice Chéreau et Pierre Romans. Débute au cinéma dans deux « exercices d'école » : *Hôtel de France* (1987), de Patrice Chéreau, et *L'Amoureuse* (1988), de Jacques Doillon. Bilingue (elle a vécu jusqu'à 9 ans à Turin et fait toutes ses études à l'École italienne de Paris), elle partage sa carrière entre la France et l'Italie. On la remarque en 1989, jeune fille timide dans *Histoires de garçons et de filles*, de Pupi Avati, soubrette naïve dans *La Baule-Les Pins*, de Diane Kurys.

Timide, elle l'est sûrement, Valeria Bruni-Tedeschi, mais – c'est elle qui le dit – c'est une « timide extravertie ». Quand elle ose se lancer, il n'y a plus de limites. Cela donne Martine dans *Les gens normaux n'ont rien d'exceptionnel* (Laurence Ferreira Barbosa, 1993) et Nathalie dans *Oublie-moi* (Noémie Lvovsky,

1. Et un autre à Bulle Ogier, l'une des interprètes favorites de Jacques Rivette.
2. Voir n. 6, p. 218.

1995). Deux rôles à la limite de la folie. Martine, qu'un coup de tête dans une vitrine a envoyée dans un hôpital psychiatrique, s'y incruste pour faire le bonheur des autres pensionnaires. Nathalie, qui refuse de reconnaître qu'Éric ne l'aime plus, s'accroche à lui, pour son propre malheur et le malheur des autres.

Deux personnages proches mais antinomiques. Martine est l'héroïne d'une comédie ; Nathalie, d'un drame. Martine a décidé d'être vraiment elle-même et elle est heureuse. Nathalie vit une lente descente aux enfers et ne remonte vers la lumière qu'à la fin du film. Autant Martine se laisse aller, autant Nathalie tente de se maîtriser. Et c'est cette lutte perpétuelle entre le jaillissement de la passion et l'effort désespéré pour la contenir qui rend bouleversant le jeu de Valeria Bruni-Tedeschi.

En 1996, Mimmo Calopresti lui confie le rôle d'une ex-terroriste dans *La Seconda Volta*. Un personnage aussi réservé que Martine et Nathalie étaient explosives. Cette femme, condamnée à trente ans de prison, travaille en ville et retourne, le soir, coucher en prison. Un jour, elle est suivie par un homme (Nanni Moretti) qu'elle ne reconnaît pas, mais qui, lui, l'a reconnue. Elle est celle qui lui a logé dans la tête une balle qu'on n'a pas pu extraire. Ce film en demi-teintes n'est fait que de leurs face-à-face. Une fois encore, Valeria Bruni-Tedeschi nous étonne.

Depuis, elle a tenu beaucoup de seconds rôles (une naïve que l'on prostitue dans *Mon homme*, de Bertrand Blier ; l'épouse trop fidèle de Jackie Berroyer dans *Encore*, de Pascal Bonitzer…). « Entre un petit personnage et un grand, je ne vois pas la différence, dit-elle. Je me raconte de la même façon son histoire et ses rêves. Le seul changement, c'est le temps. Pour *Les gens normaux…*, j'étais sur le plateau sept jours sur sept pendant six semaines. Ça permet d'aller vraiment loin, de trouver des détails. C'est le luxe absolu ! »

Son père est compositeur, sa mère, pianiste. « Ce que la musique classique m'a donné, dit-elle encore, c'est le goût du labeur. Un morceau, cela se travaille mesure par mesure. Tous les jours, pendant des heures. C'est pourquoi j'aime tant le théâtre : les répétitions, la régularité du travail, soir après soir[3]. On peut parfois retrouver ces conditions de travail au cinéma : avec Noémie Lvovsky, on a répété trois mois avant de tourner. »

Laurence Côte

Elle est apparue au cinéma en 1987 dans *Travelling avant*, de Jean-Charles Tacchella, qui l'a engagée parce qu'il lui trouvait, paraît-il, un petit air de Paulette Goddard. Mais sa vraie naissance, c'est, l'année suivante, *La Bande des quatre*, de Jacques Rivette. Elle y est Claude, la plus mystérieuse, la plus à vif, celle qui, en secret, aime d'amour sa belle-mère. Un petit rôle dans *La Vengeance d'une femme* (1989), de Jacques Doillon, où elle disserte sur le mot « cucurbitacée ». Un autre, chez Godard (*Nouvelle Vague*, 1989), où elle ne fait que traverser les plans avec un plateau encombré de verres, ou sous un parapluie bleu, ou sur un vélo.

Puis c'est *La Vie des morts* (1991), d'Arnaud Desplechin, avec Marianne Denicourt, Emmanuelle Devos, Emmanuel Salinger. C'est elle qui récite « Le Voyage », de Baudelaire, dont la fin sera dite, mezzo voce, par Emmanuel Salinger.

Elle se dit mal dans sa peau et c'est, sans doute, ce qui lui donne cette insolence et ce panache. 1995 est pour elle une grande année. Elle est la fille de Bulle Ogier dans *Circuit Carol*, le premier long métrage d'Emmanuelle Cuau. Un beau film, grave et insolite, sur l'envol d'une fille et la solitude d'une mère. Déchirure nécessaire et d'autant plus douloureuse qu'elles s'aiment vraiment, ces deux-là. Elle fait partie de la fête de famille, le soir de la fermeture du restaurant, dans le film de Laurent Bénégui, *Au Petit Marguery*. Et elle retrouve Jacques Rivette pour *Haut bas fragile*.

Comme il l'avait fait pour *Céline et Julie vont en bateau*,

3. Au théâtre, elle a joué Tchekhov et Kleist.

Rivette demande à ses deux comédiennes, Marianne Denicourt et Nathalie Richard, de collaborer au scénario. Là-dessus, coup de téléphone de Laurence Côte lui proposant une histoire qu'elle a écrite : celle d'une fille qui n'a pas connu sa mère et la cherche. Il ajoute donc un troisième personnage, Ida (« à cause d'identification », dit-elle), solitaire, un peu en marge des deux autres…

Grâce au rôle à facettes que lui a donné André Téchiné dans *Les Voleurs* (1995) – voleuse et étudiante en philo, violente et douce, amoureuse à la fois de Daniel Auteuil et de Catherine Deneuve –, elle reçoit le César du meilleur espoir 1996.

Et puis, on dirait que quelque chose en elle s'est dénoué. Philosophe qui ne mange que « zen » dans *Encore*, de Pascal Bonitzer, elle danse sur la plage et rêve d'être hôtesse de l'air dans *Romaine*, le premier film foutraque d'Agnès Obadia. On découvre alors que Laurence Côte, vouée jusqu'ici à des personnages plutôt tragiques et toujours porteurs d'un secret, peut exploser dans le burlesque !

Marianne Denicourt

Comme Valeria Bruni-Tedeschi, comme Eva Ionesco, Marianne Denicourt, qui s'appelait encore de son vrai nom (Marianne Cuau [4]), a fait ses classes chez Patrice Chéreau, à l'école du théâtre des Amandiers, à Nanterre. Elle a donc joué dans *Hôtel de France* (1987), le film que Patrice Chéreau a tourné avec ses élèves. Mais les rôles principaux revenaient aux garçons. Jacques Doillon eut alors envie de tourner lui aussi un film avec les élèves de Nanterre, mais plutôt avec les filles. Ce fut *L'Amoureuse*, programmé à la télévision en 1988 et sorti en salle le 8 décembre 1993.

L'amoureuse qui donne son titre au film, c'est Marie (Marianne Denicourt). Au cours d'un week-end à Cabourg,

4. Elle est la sœur d'Emmanuelle Cuau, la réalisatrice de *Circuit Carol*.

une bande de copines décide de faire aimer Marie par un bel Américain (Dominic Gould). Marie sort d'une « sale histoire » : on n'en saura pas plus. Blessée, elle ne veut plus entendre parler d'amour. Quant à l'Américain, il s'intéresserait plutôt à une autre. A force de complots (on se croirait presque chez Rivette), les amoureux récalcitrants tomberont enfin dans les bras l'un de l'autre.

Blessée, de quelque blessure secrète, elle l'est presque toujours, Marianne Denicourt. Blessée, passionnée, violente. Son plus beau rôle, elle le doit à Arnaud Desplechin, dans *La Vie des morts* (1991). Elle y est inoubliable. Alors qu'on oublie un peu ses apparitions en soubrette foldingue, obsédée par les araignées, dans *La Lectrice* (1988), de Michel Deville, et en confidente de Fanny Ardant dans *Aventure de Catherine C.* (1990), de Pierre Beuchot.

Car elle n'est pas faite pour les seconds rôles, Marianne Denicourt. Son emploi de grande amoureuse s'accommode mal des silhouettes. Il nous faut du temps pour tenter de déchiffrer son mystère. Il lui faut du temps pour donner libre cours à la passion qui la dévore en secret. Même si Emmanuelle Béart y est magnifique, on aurait rêvé la voir dans le rôle principal de *La Belle Noiseuse* (1991), de Jacques Rivette. Elle a dû se contenter de celui de la sœur trop aimante de Nicolas (David Bursztein). Comme elle fut celle de Mathias (Emmanuel Salinger) dans *La Sentinelle* (1992), d'Arnaud Desplechin. Une parenthèse chez Jacques Rivette : elle est Louise, la mystérieuse Louise de *Haut bas fragile* (1995). Là, elle rit. Là, elle danse. Puis, dans son troisième film, *Comment je me suis disputé...*, Arnaud Desplechin lui redonne un rôle à sa mesure. Elle est Sylvia, le sphinx. Celle qui sait, mais ne dit rien. Celle qui a choisi l'ombre. Celle qui, à la fin du film, accouchera Paul de lui-même.

Mais jamais, jamais, elle ne fut plus magnifique que dans *La Vie des morts...*

Emmanuelle Devos

Comme Emmanuel Salinger, comme Marianne Denicourt, elle fait partie de la « famille » Desplechin. Elle a tourné dans ses trois films, toujours des personnages en marge. Dans *La Vie des morts* (1991), elle est la petite amie d'Emmanuel Salinger et se sent de trop dans cette famille déchirée par l'attente d'une mort qui ne la concerne pas. Délaissée aussi, dans *La Sentinelle* (1992), où elle est Claude, la fiancée de Mathias, mais déjà trahie par lui. « Quand il est dans sa chambre, dit Arnaud Desplechin, il donne le sentiment d'être immobile. Dans mon idée, c'est quelqu'un qui couche sans bouger. » Et dans *Comment je me suis disputé...* (1996), elle est Esther, un personnage magnifique, humilié, offensé, mais qui donne tout et parvient même – par amour pour Paul – à devenir autonome, à s'assumer, à grandir, puisque Paul, qui ne veut plus de son amour, la veut ainsi.

A ce moment du film, la caméra délaisse tous les autres personnages pour ne plus s'intéresser qu'à elle. C'est une séquence superbe où Esther, qui n'a jamais pu exprimer ses sentiments avec des mots, écrit à Paul une lettre sublime, qu'elle dit face à la caméra. « Mon meilleur souvenir du tournage, dit Emmanuelle Devos, ce sont les cinq jours où je devais jouer seule. J'étais ravie et excitée comme un bébé. J'avais mon metteur en scène rien que pour moi. » Avoir son metteur en scène rien que pour soi, c'est le rêve de tous les acteurs. Car c'est pour lui qu'ils jouent. Il est à la fois le maître, le guide et le public.

On aimerait la voir un peu plus, Emmanuelle Devos. Elle mérite mieux que les rôles d'éternelle copine, de confidente, de « mur de squash », qu'elle tient dans *Les Patriotes* (1994) et *Anna Oz* (1996), d'Éric Rochant. Chez Desplechin, chez Noémie Lvovsky (*Oublie-moi*, 1995), où elle est Christelle, l'amie de Nathalie (Valeria Bruni-Tedeschi), elle réussit ce miracle de rendre émouvants des personnages impossibles : naïfs sans être niais, vrais à travers leurs maladresses et pleins d'amour sans jamais être dupes.

Sandrine Kiberlain

Dans *Un héros très discret* (1996), de Jacques Audiard, il y a un personnage qu'on remarque parce qu'il détonne au milieu des autres : il est franc, généreux, courageux. C'est la femme d'Albert (Mathieu Kassovitz). Malheureusement, elle disparaît au premier quart du film. Pendant le peu de temps qui lui est départi, elle trouve le moyen de faire de la Résistance et d'arracher sa triste belle-mère (Danièle Lebrun) des mains de ceux qui la tondaient.

Un beau rôle, tenu par Sandrine Kiberlain. D'ailleurs, tous ses rôles, elle les rend beaux, attachants, émouvants. A sa ressemblance. Cette grande fille mince, blonde, avec des taches de rousseur, on la remarque pour la première fois dans le court métrage de Sophie Fillières, *Des filles et des chiens*[5], où elle est franchement comique. Puis dans le moyen métrage de Pascale Bailly, *Comment font les gens* (1993), où elle est à la fois touchante et drôle dans le rôle d'une fille qui tente de se suicider...

Après quelques apparitions dans des films médiocres, Sandrine Kiberlain devient la call-girl des *Patriotes* (1994), d'Éric Rochant, piégée, comme Ariel (Ivan Attal), par le Mossad. Non pas deux espions, mais deux pions sur l'échiquier de la guerre de l'ombre. Elle y est remarquable et remarquée. C'est pourtant pour l'avoir vue, un an plus tôt, dans *Comment font les gens* que Laetitia Masson l'a reconnue pour sa « comédienne sœur ». Et en fait Alice dans *En avoir ou pas* (1995).

Alice aussi est émouvante et drôle, et Sandrine Kiberlain trouve là son plus beau rôle[6]. Elle « porte » le film de bout en

5. *Des filles et des chiens* remporte le prix Jean-Vigo du court métrage en 1992.
6. Qui lui vaut d'ailleurs le César du meilleur espoir féminin.

bout. En ouvrière du Nord, qui passe ses journées les mains dans le poisson, elle est plus que crédible. Et en chômeuse, qui goûte soudain à la liberté et part pour Lyon, elle est formidable. Elle y rencontre Bruno (Arnaud Giovaninetti), installé dans le petit hôtel où son meilleur copain est veilleur de nuit. Bruno est un type brisé. Sandrine Kiberlain va lui insuffler un peu de son énergie et de sa volonté farouche de vivre malgré tout. La réussite d'*En avoir ou pas* tient autant à son interprète qu'à la mise en scène, toujours en mouvement, de Laetitia Masson.

Après ce film, le cinéma n'a plus offert à Sandrine Kiberlain que des rôles – et des films – médiocres. Elle fut, entre autres, la maîtresse de Beaumarchais dans *Beaumarchais l'insolent* (1996), d'Édouard Molinaro, et l'une des femmes de *Quadrille* (1997), de Valérie Lemercier.

Heureusement, le théâtre lui est fidèle. Après avoir joué Tchekhov dès sa sortie du Conservatoire, puis Pirandello et Shakespeare, elle remporte un triomphe dans *Le Roman de Lulu*, la pièce que David Decca, son père, a écrite pour elle. Ce rôle lui vaut le Molière de la révélation théâtrale 1997.

Nathalie Richard

Elle arrive tout droit de chez Rivette. Et parle plus avec son corps qu'avec des mots. On se demande pourquoi, dans *Haut bas fragile* (1995), Jacques Rivette lui a demandé, parfois, de danser. A quoi bon ? Regardez-la, assise par terre, glisser jusqu'au téléphone. Regardez-la foncer sur sa mob pour livrer un bouquet de fleurs ou un éléphant en peluche. Regardez-la dessiner des arabesques sur ses rollers... Superbe d'énergie, dégingandée, désarticulée, elle occupe tout l'espace.

Comédienne de théâtre (elle a travaillé avec les plus grands metteurs en scène), elle apparaît pour la première fois au cinéma dans *Golden Eighties* (1986), de Chantal Akerman. Mais c'est Rivette qui la fait débuter réellement, en 1988, dans

La Bande des quatre. Elle y est Cécile, le pivot de l'intrigue, l'amoureuse secrète, discrète, d'un homme recherché par la police. Ce mutisme, cette présence, cette force intérieure, on les retrouve dans tous ses rôles.

La liste de ses films est déjà longue. Citons *Les Amoureux* (1994), de Catherine Corsini. « Viviane, dit-elle, essaye de surmonter les obstacles, alors que Ninon, dans *Haut bas fragile*, les balaye. » Elle est faite pour se battre, Nathalie Richard. Se battre et se débattre, comme Zoé, la costumière, dans *Irma Vep* (1996), d'Olivier Assayas. Par sa seule présence, sensible, émouvante, elle sauve *L'Éducatrice* (1996), de Pascal Kané. Touchante d'entêtement et d'amour, courant droit à la catastrophe, elle veut sauver toute seule, à force de confiance et d'amitié, une adolescente délinquante.

Et puis, il y a *Eau douce* (1997), le premier film de Marie Vermillard. Un beau film feutré, qui glisse en douceur, comme la péniche que nous suivons au fil de l'eau. La marinière, c'est elle, plus fluide que jamais. Son mari, c'est Antoine Chappey. Et sa fille est jouée par sa propre fille : Élie Tazartes. L'histoire ? Est-ce vraiment une histoire ? Ou alors, une histoire en filigrane. Tout repose sur le non-dit, la violence contenue des sentiments et la douceur tranquille des canaux. Et surtout, surtout, sur Nathalie Richard.

Karin Viard

La plus grande, car elle concilie l'inconciliable : être à la fois un caméléon et une « nature ». Aux rôles les plus différents, elle insuffle une force, une vitalité, une violence qui n'appartiennent qu'à elle. A la fois méconnaissable et reconnaissable. A la fois une autre et elle-même.

« Pulpeuse rigolote » : cette étiquette a manqué lui coller à la peau. Maîtresse de l'horrible boucher (Jean-Claude Dreyfus) dans *Delicatessen* (1991), de Jeunet et Caro, elle nous a ravis en se livrant, avec Dominique Pinon, au petit ballet du sommier qui grince. Un petit rôle dans *Riens du tout* (1992), de Cédric Klapisch, puis elle se fait couper les cheveux et maigrit de dix kilos. Ni pulpeuse ni rigolote, elle est Clara dans *La Nage indienne* (1993), de Xavier Durringer, avant de devenir l'inoubliable Sophie d'*Emmène-moi* (1995), de Michel Spinosa.

« Clara, dit Karin Viard, était une perdue, une perdante. Mais elle mettait une distance entre sa vie et elle. Si elle faisait du peep-show, elle se disait : "Je donne mon corps, pas mon âme !" Son âme, Sophie la donne tout le temps. Pour tout. Elle donnerait son âme en achetant le pain : je suis sûre qu'elle ourdirait avec la boulangère des rapports tendus, terribles, tortueux [7]. »

Ambitieuse mais paumée dans *Adultère mode d'emploi* (1995), de Christine Pascal... Et il faut la voir, dans *Les Randonneurs* (1997), de Philippe Harel, arpenter le GR de Corse, épuisée, hagarde, se demandant ce qu'elle est venue faire là. Un plan fixe reste inoubliable : celui où elle traverse l'écran de part en part, entrant par la gauche, sortant par la droite, comme un zombie, sachant que si elle s'arrête, même une seconde, elle ne pourra plus repartir...

Des seconds rôles dans *Le Fils préféré* (1994), de Nicole Garcia, et dans *La Séparation* (1994), où Christian Vincent lui fait former, avec Jérôme Deschamps, un couple comique. Dans son film suivant, *Je ne vois pas ce qu'on me trouve* (1997), il en fait la partenaire de Jackie Berroyer. C'est bien, mais on aimerait qu'elle retrouve de grands premiers rôles à sa mesure. Comme dans *Emmène-moi*. Comme dans *Fourbi* (1996), d'Alain Tanner.

Ah ! *Fourbi*, c'est un film pour elle ! Une sorte de remake de *La Salamandre* (1970). Elle y reprend le rôle de Bulle Ogier. Une fille qui fut l'héroïne d'un fait divers. Coupable ? Non coupable ? Un journaliste souhaite percer le mystère, fouiller le passé. Comme Bulle Ogier, Karin Viard s'y refuse. Comme

7. *Télérama*, n° 2357 (propos recueillis par Pierre Murat).

Bulle Ogier, elle est la salamandre, cette bête qu'on disait, au Moyen Age, capable de vivre dans le feu. Mieux : elle est le feu. Ce très beau film, qui parle de notre temps avec la même justesse que *La Salamandre* parlait de l'après-68, nous laisse encore en mémoire Karin Viard marchant, marchant, le long du lac Léman…

Mathieu Amalric

Laissons la parole à Isabelle Danel :

« Le regard d'un Pierrot lunaire, l'air d'avoir 20 ans alors qu'il en a 30, Mathieu Amalric a beaucoup de points communs avec le Paul de *Comment je me suis disputé…* Attachant sous ses dehors détachés, drôle presque malgré lui, il donne l'impression d'être là où il se trouve par accident.

« Accidents heureux, hasards bénéfiques : c'est sa trajectoire. Il a abordé le cinéma à 17 ans. Otar Iosseliani, cinéaste géorgien, ami de la famille, cherche un ado pour *Les Favoris de la lune* (1984). Il l'engage. "J'ai trouvé, dit Mathieu Amalric, qu'acteur, c'était pas terrible. J'avais envie d'être à la place du réalisateur." Il abandonne donc hypokhâgne pour préparer l'Idhec, s'inscrit à un cours de japonais pour faire plaisir à sa mère… et se met surtout à hanter la Cinémathèque. "Je me souviens y avoir vu *Baisers volés* et être sorti de là sur un nuage. Jamais un film ne m'a procuré une telle joie de vivre. Je consommais un maximum de films. Et, le soir, j'écrivais de petites critiques féroces dans mon cahier, en me prenant pour Truffaut."

« De sa "cinéphilie hasardeuse" naît une passion pour Bergman, puis Polanski. Recalé à l'Idhec, il tourne un court métrage en super-8. Le résultat, selon lui : "inexistant". Vendeur à la Fnac puis peintre en bâtiment, il a un nouveau coup de foudre : Louis Malle, dont il a adoré *Le Feu follet*. "Un jour, j'ai appris qu'il préparait un film sur Nicolas Fouquet : je me suis mis à tout lire sur lui. Avec ma copine de l'époque, on s'est même fait enfermer, une nuit, dans les jardins du château de Vaux !" Il envoie une lettre enflammée à Louis Malle, qui, entre-temps, a abandonné le projet. Il se console en faisant de la figuration.

« Sur le sketch dirigé par Altman, dans *Aria*, tétanisé de trouille, il ne bouge pas un cil. L'assistant est venu lui dire : "C'est formidable ce que tu fais, c'est très fin." Malentendu total ! Mais, quelque temps plus tard, ce type est devenu l'assistant de Louis Malle sur *Au revoir les enfants* et il lui propose un stage de réalisation. Mathieu passe son temps à bloquer la circulation. Déception. Il réalise alors son premier (vrai) court métrage, *Sans rires*, un bijou de poésie où un vieux clown retrouve le quartier de sa jeunesse, modernisé et sans âme. Sélectionné au festival Premiers Plans d'Angers, Mathieu rencontre Arnaud Desplechin venu présenter *La Vie des morts*. Ils sympathisent... Redevenu assistant – il faut bien vivre –, il prend toutefois l'habitude d'être figurant dans les films sur lesquels il travaille. [...]

« Aujourd'hui, il admet que s'il n'avait pas travaillé sur *Border Line* (1991), de Danièle Dubroux, elle n'aurait sans doute pas pensé à lui pour jouer le personnage hilarant du *Journal du séducteur* (1996).

« Pour son deuxième court métrage, *Les Yeux au plafond*, il engage son père et sa grand-mère ; il n'envisage pas de jouer. Mais, trois jours avant le tournage, il apprend que sa grand-mère doit être hospitalisée d'urgence : il loue une caméra et décide de lui donner la réplique... C'est en le voyant dans ce petit rôle que Desplechin décide de lui faire jouer Paul. "J'ai été un peu perroquet : souvent, j'ai refait ce qu'il me montrait. J'étais heureux, mais jamais content de moi : j'avais une peur bleue de buter sur le texte [8]." »

A l'époque, Mathieu Amalric ne se sentait, disait-il, « ni tout à fait acteur, ni tout à fait metteur en scène ». Il vient pourtant de recevoir le César du jeune espoir pour *Le Journal du séducteur* de Danièle Dubroux et d'achever son premier long métrage :

8. *Télérama*, n° 2422.

Mange ta soupe. Il en a écrit le scénario avec Pascale Ferran et Jeanne Balibar, deux membres de la « famille » Desplechin.

Melvil Poupaud

C'est un acteur bressonien. Enfin, autant qu'un véritable acteur puisse être bressonien, puisque Bresson n'aime que les « modèles », ces formes vides, qu'il remplit lui-même, et dont il peut régler le moindre battement de cil. Tout de même, Melvil Poupaud a un peu de cette réserve, de cette opacité, de cette gravité qui caractérisent les personnages de Bresson.

Pas tout le temps, bien sûr. Mais sûrement chez Laurence Ferreira Barbosa (*Les gens normaux n'ont rien d'exceptionnel*, 1993) et un peu chez Éric Rohmer (*Conte d'été*, 1996).

C'est aussi un acteur « ruizien ». Il a tourné jusqu'ici sept films avec Raoul Ruiz, dont quatre dans son enfance : *La Ville des pirates* (1983), *L'Éveillé du pont de l'Alma* et *Dans un miroir* (1984), et *L'Ile au trésor* (1985). C'est dire qu'il portait déjà en lui un mystère possible. Il était l'enfant que nous avions été, vivant les aventures que nous n'avions vécues qu'en rêves.

A 14 ans, il est Thomas dans *La Fille de quinze ans* (1988). Là, sous la houlette de Jacques Doillon, il n'a rien, absolument rien de bressonien. Judith Godrèche et lui jouent comme deux jeunes chiots. Et la façon dont Melvil Poupaud s'accroupit dans une encoignure, se laisse glisser le long d'un mur ou du chambranle d'une porte, bref, joue avec son corps, dit tout de l'amour, des craintes, de l'intransigeance de Thomas.

Son premier rôle d'adulte, c'est celui de Germain, dans *Les gens normaux n'ont rien d'exceptionnel*. Un garçon plutôt taciturne et solitaire, qui vole des livres et refuse de travailler. Martine (Valeria Bruni-Tedeschi) s'est mis en tête de lui faire aimer Anne (Claire Laroche), une pensionnaire de l'hôpital psychiatrique. Mais, lui, c'est plutôt cette emmerdeuse de Martine qui l'intéresse…

L'année suivante, il réalise un court métrage, *Boulevard Mac Donald*[9], et tourne dans quatre films, dont *Le Plus Bel Age*, de Didier Haudepin. Il y est l'ange noir, le séducteur, le salaud, tortionnaire du frère et responsable du suicide de la sœur. Un rôle qui n'est pas tout à fait pour lui, car il faut être un immense acteur pour jouer un tel contre-emploi. Et Melvil Poupaud n'est pas – pas encore – un immense acteur. Mais, déjà, un excellent comédien. Et qui le prouve. Dans *Le Journal du séducteur* (1996), de Danièle Dubroux, où il se balade avec aisance à la frontière du fantastique. Et chez Rohmer, bien sûr, où il est Gaspard, dans *Conte d'été* (1996) : un volontariste de l'indécision qui, à force d'hésiter entre trois filles, les perdra toutes les trois.

Et puis, Raoul Ruiz, avec qui, adulte, il a tourné *Fado majeur et mineur* et *Trois Vies et une seule mort*, en fait le partenaire de Catherine Deneuve dans *Généalogies d'un crime* (1997). Là, il retrouve un univers qui lui est familier, plein de dérapages et de décalages. Mais il doit aussi déraper lui-même, jusqu'à devenir un inquiétant psychopathe.

Il y réussit, comme il réussit à entrer dans un autre univers, très différent de tous ceux qu'il a connus jusqu'ici : celui du premier film de Graham Guit, *Le ciel est à nous* (1997). Décontracté et inconscient, un brin poète, amoureux des étoiles, il se lance dans une arnaque contre des dealers sans pitié. Imaginez Tintin chez Tarantino… Eh bien, on y croit !

Bruno Putzulu

L'un des deux soldats ramassés à la gare par Sophie (Karin Viard) dans *Emmène-moi* (1995), de Michel Spinosa, c'est lui. Lui aussi, l'un des jeunes assassins de *L'Appât* (1995), de Bertrand Tavernier. Il fait encore des apparitions discrètes, à peine créditées au générique, dans *Mécaniques célestes* (Fina Torres,

9. Des cinq comédiens que nous avons sélectionnés ici, trois veulent devenir réalisateurs et Olivier Py est metteur en scène de théâtre.

1995), *Marie-Louise ou la Permission* (Manuel Flèche, 1995), *Jefferson à Paris* (James Ivory, 1995). On l'entrevoit dans *Un héros très discret* (Jacques Audiard, 1996) et dans *La Propriétaire* (Ismail Merchant, 1996)…

Mais Bruno Putzulu est d'abord et surtout un comédien de théâtre. Sorti du Conservatoire en 1993, il est pensionnaire de la Comédie-Française depuis août 1994. Et n'arrête pas de jouer : *Lorenzaccio*, *Le Barbier de Séville*, *Le Mariage de Figaro*, *La Comtesse d'Escarbagnas*, *La Servante aimante*, *En attendant Godot*, *Occupe-toi d'Amélie*, *Long Voyage du jour à la nuit*… Ses metteurs en scène s'appellent Georges Lavaudant, Jean-Luc Boutté, Antoine Vitez, Jacques Lassalle, Philippe Adrien, Roger Planchon, Alain Françon…

Alors, direz-vous, pourquoi, diable, nous parler de Bruno Putzulu dans un livre consacré au cinéma ? Eh bien, parce qu'en décembre 1996, est sorti *Les Aveux de l'innocent*, de Jean-Pierre Améris. Et là, Bruno Putzulu a le rôle principal. Formidable à la fois de présence et d'absence. Présence par le poids du mystère qu'il recèle. Absence par l'indifférence qu'il oppose à ceux qui tentent de le percer, ce mystère. Sur son visage à la fois ouvert et opaque, on tente en vain de déchiffrer non pas la vérité – on la connaît –, mais la raison pour laquelle il s'accuse d'un crime qu'il n'a pas commis.

Le sens du titre, c'est moins les faux aveux d'un innocent, au sens de non-coupable, que la quête des vrais aveux d'un innocent, au sens de candide. Or être beau garçon sans être fade, jouer les simples mais pas les niais, ne faire presque rien et suggérer beaucoup, c'est le fait d'un grand comédien.

Olivier Py

C'est d'abord un homme de théâtre. Comédien, mais aussi auteur et metteur en scène. A 32 ans, il a écrit une bonne douzaine de pièces et signé une quinzaine de mises en scène. En 1995, le festival d'Avignon fait un triomphe à *La Servante*.

« Ce qui compte, dit-il, c'est ce moment unique qu'on a vécu, acteurs et techniciens, avec le public. Je suis trop jeune pour dire ça, mais c'était un moment tellement fort que ça pourrait me suffire [10]. »

Le cinéma, il ne l'a découvert que récemment, grâce à Jacques Maillot (*75 Centilitres de prière* et *Corps inflammables*, tous les deux de 1995) et à Laurent Bénégui (*Au Petit Marguery*, 1995). « Maillot est catholique. Aussi sordide que soit la vie de ses personnages, ses films ne parlent que de lumière et, à la fin, la lumière arrive. Laurent, lui, est plus crépusculaire. Je ne vois pas trop de rédemption dans *Au Petit Marguery* : le clochard va mourir dans la neige et ceux qui sont séparés resteront séparés [11]… »

Un personnage, Olivier Py : écorché mais plein d'espérance. « Je ne crois pas en l'athéisme, dit-il. C'est plus fort que moi. J'ai essayé d'y croire, quelquefois, mais ça me dépasse totalement [12]. » Révolté par la guerre en Bosnie, il a fait la grève de la faim avec Ariane Mnouchkine. Hanté par la mort (« Qu'est-ce que c'est qu'être un homme ? C'est savoir qu'on va mourir. Vivre, c'est être en deuil… »), il croit en Dieu et au paradis : « Une fois là-haut, j'irai dire à Jean Genet que je l'aime. Et j'irai voir Claudel pour lui dire que j'ai vu d'abord Genet ! Puis j'irai demander à Lacan de me faire rire encore. Pour Tarkovski, j'attendrai un peu, le temps que mon trac passe [13]… »

Et drôle avec ça ! Drôle sans rien faire. Avec une espèce d'austérité. Regardez Michel, le copain homosexuel de Chloé (Garance Clavel) dans *Chacun cherche son chat* (Cédric Klapisch, 1996) : boudeur, renfrogné. Regardez-le accueillir Chloé dans son lit, un soir de détresse. Et coller des affiches dans le quartier… en précisant bien qu'il ne s'agit pas de son chat à lui ! De quoi aurait-il l'air ?

10. Propos recueillis par Isabelle Danel.
11. *Ibid.*
12. *Ibid.*
13. *Ibid.*

Olivier Py ne pouvait pas ne pas jouer dans les films des Enfants de la Liberté.

Emmanuel Salinger

Il a fait l'Idhec, comme Arnaud Desplechin, et se destine à la mise en scène. Il a déjà tourné plusieurs courts métrages. En attendant de réaliser son premier « long », il collabore à l'écriture des scénarios de ses amis : *La Sentinelle* (1992), d'Arnaud Desplechin, *Oublie-moi* (1995), de Noémie Lvovsky... Et il « fait l'acteur ». Tout en étudiant la philo, il était d'ailleurs passé par le cours de Tania Balachova.

Celui qui deviendra – peut-être – un grand metteur en scène est déjà un remarquable comédien. Un physique très typé, un regard un peu inquiétant, un phrasé très personnel. Il semble toujours ne rien faire, parle doucement, du bout des lèvres, et parvient à se transformer complètement de l'intérieur.

Mathias *(La Sentinelle)* est inquiet, fragile et sombre : il se sent investi d'une mission qui le dépasse et le conduira au bord de la folie[14]. Alors qu'Antoine *(Oublie-moi)* est l'élément solide auquel Nathalie peut se raccrocher. Mais qu'en est-il de Nathan (*Comment je me suis disputé...*, d'Arnaud Desplechin, 1996), l'ami très admiré de Paul ? Pour être le plus gai et le moins fou de la bande, Nathan n'en est pas moins le plus ambigu.

« On voit bien, dit Emmanuel Salinger, comment, à la fin, Nathan récupère sa fiancée tout en restant très élégant avec Paul. En fait, je ne sais pas bien ce que sait Nathan. C'est un personnage sur lequel on projette pas mal. Nathan est là, apparemment très entier, présent et sans grand mystère, mais c'est justement cette présence-là qui est mystérieuse et finit par devenir opaque. C'est peut-être aussi un calculateur supérieur,

14. Pour son rôle dans *La Sentinelle*, Emmanuel Salinger a reçu le César du meilleur espoir masculin.

quelqu'un qui voit plus loin et attend le moment où il pourra retourner la situation à son profit. C'est aussi quelqu'un qui sait que l'absence de calcul est, de temps en temps, plus payante que toute forme de calcul. Il est habile là où les autres sont des demi-habiles. Ce n'est qu'un aspect du personnage, car on ne peut pas dire non plus qu'il apparaisse comme un Machiavel. En fait, on ne sait jamais exactement qui il est. »

Et Emmanuel Salinger, qui est-il ?

Des jeunes déjà vieux

Il y en a toujours eu. Mais, évidemment, au temps du cinéma de qualité, on les remarquait moins. Ces jeunes déjà vieux sont les tenants d'un cinéma solide, habile souvent, mais toujours verrouillé. Tout est prévu, calibré, ordonné. Les personnages sont posés sur des rails qu'ils ne quittent plus jusqu'à ce qu'ils aient atteint le fond du gouffre.

Car, bien sûr, ils ne sont pas gais, ces auteurs-là ! Comment être gai quand on est convaincu que tout est si bien déterminé qu'aucun imprévu n'est possible ? Alors, ils reproduisent dans leurs films leur conception du monde et manipulent leurs personnages comme ils se sentent eux-mêmes manipulés. Vous vous souvenez de Mehdi Charef disant d'une voix navrée : « Quand Samir tue Étienne, je ne voulais pas qu'il la tue[1]... » ? Eh bien, eux, c'est le contraire. En commençant d'écrire leur scénario, ils savent déjà ce qui va se passer. Aucun personnage ne leur échappe.

On l'a compris, ces réalisateurs-là sont aux antipodes des Enfants de la Liberté. Leurs ancêtres ne s'appellent ni Truffaut ni Godard, mais Julien Duvivier et Henri-Georges Clouzot. Est-ce à dire qu'ils n'ont, pour autant, aucun talent ? Bien sûr que non. Simplement, leur talent, si grand soit-il, est limité par le refus de se laisser bousculer par l'air du large.

1. Voir p. 88.

Jacques Audiard

Prenez le premier film de Jacques Audiard, jusque-là scénariste, comme son père, Michel. L'originalité de *Regarde les hommes tomber* (1994) repose sur un montage parallèle décalé dans le temps. Audiard fait ainsi ressortir les correspondances existant entre un couple de tueurs qui a descendu un policier et le couple formé par le policier et son ami, voyageur de commerce. Côté passé, on suit les déambulations de Jean-Louis Trintignant et de son disciple Mathieu Kassovitz, débile léger, jusqu'au moment où Kassovitz tire sur le policier. Côté présent, on voit Jean Yanne, le voyageur de commerce, essayer de rattacher à la vie son copain le policier, qui est dans un coma profond, puis partir sur les traces des tueurs. Quand il les retrouve, les deux temps se rejoignent.

Très bien. Mais il est évident qu'un tel montage ne peut s'accommoder d'aucun imprévu. Il pourrait en aller autrement dès que Jean Yanne retrouve Trintignant et Kassovitz. Mais rien ne change. Jean Yanne continue imperturbablement sur sa lancée. Sans jamais dévier. Mû par son idée fixe. Car, contrairement à ce qu'ont écrit certains critiques, il n'est pas l'équivalent contemporain du « privé » désabusé d'antan. (Cet équivalent, il faut aller le chercher dans *Pas très catholique* de Tonie Marshall.) Non, Jean Yanne est un « justicier » qui ne cherche qu'à assouvir une vengeance personnelle.

Un vengeur n'est déjà pas très sympathique. Mais Jean Yanne est un vengeur particulièrement antipathique. Quand il choisit de laisser vivre Kassovitz, il n'obéit pas à un sentiment imprévu d'humanité. Non. Il trahit tout simplement son copain le policier. Il le remplace. Et par qui ? Par son assassin. C'est avec lui, désormais, qu'il fera couple. Et, pour faire bonne mesure dans l'ignominie, avant de tuer Trintignant, il le lui révèle pour mieux le torturer.

Il y a quelque chose de ranci dans ce film. Parce que tout est joué dès la première image. Parce que le réalisateur se soumet à des codes de narration, exactement comme ses personnages se soumettent au destin qu'il leur a assigné. (Cette adéquation entre la forme et le fond est d'ailleurs, en soi, une qualité.) Parce qu'à aucun moment ne survient un événement ou un geste gratuit, inattendu, surprenant. Parce que les personnages sont dans l'impossibilité de changer de cap, de refuser leur destin, de choisir la liberté. Parce que ce cinéma-là, qui ne fait pas confiance à l'homme, n'est pas un cinéma humaniste.

Un héros très discret (1996), le deuxième film de Jacques Audiard, doit presque tout à l'interprétation de Mathieu Kassovitz. Albert Dehousse, jeune homme falot mais imaginatif, réussit, à la fin de la dernière guerre, à se faire passer pour un héros de la Résistance. Inspiré du roman de Jean-François Deniau, ce film est le récit minutieux de la façon minutieuse dont Albert parvient à donner le change et se retrouve lieutenant-colonel dans l'armée d'occupation en Allemagne.

La manière dont Audiard raconte cette histoire a encore quelque chose d'assez déplaisant. A priori, un imposteur, un affabulateur, un escroc de haut vol est plutôt séduisant : c'est un homme qui aime jouer. Donc, un homme libre. Or Jacques Audiard nous le présente, au contraire, comme totalement conditionné par son milieu et son éducation. Il décrit longuement l'enfance d'Albert auprès d'une mère abusive (Danièle Lebrun), qui vit dans le mensonge et veut faire croire que son mari est mort au champ d'honneur et non d'une cirrhose du foie. On a donc l'impression qu'Albert ne pouvait pas devenir autre chose que ce qu'il est. C'est vrai qu'il a quitté sur un coup de tête sa petite ville, son métier (voyageur de commerce, comme Jean Yanne !) et sa femme. Sans trop savoir pourquoi. Pour être libre, peut-être. Mais, à Paris, ce n'est pas la liberté qu'il trouve, mais un nouveau carcan : un métier laborieux, difficile, où rien ne doit être laissé au hasard, où il doit se rendre invisible. Ce qui limite, évidemment, le plaisir qu'il pourrait prendre à s'inventer une vie et, par ricochet, le nôtre à le regarder faire.

Il y a une scène magnifique dans *Un héros très discret*. Celle où Albert démasque des collabos, réfugiés en Allemagne, qui prétendent être des travailleurs du STO. Il n'a pas de peine à découvrir leurs « trucs » (articles de journaux appris par cœur, etc.) puisqu'il les a lui-même utilisés. Et soudain, seul dans cet immense bureau d'une immense résidence de Baden-Baden, il éclate de rire. Ça, c'est un moment magique, parce que là, il vit, Albert. Il s'amuse, Albert. Il oublie le rôle qu'il s'était forgé. Et peut-être celui assigné par Audiard. Il s'évade.

Mais une scène, ce n'est pas beaucoup. Surtout que Jacques Audiard nous fait comprendre que l'ascension d'Albert n'est rendue possible que par l'« ambiguïté » de l'époque. Il le peint, cet hiver 44-45 – oh ! de façon feutrée, ce n'est qu'une toile de fond un peu grisâtre –, comme le temps du cynisme. Ce qui est faux : ce fut, au contraire, le temps de tous les enthousiasmes et de tous les espoirs.

« Il y a eu, dit Jacques Audiard, ce grand mensonge d'une France ayant globalement résisté. Une nation qui se ment à elle-même parce que la vérité n'est pas très belle à voir et à dire [2]. » Mais l'a-t-on jamais vraiment occultée, cette vérité ? Sûrement pas, en tout cas, entre la Libération et la fin de la guerre, époque où la mémoire de certaines trahisons restait comme une plaie vive. Le mensonge, s'il y en a un, ce sera pour plus tard. La légende ne se crée pas si vite.

Cette rage un peu malsaine de vouloir toujours ne montrer que le pire s'explique chez un Marcel Aymé, par exemple (dont on se demande bien pourquoi Claude Berri a voulu adapter *Uranus*), ou un Henri Jeanson. Enfin, chez ceux qui l'ont vécue, cette époque, et mal vécue – soit par conviction politique, soit par intérêt, soit par lâcheté, soit par inconscience.

Mais chez les jeunes ? Chez certains journalistes, par exemple ? N'y a-t-il pas quelque chose de suspect dans cette espèce de délectation morose, voire de jubilation mauvaise, à rechercher, à souligner, à vilipender – ou à excuser, c'est la

2. *Télérama*, n° 2418.

même démarche – les lâchetés de certains et l'ignominie de quelques-uns ? En vilipendant, ils semblent dire : « Ce n'est pas moi qui aurais fait ça ! » En excusant, ils semblent s'excuser de ce qu'eux-mêmes n'ont pas fait. On dirait qu'ils veulent se laver d'une accusation qui ne les concerne pas ou se justifier, par avance, d'une lâcheté future. Car, enfin, après tout, on ne parle jamais que de soi.

Chez Jacques Audiard, cette vision pessimiste et grinçante du monde semble plutôt le fruit d'un parti pris esthétique. Il est l'héritier du réalisme noir à la française, dont l'un des chefs de file fut Yves Allégret. Moins proche de la noirceur romantique d'*Une si jolie petite plage* (1949) que du réalisme cruel de *Manèges* (1950). Le montage décalé dans le temps de *Regarde les hommes tomber* est l'équivalent du double retour en arrière de *Manèges* : la même histoire vue par deux regards différents. La construction d'*Un héros très discret* est forcément plus discrète. Presque linéaire. Mais la noirceur, ou plutôt – c'est peut-être pire – la grisaille, noie le film. Le seul acte de générosité d'Albert – car c'en est un – est de faire fusiller quelques traîtres, au risque d'être condamné lui-même, pour leur éviter, s'il les renvoyait en France, en plus de la mort, le déshonneur…

Caro et Jeunet

Très différent est le cas du tandem Caro et Jeunet. Ils ont fait leurs premières armes dans le vidéo-clip et commis un court métrage fascisant, complaisant et déplaisant : *Le Bunker de la dernière rafale*. Ils sont aussi un curieux mélange d'amateurs de BD dans le vent et de gagmen inventifs. C'est avec *Delicatessen* (1991) que le grand public les découvre. Un drôle de film au décor glauque : un immeuble isolé, au milieu de terrains vagues, sans doute après quelque catastrophe planétaire. Dans la ville voisine, les gens, paraît-il, meurent de faim. Les locataires de l'immeuble, eux, survivent grâce à leur propriétaire, qui tient une boucherie à l'enseigne ironique de « Delicatessen ». Comment celui-ci se procure-t-il de la viande ? C'est tout le sujet du film, suite de sketches inégaux, mais dont certains sont drôles.

Oublions ce décor glauque et mode, oublions ces troglodytes végétariens, cachés dans les égouts, qui se nourrissent d'escargots et de grenouilles – dès que l'un d'eux s'aventure à la surface, il a toutes les chances de finir en bifteck dans la chambre froide du boucher. Oublions la galerie de locataires, tous lâches, mesquins, égoïstes. Des têtes de jeu de massacre, rendues plus laides encore par le fameux « grand angulaire » qui les écrase, les étire, les distord, comme dans un miroir déformant.

Reste un petit couple vaguement poétique (Dominique Pinon et Marie-Laure Dougnac), échappé de chez Prévert – ou, soyons plus modeste, de chez Peynet –, qui s'oppose au boucher ubuesque (Jean-Claude Dreyfus). Restent surtout les gags. De vrais gags conçus, comme au temps du burlesque, selon des principes mathématiques.

Il y a le ballet du lit qui grince. Pour détecter le ressort fautif, Dominique Pinon et Karin Viard s'asseyent côte à côte au bord du lit. Et les voilà qui tressautent en mesure, se déplacent de gauche à droite et de droite à gauche, tournent la tête en même temps, au rythme d'une vieille comédie musicale projetée à la télévision.

Il y a les essais répétés d'une locataire suicidaire. Chaque fois, elle conçoit un mécanisme apparemment infaillible. Par exemple, la sonnette de la porte doit actionner une machine à coudre, qui doit faire avancer un morceau de tissu, qui, en avançant, doit faire basculer une lampe allumée, qui, en tombant, doit électrocuter la suicidaire assise dans une baignoire pleine d'eau… A cause d'une infime erreur de calcul, ça rate : la lampe tombe bien dans la baignoire, mais, en tombant, elle se débranche.

Nouvel essai : une porte, en s'ouvrant, doit actionner un fusil. La suicidaire, grimpée sur une chaise, a passé la tête dans un nœud coulant. Elle a, au préalable, arrosé la pièce d'essence et allumé une mèche. Surcroît de précaution : elle s'est fourré dans la bouche le contenu d'un tube de somnifères. Là encore, par la faute d'un grain de sable, tous ces systèmes vont s'annuler les uns les autres.

Malheureusement, au lieu de se contenter d'œuvrer dans cette veine burlesque pour laquelle ils sont doués, Jeunet et Caro se prennent de plus en plus au sérieux. Ils tournent *La Cité des enfants perdus* (1995), une énorme machine, à l'énorme budget, où il n'y a plus la moindre place pour l'esquisse d'un sourire. Krank (Daniel Emilfork) est atteint d'une étrange maladie : il est privé de rêves. Alors, il fait kidnapper des enfants pour leur voler les leurs. Seulement, dès qu'ils sont en son pouvoir, ce ne sont plus des rêves que font les enfants, mais des cauchemars…

Le film tout entier est un cauchemar. On se demande ce qui est le plus sinistre, de la ville misérable ou du repaire maléfique de Krank, qui ressemble à une plate-forme pétrolière construite au milieu de la mer. Tout est verdâtre, rougeâtre, sordide. Les personnages ne sont pas mieux lotis. Le frère de Krank n'est qu'un cerveau conservé dans du formol. Il parle avec la voix de Jean-Louis Trintignant (qui, décidément, ne choisit pas toujours bien ses réalisateurs – bien sûr, on ne rencontre pas tous les jours un Kieslowski avec qui tourner *Trois Couleurs : Rouge* !). Le héros, qui tente de délivrer les enfants, est un colosse un peu fruste (Ron Perlman), flanqué d'une petite fille qui a déjà l'air d'une femme. C'est la copie conforme du couple de *Léon* (1994), de Luc Besson. Quant au petit frère du colosse, l'un des bambins kidnappés, il est ravissant, avec ses yeux immenses, mais rien ne le touche : il passe son temps à bâfrer méthodiquement tout ce qui lui tombe sous la main – même non comestible – et à roter. Ce n'est pas un enfant, c'est un tube digestif. Il s'appelle Denrée…

Ah ! on ne peut pas accuser Jeunet et Caro de donner dans la psychologie et de faire un cinéma franco-français ! Ils lorgnent plutôt du côté de l'Allemagne. Et pas seulement vers l'expressionnisme. La secte chargée par Krank (« malade » en… allemand) de kidnapper les enfants, et dont les membres portent un objectif greffé à la place d'un œil, prône la mystique d'une race supérieure. Et la caméra de Jeunet et Caro filme leurs rites avec une répulsion fascinée.

Étouffant et délétère, ce cinéma-là est celui de l'oppression. Dans les deux sens du terme.

Des vieux toujours jeunes

Et même de plus en plus… Picasso avait raison : « Il faut très longtemps pour devenir jeune. » Comme pour les vins, ce sont les plus grands qui vieillissent le mieux. Pardon, qui rajeunissent le mieux. Au fil du temps, au lieu de se scléroser, ils deviennent plus souples, plus légers, plus libres.

Le dernier film de François Truffaut

Pour ce qui devait être son dernier film, *Vivement dimanche !* (1983), François Truffaut a soudain renoué avec le noir et blanc de ses débuts. Et, du même coup, retrouvé la liberté de ton de *Tirez sur le pianiste*. « L'absence de la couleur, dit Nestor Almendros, son (génial) directeur de la photo, n'est pas ressentie par le public comme un manque et apparaît plutôt comme un surcroît de stylisation et d'évasion. »

Évasion : c'est exactement le terme qui convient. Car Truffaut ne nous invite pas seulement à nous évader de notre quotidien pour entrer dans une comédie policière. Il nous oblige aussi à nous évader de cette comédie pour suivre des digressions qui n'ont rien à faire dans un film policier qui se respecte (c'est-à-dire dont pas un plan, pas un mot ne doit être innocent). Or, grâce à Dieu et à Truffaut, *Vivement dimanche !* n'est pas un film respectable. Il est beaucoup mieux que cela : un film adorable. A chaque instant, Truffaut casse le récit et s'offre le luxe de nous intéresser à un noceur slave qui semble droit sorti du

Roman d'un tricheur, à une prostituée qui a des problèmes avec son « petit client », à un Albanais qui vient en pleine nuit au commissariat, flanqué d'une grosse dame – son interprète –, pour demander l'asile politique, et j'en passe... Autant de silhouettes qui ne font pas avancer l'intrigue d'un pouce, mais sont pourtant indispensables puisqu'elles nous enchantent.

A propos des romanciers noirs américains, François Truffaut avait écrit : « S'imaginant bien dissimulés derrière quelques cadavres et quelques revolvers, ils se dévoilent, se confessent et accomplissent dans la contrainte une œuvre libre. » C'est exactement ce qui lui est arrivé dans *Vivement dimanche !* Truffaut a truffé son film de clins d'œil à Hitchcock, à Bogart, à Becker... et à ses propres films. Tout son univers, tout ce qui faisait sa personnalité transparaît. Il nous parle de ce qu'il aime, de ce qui l'obsède, de ce qui l'amuse : du théâtre (comme dans *Le Dernier Métro*), des halls de cinéma (comme dans *Les Quatre Cents Coups*), des jambes des femmes (comme dans *L'Homme qui aimait les femmes*), des détectives privés (comme dans *Baisers volés*). Et même des enfants (comme dans *L'Argent de poche*). Ce sont eux qui concluent, dans un ballet narquois, ce film qui ressemble à ces séries B américaines qu'il aimait tant.

Quant à la mise en scène, faite de longs plans-séquences, Fanny Ardant et Jean-Louis Trintignant ont toujours dit qu'elle leur avait apporté un extraordinaire sentiment de liberté. Toujours en mouvement, ils se croisaient et s'entrecroisaient, presque au gré de leur fantaisie, en tout cas sans avoir à se soucier de suivre des marques tracées au sol. Ce sentiment de liberté – et donc de plaisir – qu'ils ont éprouvé au moment du tournage est contagieux : le spectateur jubile. Il jubile même d'autant plus que l'œuvre est plus légère.

Éric Rohmer : éloge du hasard

Car c'est aussi une caractéristique des auteurs qui vieillissent bien : ils deviennent légers. Au point, parfois, d'être accusés de futilité. Comme ce pauvre Rohmer, à qui les amoureux de *Ma nuit chez Maud* (1969) n'en auront jamais fini de reprocher *Le Rayon vert* et *Quatre Aventures de Reinette et Mirabelle* (sortis la même année : 1986).

Mais faut-il toujours être sérieux pour être pris au sérieux ? Et ne peut-on parler de choses graves qu'en citant Pascal ? C'est *Le Rayon vert* qui a fait sortir Éric Rohmer du ghetto des intellos pour toucher un plus vaste public, composé surtout de jeunes. Or *Le Rayon vert* n'est pas très éloigné, dans son propos, de *Ma nuit chez Maud*. Dans les deux films, il est question de quelqu'un qui parie sur le « non » dans l'espoir de recevoir beaucoup plus quand, enfin, il dira « oui ».

Le narrateur de *Ma nuit chez Maud* (Jean-Louis Trintignant) refuse, une nuit entière, les avances de la belle Maud (Françoise Fabian) pour rester fidèle à une petite blonde à qui il n'a pas encore adressé la parole, mais dont il a déjà décidé de faire sa femme. Et, pour justifier son attitude, il invoque le pari de Pascal. La Delphine du *Rayon vert* (Marie Rivière), elle, n'a rien décidé et serait sans doute bien en peine de citer Pascal. Pourtant, ses vacances itinérantes n'en seront pas moins – oh ! sans qu'elle en ait bien conscience ! – un itinéraire spirituel. Delphine redoute la solitude, mais néanmoins refuse de draguer les garçons, comme le font ses copines. Pourquoi ? Elle ne le sait pas très bien. Est-elle tout simplement coincée ? Ou n'a-t-elle vraiment rien à offrir aux autres – comme elle finit par le croire, puisque les autres ne vont pas vers elle ? En fait, sous ses apparences velléitaires, avec sa difficulté à communiquer, son incapacité à s'exprimer, Delphine, sans même le savoir, est un personnage fort, qui marche vers un but qu'elle ignore. C'est une romantique qui croit à l'amour et pressent vaguement qu'elle doit, envers et contre tous, rester fidèle à ce qu'elle est. Chacune de ses rencontres ressemble à une épreuve – une tentation – qu'elle doit surmonter. Car, pour la sauver de la solitude, chacun la pousse à se trahir elle-même.

Il est vrai que, pour se guider à travers les embûches, Delphine, comme dans les jeux de piste, trouve des signes. Avec un instinct très sûr, elle ne s'attarde pas sur l'affiche de l'Association franco-québécoise qui propose à ses adeptes de « retrouver le contact avec soi-même et avec les autres ». Pas plus qu'elle n'attache d'importance à ce clin d'œil ironique du destin qui veut que le premier garçon qu'elle rencontre s'embarque le lendemain pour l'Irlande : l'Irlande, où elle a refusé d'accompagner sa famille. Fausses pistes…

Par contre, Delphine croit aux cartes. Surtout quand elle les trouve par terre. Et au vert – sa couleur de l'année. Elle écoute, fascinée, quelques professeurs en vacances parler d'un roman de Jules Verne, *Le Rayon vert.* Ainsi apprend-elle que le rayon vert qui apparaît parfois – très rarement – au coucher du soleil donne le pouvoir, à ceux qui le voient, de lire dans leur cœur et dans celui des autres. Comme dans les contes, après avoir déjoué tous les pièges, Delphine va enfin rencontrer son prince charmant.

Sous une forme ludique, *Le Rayon vert* en dit au moins autant que *Ma nuit chez Maud.* Mais, entre ces deux films, dix-sept ans ont passé et Rohmer a rajeuni. Il ose enfin ce qu'il n'osait pas tout à fait : faire confiance au jeu, donc au hasard[1]. Même pour la mise en scène. Même pour les dialogues. Écoutez-le : « Les personnages secondaires des *Contes moraux* n'ont pas toujours disposé d'un texte écrit. Par exemple, dans *Ma nuit chez Maud*, la grande tirade d'Antoine Vitez sur le marxisme est entièrement de son cru. Mais les *Comédies et Proverbes* n'ont jamais laissé aucune place à l'improvisation. J'ai écrit jusqu'aux répliques téléphoniques que le spectateur n'entend pas ! *Le Rayon vert* est une entreprise très différente. Je l'ai

1. Le hasard est aussi le sujet de l'admirable *Conte d'été* (1996), d'Éric Rohmer. Mais l'éclairage est différent. Gaspard (Melvil Poupaud) est moins un indécis qu'un volontariste de l'indécision. Il ne fait confiance qu'au hasard, et si celui-ci a bien fait les choses en le débarrassant de deux filles qui, manifestement, n'étaient pas faites pour lui, peut-être lui a-t-il été moins favorable en éloignant aussi Margot (la délicieuse Amanda Langlet). Mais la fin reste ouverte et peut-être le hasard les réunira-t-il de nouveau… Cette fois, même les critiques les plus austères ont été séduits par la rigueur de la construction, la justesse du ton, la grâce des comédiens, la fluidité de la mise en scène et, sous l'apparente légèreté, par une certaine mélancolie.

tourné en 16 mm, comme un film de vacances. Il n'y a que deux acteurs professionnels : Marie Rivière et Vincent Gauthier. Les autres – à l'exception du dragueur de Biarritz trouvé trois minutes avant le tournage – sont tous des parents ou des amis de Marie. L'histoire a été minutieusement construite, les personnages précisément définis, mais pas une ligne n'a été écrite. C'est très aventureux, mais l'aventure faisait partie du propos. »

Pour un auteur aussi méticuleux que Rohmer, improviser, c'était prendre un grand risque. Or tous s'en tirent. Et fort bien.

Cette vague prescience de ce qu'il ne faut pas faire, ce « non » têtu, qui paraît absurde, on les retrouve chez l'héroïne de *Conte d'hiver* (1992), Charlotte Véry. Encore une fille simple et qui s'obstine, comme Delphine, à attendre celui qu'elle sait lui être destiné. On se croirait chez Demy (*Lola*, *Les Demoiselles de Rochefort*). Avec l'âge, il semble que certains auteurs aient de plus en plus envie de faire l'éloge de l'entêtement. Cet entêtement qui est le privilège de l'enfance et de ceux qui ont gardé un cœur assez pur pour refuser de se laisser séduire par tous ces beaux raisonnements, si justes, si logiques, si sensés, mais qui ouvrent la porte à toutes les compromissions.

Jacques Doillon : éloge de l'entêtement

Jacques Doillon – qui pourrait être le fils d'Éric Rohmer, mais n'a tourné que trois films de moins que lui : 18 contre 21 –, Jacques Doillon a toujours peint des « obsédés magnifiques », comme dit Pierre Murat [2]. Les héroïnes de *La Femme qui pleure* (Dominique Laffin) et de *La Pirate* (Jane Birkin), pour n'en citer que deux, vont jusqu'au bout de leur passion. Cécile (Isabelle Huppert), en poussant inexorablement sa rivale au suicide, va jusqu'au bout de sa vengeance *(La Ven-*

2. *Télérama*, n° 2437.

geance d'une femme). Mais, dans ses deux derniers films [3], la violence quasi hystérique qui habitait ses héros cède la place à une détermination plus tranquille, qui a la force de l'évidence.

Souvenez-vous du *Jeune Werther* (1993). Ismaël (Ismaël Jolé-Ménébhi), qui a 13 ou 14 ans, apprend par le proviseur du lycée que Guillaume, son meilleur ami, s'est pendu. Avec six copains, il mène l'enquête et découvre que Guillaume était amoureux fou d'une certaine Miren (Miren Capello), qui l'a repoussé. Ismaël, à son tour, tombe amoureux de Miren et met ses pas dans ceux de Guillaume. Lui aussi sera éconduit, mais il ne songe pas au suicide. A Miren, un soir de fête, il dit : « Si t'es pas capable d'aimer, t'as une vie de merde devant toi... T'es déjà passée à côté de mon copain, il faut pas que ça recommence. » A Guillaume, là-bas, au cimetière, il a fait une promesse : « Avec elle, il faut que ça change, sinon t'auras fait tout ça pour rien. » Et le dernier plan du film nous montre Ismaël, vêtu de noir, qui va tranquillement prendre place dans l'embrasure d'une porte noire, en face de l'immeuble blanc de Miren. Elle sort, et Ismaël la suit, de loin, calmement, obstinément, comme si tenter de forcer son indifférence devait être désormais le seul but de sa vie.

Mais le plus bel éloge de l'entêtement, Jacques Doillon l'a réalisé avec son dernier film en date : *Ponette* (1996). Ponette (Victoire Thivisol) a 4 ans. Et il faut avoir 4 ans pour ne pas savoir que la mort est inéluctable. Donc, Ponette a 4 ans. Ponette vient de perdre sa mère. Ponette veut la retrouver. C'est tout : l'histoire d'une petite fille qui dit « non ». Non aux explications. Non aux accommodements. Non, obstinément, à tout ce qui n'est pas son désir, son obsession : revoir sa mère, la toucher, lui parler.

Il y a quelques années, Jacques Doillon n'aurait sûrement pas osé montrer la rencontre de Ponette et de sa mère (magnifique Marie Trintignant). Il a osé et c'est sublime. Il s'en explique,

3. Si l'on oublie volontairement *Du fond du cœur*, la version cinématographique de *Germaine et Benjamin*, évocation assez ratée des amours de Mme de Staël et de Benjamin Constant, réalisée pour la télévision.

modestement, comme d'une nécessité qui s'est peu à peu imposée : « Cette petite fille était si méritante, c'était une telle résistante, que je devais lui rendre tout ce qu'elle avait donné avec une telle ferveur [4]. » Doillon va donc rendre sa mère à Ponette. Oh ! pas pour longtemps ! Juste le temps nécessaire pour qu'elle puisse lui dire ce qu'elle n'avait pas pu lui dire. Juste le temps nécessaire pour lui donner un double viatique, matériel et spirituel.

C'est le petit matin. La montagne est toute dorée par le soleil levant. Ponette gratte avec ses mains la terre de la tombe : « Maman, je suis là. » Elle se couche et elle pleure. Soudain, on voit arriver, à la hauteur des yeux de Ponette, le bas d'un grand manteau noir et un truc rouge qui se balance à côté. Ponette ouvre les yeux : sa mère est là. Et quelle mère ! Vivante, tellement vivante. Et gaie. « Un esprit supérieurement joyeux comme ta mère, ça ne meurt pas. » La voix un peu rauque de Marie Trintignant, sa façon de marcher à grandes enjambées, son côté soixante-huitard, chaleureux, réconfortant. « Un enfant négligent, c'est un enfant qui oublie de rire. » Ponette a un peu froid : « Bien sûr, quand je t'ai vue partir, je me suis dit : elle est pas assez couverte, celle-là. » Car elle l'a vue partir ! Et elle lui apporte son propre pull rouge ! Trop grand, bien sûr, mais il ne l'en protégera que mieux. Et elle lui laisse le plus précieux des messages. Comme le dira Ponette à son père : « Elle m'a dit d'apprendre à être contente. »

Il n'y a aucune concession dans ce dénouement. La foi qui déplace les montagnes, la foi qui ressuscite les morts – fût-ce pour quelques minutes –, les plus sages parmi les plus grands – ou les plus grands parmi les plus sages – osent y croire. Et préférer l'optimisme au pessimisme. Chez Rohmer, l'évolution est flagrante : si les quatre premières *Comédies et Proverbes*, apparemment, se terminent mal, c'est, dit Rohmer, « un malheur qui laisse intact l'espoir, alors que le bonheur des épilogues des *Contes moraux* avait un goût de tristesse ». *Le Rayon vert* et

4. *Télérama*, n° 2437 (propos recueilli par Pierre Murat et cité dans sa critique).

L'Ami de mon amie, les deux dernières *Comédies et Proverbes*, finissent bien. Et les trois premiers *Contes des quatre saisons* ont soit des fins ouvertes (*Conte de printemps* et *Conte d'été*), soit une fin heureuse *(Conte d'hiver).*

Bref, nos chers vieux qui restent jeunes obéissent au conseil de Max Jacob : « Un poème doit être à la fois euphonique et euphorique. »

Jacques Rivette : éloge du jeu

Les deux Jacques (Rivette et Rozier) n'ont pas attendu les années 90 pour le suivre, ce conseil.

Rivette a toujours aimé les complots et les jeux de piste. Et il les aime toujours. Au point de faire d'un film apparemment sur la création (*La Belle Noiseuse*, 1991) une sorte de serial qui pourrait s'appeler « Les vampires ». Deux ans plus tard, pourtant, en 1993, Rivette abandonne les jeux de piste – donc la déambulation – pour réaliser un film curieusement statique : une suite de tableaux consacrés à Jeanne d'Arc. *Jeanne la Pucelle* est un film superbe mais austère, où Rivette tente, après Dreyer, après Bresson, de percer le mystère de Jeanne. On s'étonne d'abord, pour découvrir soudain que ce qui fascine Rivette, c'est son entêtement. Oui, lui aussi, comme Rohmer, comme Doillon, fait l'éloge de l'entêtement. Cela dit, en dépit de la beauté et de l'intelligence de la mise en scène, toute en profondeur de champ, en dépit de l'interprétation lumineuse de Sandrine Bonnaire, on peut préférer le Rivette léger, ludique, qui imagine des mystères à chaque coin de rue et des complots dans toutes les caves.

On le retrouve en 1995 avec *Haut bas fragile*, mini-comédie musicale qui s'inscrit directement dans la lignée de *Céline et Julie vont en bateau* (1974) et de *La Bande des quatre* (1988). Comme il l'avait fait avec Dominique Labourier et Juliet Berto pour *Céline et Julie...*, il a associé Nathalie Richard, Marianne Denicourt et Laurence Côte à l'écriture du scénario. Elles ont travaillé avec lui, avec Christine Laurent et Pascal Bonitzer. Résultat : trois rôles sur mesure qui doivent beaucoup à leur imaginaire.

Donc, trois filles : Ninon (Nathalie Richard), Louise (Marianne Denicourt), Ida (Laurence Côte). Trois filles qui ne se connaissent pas, mais dont les trajectoires (toujours la déambulation) vont se frôler, se croiser et même, pour deux d'entre elles, se confondre un moment. Tout le film ressemble à une espèce de jeu de l'oie qui nous entraîne, selon une géographie aléatoire mais indiscutable, d'un personnage à l'autre, d'un repaire à l'autre, d'un atelier immense où l'on crée du rêve à une cave exiguë où l'on vit un cauchemar. Mais, en même temps, le spectateur peut jouer à un autre jeu : celui des réminiscences. Ninon sur sa mob, coiffée d'un casque..., mais c'est Pascale Ogier, la jeune mutante de *Pont du Nord* (1980), tournant, place Denfert-Rochereau, autour du Lion de Belfort. Ninon sur ses rollers, n'est-ce pas un clin d'œil à Céline et Julie sur leurs patins à roulettes ? Une plaque, derrière le banc où rêve Louise, indique : « rue du Moulin de la Pointe », et l'on pense alors à une autre rue – imaginaire, celle-là –, la rue du Nadir-aux-Pommes, où Céline et Julie vivaient des rêves plus rocambolesques...

Ce sont ces itinéraires pleins de méandres qui nous enchantent. Et peu importe que le secret enfin révélé nous semble un peu dérisoire. Ces secrets sont des « McGuffin », comme disait Hitchcock de ces méchants prétextes qui faisaient courir ses héros. La quête vaut toujours mieux que son objet. Ici, des documents secrets, de l'argent volé, une mère hypothétique nous émeuvent moins qu'un tiroir secret, un long baiser, une bribe de chanson...

Jacques Rozier : éloge de la flânerie

Si les films de Jacques Rozier n'existaient pas, il faudrait les inventer, les rêver, se débrouiller de n'importe quelle façon, mais trouver un moyen pour remplacer l'irremplaçable. Heureusement, ils existent. Pas très nombreux, certes – quatre en trente-cinq ans –, mais c'est assez pour nous laver les yeux, les oreilles et la tête.

Chez Rozier, les personnages les plus banals deviennent attachants. Et, parce qu'ils prennent soudain « le temps de vivre, d'être libres… sans projets et sans habitudes », comme dit la chanson de Moustaki, voilà que nous aussi, dans notre fauteuil, nous prenons le temps de vivre, d'être libres et de nous balader dans l'image en leur compagnie.

Depuis plus de dix ans, hélas, Jacques Rozier n'a pas tourné pour le cinéma. Mais pourquoi se priver du plaisir de raconter *Maine-Océan* (1986) puisque, pour lui, le temps n'est pas le même que pour nous ? Tout commence gare Montparnasse, où l'on voit un jeune soldat noir courir pour attraper son train au vol. Avec lui, nous y sautons pour avoir la surprise de découvrir que le soldat noir est une ravissante Brésilienne (Rosa-Maria Gomez). Ne pas se fier aux apparences… C'est ainsi qu'un contrôleur teigneux (Bernard Menez) va révéler sa vraie nature, celle d'un « Maurice Chevalier du futur » qui ne rêve que de pousser la chansonnette : « Je suis le roi de la samba… » Pour l'instant, rien ne laisse présager chez lui de telles aspirations artistiques. Il veut obliger son collègue (Luis Rego) à verbaliser contre la belle Déjanira, notre Brésilienne, coupable de n'avoir pas composté son billet.

Le début est étourdissant de brio et de drôlerie. Ce dialogue de sourds entre deux Français qui s'efforcent de parler anglais, une Brésilienne qui répond en portugais et une aimable avocate (Lydie Feld) qui tente de lui servir d'interprète est irrésistible. Comme *Adieu Philippine* (1962), où Rozier tentait de restituer le parler populaire de l'époque, comme *Du côté d'Orouet*, où trois jeunes filles communiquaient par le rire mieux que par les mots, *Maine-Océan* est un film qui traite du langage et de la communication.

Au tribunal de Baugé, près d'Angers, l'avocate va plaider l'affaire de Petitgas Marcel (Yves Afonso), un marin pêcheur de l'île d'Yeu, accusé – à tort – de voies de fait sur un automobiliste. Elle y entraîne Déjanira, sa nouvelle amie, et nous assistons à une plaidoirie digne de celle de l'Intimé dans *Les Plaideurs*.

Hors du sujet, comme dit le président, ahuri ? Pas du tout. Par son cours de linguistique et son explication des différents « niveaux de langage », qui semblent aussi déplacés dans l'enceinte du tribunal que la voix forte et le parler abrupt de Petitgas Marcel, elle tente précisément de convaincre le président qu'il ne faut pas condamner son client sur les apparences, simplement parce qu'il a l'habitude de hurler pour dominer les éléments. Le langage est une suite de signes codés. Et il y a des codes différents…

Rien n'y fait, Petitgas Marcel est condamné et, pour le consoler, l'avocate et Déjanira lui promettent de le rejoindre à l'île d'Yeu, pour y passer quelques jours de vacances.

Depuis *Adieu Philippine*, qui se passe en Corse, depuis *Les Naufragés de l'île de la Tortue*, on sait que Jacques Rozier aime les îles. Quant aux vacances, c'est un thème qui revient dans chacun de ses films. Dans « vacances », il y a « vacance », et dans ce vide, dans ce laps de temps où l'on est soudain disponible, tout peut arriver.

Furieux contre l'injustice dont s'est rendu coupable le président du tribunal, Petitgas Marcel en veut aussi aux deux contrôleurs qui ont tourmenté ses amies. Il décide, si jamais il les rencontre, de « les emmener faire un petit tour en mer ». Grâce à la malignité de ces dames, la rencontre aura lieu, l'espace d'un week-end, à l'île d'Yeu. Cinéma de la déambulation, chronique de l'amitié, car, bien sûr, Petitgas Marcel, Lulu-la-casquette et son acolyte le teigneux vont tomber dans les bras les uns des autres.

Toute la seconde heure du film se passe au bord de la mer, cette mer qui baigne chaque film de Rozier, ouvrant une fenêtre sur l'infini et imposant une autre durée.

Car, il faut le savoir, *Maine-Océan* ne s'adresse pas aux gens pressés. C'est un de ces films contemplatifs, faits de longs plans-séquences, où il faut s'immerger pour ensuite se laisser porter. Faute de quoi, vous vous plaindrez de « longueurs ».

Mais si vous voulez vous aventurer en « Roziérie » avec une âme d'explorateur, vous découvrirez que l'île d'Yeu est aussi insolite que la Papouasie, qu'un imprésario mexicain (joué par le fils de Pedro Armendariz) et un groupe de danseurs folkloriques vendéens peuvent parfaitement s'y rencontrer et que, dans cette tour de Babel, tous cohabitent fraternellement en gardant leur identité culturelle.

Maine-Océan est un film de badauds pour des badauds. On s'y amuse. On y rêve aussi. La fin est superbe. Dans la lumière du petit matin, notre ex-teigneux saute de bateau en bateau pour regagner Nantes, où il doit reprendre son service sur « le 140 à 9 h 26 ». Le temps s'étire comme le paysage. Et l'on a soudain la tentation de s'y perdre.

Difficile d'imaginer une fin plus ouverte, dans tous les sens du terme.

Maurice Pialat : éloge de l'émerveillement

Non, il est impossible, même avec la plus mauvaise foi du monde, de classer Maurice Pialat parmi les adeptes de l'euphorie. Mais, tout de même, à le comparer à ses autres œuvres, *Le Garçu* (1996) fait montre d'une certaine... disons, retenue dans l'expression du désespoir. Car le désespoir est là, bien sûr.

Le Garçu est un film en trompe l'œil. Son sujet est moins ce petit garçon – Antoine – presque omniprésent, filmé le plus souvent face à la caméra, comme dans les vidéos familiales, que l'angoisse de celui qui le filme : son propre père, Maurice Pialat. Cette angoisse, Pialat l'insuffle à son alter ego, Gérard Depardieu, qui joue le père d'Antoine, et à Géraldine Pailhas, qui incarne la mère. Dans ce portrait de famille, Antoine n'est qu'un révélateur et les personnages principaux sont ceux qui, là-bas, au fond du cadre, le contemplent avec amour, désemparés, démunis, éperdus

Le titre même est une fausse piste. Le Garçu, ce n'est pas Antoine, mais son grand-père, qui, toute sa vie, a gardé le surnom donné dans son enfance. Toute sa vie ? Mais que c'est court, une vie ! Regardez ce vieux Garçu : le voilà déjà sur son lit de mort. Et les parents d'Antoine ont beau tenter de se doper en s'émerveillant devant ce gamin que sa vie toute neuve émerveille, ils savent bien que la mort rôde.

Alors, Maurice Pialat filme, coupés d'ellipses, des instants suspendus comme pour les éterniser dans un éternel présent. Mais ce temps immobile est un leurre, qui tente désespérément de masquer notre inexorable dérive vers la vieillesse et la mort. Exactement comme cette mare qui communique avec le ruisseau et intrigue Géraldine Pailhas : « Tiens, c'est bizarre, l'eau, elle bouge pas là… et là, il y a du courant. »

Trompe-l'œil, fausse piste, leurre… *Le Garçu* est le film de tous les malentendus. Mais c'est aussi le plus beau de Maurice Pialat, qui, après deux films en costumes – *Sous le soleil de Satan* et *Van Gogh* –, renoue avec sa première veine : *L'Enfance nue*, *Nous ne vieillirons pas ensemble*, *La Gueule ouverte* et *A nos amours*. Mais dans un style plus épuré encore. Et en mineur, en sourdine, sans cris et sans violence. Du moins en apparence. Car la violence est là. A l'intérieur de Depardieu-Pialat. D'autant plus terrible qu'elle n'éclate jamais. Invisible, comme le temps qui passe. Inexplicable, comme cette impossibilité pour un couple qui s'aime de vieillir ensemble. Désespérée, comme cet amour fou d'un père pour son fils. Amour impuissant, puisqu'il ne pourra empêcher Antoine de mourir un jour [5].

Oui, un jour… Mais, en attendant, il y a tout de même sur l'écran ce petit garçon dont l'émerveillement nous émerveille…

5. Ce texte sur *Le Garçu*, écrit pour *L'Année du cinéma 1996* (Calmann-Lévy), est reproduit ici avec l'aimable autorisation de Danièle Heymann. Qu'elle en soit remerciée.

Chris Marker : éloge de l'ordinateur

Ce qui peut aussi nous émerveiller, c'est qu'un vieux monsieur de 76 ans, Chris Marker, fasse d'un ordinateur l'un des protagonistes de son dernier film en date : *Level Five*[6] (1997). D'habitude, l'ordinateur intéresse plutôt les jeunes. Et, au cinéma, il sert généralement à obtenir des effets spéciaux ultra-sophistiqués. Ici, il est tout simplement le partenaire d'une jeune femme, Laura[7] (Catherine Belkhodja). Jadis, l'homme qu'aimait Laura y a fait entrer toutes les données sur la bataille d'Okinawa (1945), tragédie occultée par l'Histoire. Et il avait commencé à organiser ces données en jeu vidéo. Aujourd'hui, Laura interroge l'ordinateur, qui lui répond par des chiffres terribles : 110 000 soldats morts, 150 000 civils suicidés sur ordre de l'armée japonaise. La mémoire de l'ordinateur est sans défaillance. Laura, elle, se souvient de son ami mort. Mais la mémoire humaine, elle le sait, est fragile : « Quel détail de toi vais-je perdre ? »

Level Five, c'est « Okinawa mon amour ». L'écho, trente-neuf ans plus tard, du film d'Alain Resnais, *Hiroshima mon amour*. La construction est la même : mise en parallèle d'un drame personnel et de la tragédie d'une population.

Chez Resnais, une jeune femme (Emmanuelle Riva), venue de France, en 1957, pour jouer à Hiroshima dans un film sur la paix, visite les musées, les hôpitaux, et découvre l'horreur. Elle raconte à son amant japonais d'un jour et d'une nuit (Eiji Okada) son horreur à elle : toute jeune fille, elle fut tondue, à Nevers, pour avoir aimé un Allemand, tué à la Libération.

Marker, lui, oppose le chagrin de Laura et celui d'un survi-

6. « Niveau 5. » Autrefois, Laura et son ami faisaient des rencontres sur un réseau au terminal si perfectionné qu'il permettait de lire dans les pensées d'autrui. Ils s'amusaient ensuite à coter le niveau d'intérêt de leurs interlocuteurs. Mais jamais personne n'avait pu atteindre le fabuleux *level five*.

7. Le nom de l'héroïne de *Laura* (1944), le film d'Otto Preminger, est devenu le symbole d'une femme fantomatique et éternelle.

vant d'Okinawa, Kinjo. Kinjo avait 17 ans quand les Américains sont entrés dans Okinawa. Il a obéi aux ordres : en pleurant, il a tué sa mère, son frère cadet et sa petite sœur. Mais il fut fait prisonnier avant d'avoir pu se tuer lui-même. Comment survivre après cela ? « Dans la mentalité japonaise, dit Kinjo, si on a commis une faute, elle subsiste à jamais. Dans la Bible, par la confession des fautes commises, par l'expression du repentir, on peut se laver de son passé. » Kinjo s'est converti au christianisme et est devenu pasteur. Il a décidé que sa mission « serait désormais de proclamer la valeur inestimable de la vie humaine ».

En s'appuyant sur le scénario de Marguerite Duras, Alain Resnais a fait d'*Hiroshima mon amour* un admirable poème. En le présentant comme un puzzle, un jeu, une sorte d'enquête policière, Chris Marker fait de *Level Five* une méditation philosophique. Où il est question de la mort, de la mémoire, du refus de l'oubli et de la morale du regard. Car un regard peut tuer. Chris Marker nous montre une image des actualités où une femme d'Okinawa, avant de sauter dans le vide, voit une caméra américaine en train de la filmer. « Est-ce qu'on est sûr, dit Laura, qu'elle aurait sauté si elle n'avait pas compris qu'elle était vue ? La femme de Saipan a compris que ces démons étrangers non seulement la traquaient, mais qu'ils étaient capables de montrer à tout le monde qu'elle n'avait pas eu le courage de sauter. Elle a sauté, et celui qui la visait comme un chasseur, à travers une lunette de visée, l'a abattue comme un chasseur. »

C'est très à la mode, aujourd'hui, de s'interroger sur la « morale de l'image ». C'est-à-dire qu'on se pose beaucoup de questions – à la télé, à la radio –, mais qu'on apporte peu de réponses. On atermoie, on ergote, on mégote. Chris Marker, lui, avec l'intransigeance de la jeunesse et la lucidité de la vieillesse (du moins de ceux à qui la vieillesse a appris quelque chose), répond immédiatement et sans ambages, par la bouche de Laura : non, on n'a pas le droit de tout filmer ; oui, il y a des regards qui tuent. Voilà, c'est simple.

Alain Resnais : « Voulez-vous jouer avec moâ ? »

Jusqu'à ces dernières années, Alain Resnais cachait plutôt bien son jeu. Quel jeu ? Eh bien, précisément, son amour du jeu. Il jouait discrètement. Avec Marguerite Duras, par exemple : tous deux se demandaient si l'épisode de Nevers, dans *Hiroshima mon amour*, n'était pas un mensonge, inventé par l'héroïne. Ou bien avec Hans Werner Henze, le musicien de *L'Amour à mort* : « Le jeu consistait, dit-il, à tourner un film avec une musique qui n'accompagnait jamais l'action, qui s'arrêtait dès que la voix humaine résonnait. Un jeu avec 62 petits morceaux de musique ! Les acteurs terminaient sur certaines notes, avec des intonations ouvertes, de manière à ce que le compositeur puisse les rattraper et continuer. » Il y avait aussi un côté ludique dans *La vie est un roman* et dans *Mon oncle d'Amérique*.

Mais Alain Resnais a attendu d'avoir 71 ans pour oser demander au spectateur de jouer avec lui. *Smoking* et *No Smoking* (sortie : décembre 1993) sont si excitants pour l'esprit, si drôles dans la combinaison des possibles, si jubilatoires par l'interprétation et la mise en scène, qu'on en oublie, dans le plaisir du jeu, la gravité de l'enjeu.

« Que serait-il arrivé si j'avais dit "non" au lieu de "oui" ? » Tout le monde, un jour, s'est posé cette question. Personne ne peut y répondre. Alors, Resnais s'est amusé (« Il faut qu'il y ait du plaisir, dit-il, et pour ceux qui font le film et pour ceux qui le regardent ») à explorer quelques-uns des destins possibles de six personnages. *Smoking* et *No Smoking* – qu'on peut voir dans n'importe quel ordre – sont un peu construits comme un « jeu de rôles » ou un jeu vidéo.

Premier plan de *Smoking* : Celia sort de la maison, voit un paquet de cigarettes sur la table du jardin, le saisit, hésite un instant et prend une cigarette. On sonne : c'est Lionel, le jardinier…

Premier plan de *No Smoking* : le même, à deux détails près : Celia repose le paquet sans prendre de cigarette. On sonne : c'est Miles, un ami.

Toute la malice d'Alain Resnais est là : y a-t-il un rapport de cause à effet entre la cigarette – fumée ou non – et l'identité du visiteur ? Aucun. C'est une fausse piste.

Et, même quand il y a des rapports de cause à effet entre les événements, ils sont souvent hors champ, en coulisses, invisibles. A nous de les deviner ou de les inventer.

Les deux films sont construits exactement de la même manière. Tout à coup, le récit s'arrête. On revient en arrière. Et on voit tel ou tel personnage réagir différemment et ce qui en découle. Mais il y a bien plus de deux dénouements possibles, car, au cours des cinq années que raconte le film, d'autres bifurcations auraient pu se produire, que Resnais nous donne à voir. Chaque fois, apparaît un « carton » sur lequel est écrit : « Ou bien… » Et, presque à chaque étape – cinq secondes après que Celia a pris ou non une cigarette, puis cinq jours après, puis cinq semaines après, puis cinq ans après –, il y a deux possibilités. Ce qui, à l'arrivée, donne, pour les deux films, douze épilogues possibles.

Celia sombrera-t-elle dans la folie, ou bien deviendra-t-elle une riche femme d'affaires ? Miles quittera-t-il sa femme pour s'occuper de son vieil ami ivrogne, ou bien mourra-t-il en tombant d'une falaise, un jour de brouillard ? Sylvie, la servante de Celia, deviendra-t-elle la femme d'un abruti, la mère épuisée d'une insupportable marmaille, ou bien une jeune journaliste pleine d'avenir ? A quoi tient notre destin ?

Pour accentuer le côté ludique du film, tous les personnages sont interprétés par les deux mêmes comédiens, dont on ne vantera jamais assez le talent : Sabine Azéma et Pierre Arditi.

Enfin, Alain Resnais s'est imposé la règle draconienne de l'unité de lieu. Alors que l'action se passe entièrement en extérieurs – un jardin, une terrasse d'hôtel, une falaise, un petit cimetière autour d'une église… –, il a tout tourné en studio, à la lumière artificielle. Et c'est magique. D'abord parce que le travail du décorateur, Jacques Saulnier, et celui du chef opérateur, Renato Berta, sont magnifiques. Mais aussi parce que cette reconstitution a un sens. Tout se passe comme si Alain Resnais avait voulu recréer le monde dans un bocal pour mieux se livrer à ses expériences. Pour que rien n'interfère. Pour que n'intervienne aucun hasard extérieur.

On peut alors se poser toutes les questions. A quoi obéissent les personnages ? Qu'est-ce qui déclenche chez eux telle réaction plutôt que telle autre ? Pourquoi répondent-ils « oui » plutôt que « non » ? Ou « non » plutôt que « oui » ? Déterminisme ? Libre arbitre ? Hasard ? Et le hasard, ce petit rien qui, apparemment, ne dépend de rien, d'où vient-il ?

Smoking et *No Smoking* permettent toutes les lectures. Sont-ils l'illustration même du déterminisme ? Mais alors, d'un déterminisme tellement arbitraire, tellement inattendu, tellement fou, qu'il ressemble beaucoup à la liberté. Sont-ils, au contraire, une défense du libre arbitre ? Mais alors, d'un libre arbitre tellement arbitraire, tellement inattendu, tellement fou, qu'il fait beaucoup penser au déterminisme : un bouchon ballotté sur les flots n'est pas libre…

Et puis, il y a le hasard : parfois la rencontre de deux personnages, obéissant chacun à son propre déterminisme, et dont les trajectoires, soudain, se coupent ; parfois l'irruption d'un élément extérieur.

En cherchant ce qu'il a voulu dire, on croit faire le portrait d'Alain Resnais. Pas du tout : c'est le nôtre qui apparaît. Croyons-nous au libre arbitre ou au déterminisme ? Sommes-nous optimiste ou pessimiste ? Généreux ou égoïste ? Humaniste ou anti-humaniste ? Enthousiaste ou blasé ? Amoureux de la vie ou résigné devant la mort ?

Smoking et *No Smoking* ne répondent peut-être pas à nos questions existentielles, mais à celles que l'on se pose sur soi-même, sûrement. Ils peuvent être l'occasion d'un passionnant jeu de société – une variante du jeu de la vérité – auquel se livrer avec ses amis.

Ce film à deux têtes est l'adaptation d'*Intimate Exchanges*, d'Alan Ayckbourn (une œuvre impossible à représenter, car elle est composée de huit pièces, ayant chacune deux fins, et que le spectateur devrait donc y consacrer seize soirées). A qui croyez-vous qu'Alain Resnais fit appel pour l'écrire, cette adaptation ? A Agnès Jaoui et Jean-Pierre Bacri, les auteurs d'*Un air de famille*, la pièce que, trois ans plus tard, Cédric Klapisch portera à l'écran. Alain Resnais s'est si bien entendu avec eux qu'il leur a commandé un scénario original.

« J'aime les comédiens qui ont un phrasé et les scénaristes qui rendent un son, dit Alain Resnais. Le point de départ, c'est une réflexion que m'avait faite Nicole Védrès [8] : "On a tendance à traiter la chanson de variétés par-dessous la jambe et, en fin de compte, c'est peut-être la meilleure façon de dire l'amour, la joie, la peine…" Le film s'intitulera donc : *On connaît la chanson.* »

Sept comédiens : Sabine Azéma, Pierre Arditi, André Dussolier, Lambert Wilson, Jean-Paul Roussillon, Agnès Jaoui et Jean-Pierre Bacri. Plus une apparition amicale de Jane Birkin. Un dialogue apparemment très quotidien, en réalité très écrit – comme toujours chez Jaoui-Bacri. Et des chansons chantées en play-back. Mais faites confiance à Resnais pour avoir des surprises : et si Arditi se mettait à chanter avec la voix de Dalida ?

« C'est un jeu, dit Alain Resnais, avec un petit côté expérimental. Ce qui m'amuserait beaucoup, ce serait de faire une deuxième version du film, où l'on n'entendrait que les chansons. Le dialogue serait écrit sur des "cartons", comme au temps du muet. Mais deux films, ça reviendrait trop cher… »

La sortie d'*On connaît la chanson* est prévue pour décembre 1997. Un seul film, mais signé Alain Resnais, ce sera déjà un joli cadeau de Noël.

8. Nicole Védrès, disparue trop tôt, en 1965, était réalisatrice *(Paris 1900)*, romancière, essayiste, chroniqueuse, conteuse aussi, au temps où la télévision avait du talent (« Lectures pour tous » de Dumayet et Desgraupes, « La nuit écoute » de Claude Santelli). Ses livres ont été édités au Seuil, chez Gallimard et au Mercure de France. Ils sont merveilleux de finesse, d'acuité, d'intelligence.

Envoi

Conclure serait absurde. Ce cinéma que l'on aime parce qu'il est libre ne peut être figé dans son élan. Titrons plutôt : « Envoi. » Aux deux sens du terme : hommage aux jeunes cinéastes et coup d'envoi pour l'avenir.

Un avenir qui se présente plutôt bien. De nouveaux noms apparaissent : Marie Vermillard *(Eau douce)*, Agnès Obadia *(Romaine)*, Emmanuelle Bercot, dont *Les Vacances*, réalisé alors qu'elle était encore en deuxième année de la Femis, a obtenu, au festival de Cannes 1997, le prix du jury du court métrage. *Les Vacances* réunit les deux courants qui traversent le cinéma d'aujourd'hui : la liberté d'une mise en scène mouvante et l'ancrage dans la réalité sociale. *Les Vacances*, c'est, pendant vingt-quatre heures, la recherche désespérée de quelques billets de 100 francs, qui permettront à une jeune femme d'emmener sa fille en vacances. C'est tout et c'est magnifique. De justesse. D'émotion. De non-dit. Retenez ce nom : Emmanuelle Bercot.

Les problèmes de notre fin de siècle commencent à hanter les écrans. Les SDF, le chômage, le sida, les beurs sont des thèmes courants. *Tombés du ciel* (1993), premier film d'un directeur de la photo devenu réalisateur, Philippe Lioret, raconte l'histoire (vraie) de quelques apatrides condamnés à vivre dans la zone de transit de l'aéroport d'Orly. Le ton, tendre, est celui d'une fable douce-amère. Quatre ans plus tard, c'est un SDF (Jacques Gamblin) que Lioret prend comme héros d'une comédie à la limite du burlesque : *Tenue correcte exigée*.

Le chômage est le point de départ du premier film de Laetitia Masson, *En avoir ou pas* (voir p. 228-229), et il inspire à Pierre Jolivet son sixième et meilleur film, *Fred* (1997). Du cinéma en liberté, *Fred* ? On n'en est pas si loin. Vincent Lindon, méconnaissable, a pris dix kilos et autant de talent. Grutier au chômage, Fred traîne sa honte et tente désespérément de conserver sa forme et sa dignité. Une fille formidable (Clotilde Courau) l'y aide. Fred se retrouve englué dans une espèce de polar noir…

Le sida n'est pas seulement le thème des *Nuits fauves* (1992) de Cyril Collard, c'est aussi le sujet du (très mauvais) film de Xavier Beauvois, *N'oublie pas que tu vas mourir* (1995), et de celui (très bon) de Laurence Ferreira Barbosa, *J'ai horreur de l'amour* (1997), une presque-comédie pleine d'espoir (voir p. 133-137). Et n'oublions pas *Dedans* (1997), de Marion Vernoux (voir p. 207).

Quant aux films consacrés aux immigrés, aux beurs, aux banlieues, aux cités… ils ne se comptent plus. Du meilleur au pire. Le meilleur, c'est *État des lieux* (1995), de Jean-François Richet. Le pire, *Ma 6. T va crack-er* (1997), toujours de Jean-François Richet. De nouveaux réalisateurs apparaissent, tel Christophe Ruggia, qui adapte le roman autobiographique d'Azouz Begag, *Le Gone du Chaâba*[1] : « Un film sur la mémoire et les racines », dit-il. L'histoire d'un petit garçon, Omar, 9 ans, qui vit avec sa famille dans un bidonville de la banlieue lyonnaise, au milieu des années 60. Sur ce terrain boueux, le père d'Omar a monté la première cabane. Du même village de l'Algérois arrivent une vingtaine d'autres familles, qui, à leur tour, se construisent des cabanes. Ainsi est né le Chaâba.

C'est donc l'histoire de quelques immigrés de la première génération. L'écartèlement entre deux cultures. Le désir passionné du petit Omar de devenir le meilleur à l'école, « meilleur que les Français », lui répète son père. Mais, du même coup, ne

1. Éd. du Seuil, coll. « Point-Virgule ».

va-t-il pas être rejeté par ses copains, qui ont l'impression qu'il trahit sa communauté ?

Un film chaleureux et juste, qui parle d'intégration, d'amitié et d'amour des livres. Dans une décharge, Omar trouve un vieux dictionnaire. Les mots vont lui ouvrir un monde imaginaire dans lequel il pourra s'évader et devenir invulnérable [2].

Christophe Ruggia vient du documentaire. Comme Claire Simon. Comme Dominique Cabrera, qui a réalisé en 1997 son premier film de fiction : *L'Autre Côté de la mer*. Un pied-noir (Claude Brasseur) qui n'a jamais voulu quitter Oran vient à Paris pour se faire opérer de la cataracte. Son chirurgien est un beur (Roschdy Zem) qui se veut uniquement français. De cette rencontre naît une amitié. C'est le Français qui apprendra au beur à aimer cette Algérie qu'il ne connaît pas. Mais ce qu'on retient surtout de ce film, c'est Catherine Hiégel : elle est notre Gena Rowlands.

Il arrive aussi qu'un réalisateur fasse le chemin inverse et passe de la fiction au documentaire. C'est ce qui est arrivé à Hervé Le Roux qui, après *Grand Bonheur* (1993), tourne *Reprise* (1997). Au départ, une photo dans un magazine : celle d'une femme qui crie. Elle est tirée d'un film tourné par des étudiants de l'Idhec, le 10 juin 1968, à Saint-Ouen. C'est le jour de la reprise du travail aux usines Wonder, après un mois de grève. Hervé Le Roux a la curiosité de voir le film. Cette femme hurle qu'elle ne rentrera pas, qu'elle ne foutra plus jamais les pieds dans cette taule. Alors, Hervé Le Roux fait le pari de la retrouver.

Cette quête est le fil rouge du plus passionnant des reportages. Le témoignage, près de trente ans après, de tous ceux que l'on voit sur cette photo – et d'autres encore. Un témoignage qui ne porte pas seulement sur Mai 68, mais sur l'histoire des usines Wonder, sur les luttes ouvrières, sur l'évolution des conditions de travail et celle des mentalités. *Reprise*, intrigant comme un feuilleton, est un film sur la mémoire.

2. Sortie probable : automne 1997.

Deux nouveaux venus, Jean-Paul Civeyrac et Bruno Dumont, manifestent un talent certain pour décrire l'engrenage qui peut faire basculer un jeune dans le crime. *Ni d'Ève ni d'Adam* (1997) est inspiré d'un fait divers parisien que Civeyrac a transposé dans la banlieue défavorisée de Saint-Étienne, qu'il connaît bien. Dans un style nerveux, il décrit la dérive d'un garçon de 15 ans, Gilles (Guillaume Verdier). Gilles refuse tout : l'école, sa famille, et même l'amour de Gabrielle (Morgane Hainaux), qu'il vole et humilie. Il frappe le conseiller d'éducation et manque d'étouffer sa petite sœur. Son père le chasse. Personne ne veut l'héberger. Seule Gabrielle accepte de l'aider. Ils fuient vers la campagne. Dans une grange, Gilles, jusque-là sauvage comme un animal blessé, va, pour la première fois, se laisser toucher, caresser, apaiser. Comme deux enfants qu'ils sont encore, Gilles et Gabrielle s'endorment dans les bras l'un de l'autre. C'est une scène magnifique. Tout est dit et le film pourrait s'arrêter là.

Mais Jean-Paul Civeyrac est atteint du « syndrome Bresson ». Or Bresson – comme Godard – est inimitable. Le prendre pour modèle, c'est aller à la catastrophe. Jean-Paul Civeyrac y va tout droit en terminant son film sur le meurtre d'un enfant, la lecture d'un texte de la Bible, la tête d'un âne s'encadrant dans une porte, et une espèce de baptême dans la rivière… Sans parler de la musique religieuse de Bach, qui, dès le début du film, semble plaquée artificiellement.

Bruno Dumont se garde bien de tomber dans ces pièges. Sinon par l'incongruité du titre, *La Vie de Jésus* [3], censée nous alerter, mais qui peut aussi agacer en soulignant ce que l'on préférerait découvrir seul. Quoi ? Des traces ténues. De vagues indices. Ces « presque rien » qui peuvent transfigurer une œuvre. A première vue, *La Vie de Jésus* est une remarquable peinture de la vie d'une bande de jeunes (tous joués par des non-professionnels) dans une petite ville du Nord. Une chronique de l'ennui, quand on a 20 ans et qu'on est déjà chômeur.

3. Prix Jean-Vigo 1997.

Bruno Dumont rend palpables la lumière, le vide, le temps qui passe. Il filme de façon remarquable la matière : ces corps lourds qui semblent oubliés par la grâce. Et, soudain, il laisse entrevoir – oh ! juste entrevoir ! – qu'en dépit des apparences ses héros ont une âme. Freddy (David Douche) a une conscience. Et cette conscience s'éveille et lui dit qu'il a commis un crime...

Il y a, dans *La Vie de Jésus*, deux scènes magnifiques : Marie (Marjorie Cottreel), la petite amie de Freddy, est draguée par un jeune Maghrébin, Kader (Kader Chaatouf). Elle se retourne, lui saisit la main et l'enfonce brutalement dans son slip : « C'est ça que tu veux ? » Le garçon, choqué, s'enfuit. Un peu plus tard, Marie rencontre à nouveau Kader. Et elle murmure : « Pardon. » La première scène évoque le *Décalogue 6*[4] de Krzysztof Kieslowski. La seconde est digne de Bresson.

Cela dit, quel que soit leur talent, ni Civeyrac ni Dumont ne sont vraiment dans la mouvance des Enfants de la Liberté.

Le Nord, Saint-Étienne, Lyon... J'entends déjà des cris de satisfaction : « En voilà donc fini avec ce parisianisme qui gangrenait le cinéma français ! » Quel parisianisme ? Pascale Ferran a tourné *Petits Arrangements avec les morts* à Audierne et *L'Age des possibles* à Strasbourg. Le café d'*Un air de famille*, de Cédric Klapisch, est situé dans les faubourgs d'une ville de province. *Le Fils du requin*, d'Agnès Merlet, se passe dans le Nord. Les deux films de Marion Vernoux se terminent au Portel. Ceux de Claire Simon se passent à Nice. Éric Rohmer a souvent promené sa caméra en province et au bord de la mer. Doillon a tourné *L'Amoureuse* à Cabourg et *Ponette* dans les Alpes du Sud. Enfin, même François Truffaut a souvent délaissé son cher Paris pour l'Angleterre, Béziers, Grenoble ou Hyères...

Au festival de Cannes 1997, les deux films français les plus remarqués se passent l'un à Marseille, l'autre en Bretagne. *Marius et Jeannette*, de Robert Guédiguian, a reçu le prix

4. Intitulé *Brève Histoire d'amour* dans la version cinéma.

Gervais, qui couronne un film de la section « Un certain regard ». *Western*, de Manuel Poirier, en compétition officielle, a été récompensé par le prix du jury. C'était reconnaître deux cinéastes un peu marginaux, donc, eux aussi, Enfants de la Liberté.

Western est – avec son premier, *La Petite Amie d'Antonio* – le meilleur film de Manuel Poirier. On y retrouve ses qualités : l'attention aux autres et le sens de l'amitié. Et son défaut, la mollesse de la mise en scène, y est beaucoup moins gênant que dans ... *A la campagne* et, surtout, *Marion*. On se souvient du thème de *Marion* : la lutte des classes, en 1997, n'a pas disparu, comme on le croit, elle s'est juste faite plus sournoise. Dans un village normand, une famille d'ouvriers s'installe. La petite Marion (10 ans) fait connaissance avec « les Parisiens », riches bourgeois qui ont là leur résidence secondaire. La Parisienne s'attache à Marion et propose aux parents de l'emmener à Paris pour qu'elle puisse entrer dans un très bon lycée et, éventuellement, pousser loin ses études. Les parents sont à la fois intimidés et tentés.

Beau sujet, servi par deux très bons comédiens : Pierre Berriau (le père) et Élisabeth Commelin (la mère). Mais desservi par la façon dont Manuel Poirier a dirigé les Parisiens : Marie-France Pisier compose une caricature. Et on a trop aimé Jean-Luc Bideau chez Tanner et Soutter pour oublier qu'il est suisse. Marion (Coralie Tétard) ne nous est jamais vraiment présentée : c'est une entité au sort de laquelle on ne peut guère s'intéresser. Une scène très réussie donne la mesure de ce qu'aurait pu être le film : celle où la fille aînée reproche à son père de « vendre » Marion aux Parisiens. Elle est digne de Mike Leigh. C'est la seule, hélas !

Aussi est-on d'autant plus heureux de la quasi-réussite de *Western*. Une errance. Une parenthèse de trois semaines pendant lesquelles Paco (Sergi Lopez) va « faire la route » avec Nino (Sacha Bourdo). Paco et Nino ont fait connaissance un peu brutalement. Nino faisait du stop et Paco, représentant de commerce, a commis l'erreur de le prendre : Nino lui a volé sa voiture. Paco retrouve Nino par hasard et lui casse si bien la gueule qu'il l'envoie à l'hôpital. Pris de remords, il va le voir. Sans voiture (Nino se l'est fait voler à son tour), ayant perdu son emploi et la fille qu'il aime lui ayant demandé trois semaines de réflexion, Paco part sur les routes avec son nouvel ami…

Évidemment, Poirier n'est pas Rozier. Tout de même, son film a du charme. Les rencontres se succèdent, avec un petit côté picaresque. Et les deux compères – Paco, plus catalan qu'espagnol, et Nino, russe d'origine italienne – forment un tandem qui rappelle Raymond Cordy et Henri Marchand dans *A nous la liberté*, de René Clair.

Quant à Marie Matheron, elle est formidable en femme au grand cœur qui veut des enfants mais pas de mari. Grâce à elle, le dénouement est la meilleure surprise du film.

Question punch, on peut préférer Guédiguian. Son premier film remonte à 1981. Il s'appelle *Dernier Été*. Un jeune chômeur de Marseille (Gérard Meylan) décide que ce sera le dernier été qu'il passera dans ce quartier de l'Estaque à glander avec ses copains entre la plage et le bistrot : il va partir. En attendant, il ébauche une idylle avec Josiane (Ariane Ascaride) et se laisse entraîner dans un cambriolage. Il y trouve la mort.

Avant ce *Marius et Jeannette* qui va peut-être, enfin, attirer sur lui l'attention du grand public, Robert Guédiguian a donc tourné six films [5]. Dans tous, on retrouve Gérard Meylan, Ariane Ascaride et la bande habituelle de copains comédiens. Tous se passent à l'Estaque. Tous parlent de chômage, de misère, d'exploitation, et le plus souvent finissent mal. Pourtant, une valeur surnage toujours : l'amitié. Tous les films de Robert Guédiguian pourraient porter le titre du sixième : *A la vie, à la mort*. Exclus de la société de consommation, ses héros inventent la société du partage.

Sans musique, ni symboles, ni titres provocants, ses films sont plus chrétiens que ceux de MM. Dumont et Civeyrac…

5. Outre *Dernier Été*, *Rouge midi* (1983), *Ki lo sa* (1985), *Dieu vomit les tièdes* (1989), *L'argent fait le bonheur* (1992), *A la vie, à la mort* (1995).

Un « grand » cinéaste, Robert Guédiguian ? Peut-être pas. Un auteur ? Sûrement. Son univers lui ressemble. Anarchiste, généreux, passionné, il aime ses personnages, qui sont aussi marginaux dans la société qu'il l'est lui-même dans le monde du cinéma.

Signe des temps, son dernier film en date finit bien. Robert Guédiguian sous-titre *Marius et Jeannette* : *Un conte de l'Estaque*. Optimistes, d'accord, mais, tout de même, ne soyons pas trop naïfs... Conte ou pas, *Marius et Jeannette* nous enchante. On y retrouve Gérard Meylan (Marius) en gardien d'une cimenterie désaffectée et Ariane Ascaride (Jeannette) en caissière de supermarché. Ils font connaissance quand Jeannette tente de voler dans la cimenterie deux pots de peinture. Marius s'y oppose, mais, le lendemain... il va les lui porter. Tout irait pour le mieux entre Marius-le-taiseux et Jeannette-la-grande-gueule si, soudain, Marius ne se terrait dans sa cimenterie, entouré de canettes de bière.

C'est là qu'interviennent les amis... Car, plus encore qu'un film sur l'amour et la possibilité de renaître à la vie, *Marius et Jeannette* est un film sur l'amitié. Dans la petite cour d'opérette où habitent Jeannette et ses deux enfants, il y a quatre logements : le sien, celui de Caroline (Pascale Roberts), une ancienne déportée, résistante et communiste, celui de Justin (Jacques Boudet), et celui de Dédé (Jean-Pierre Darroussin) et Monique (Frédérique Bonnal) avec leurs quatre enfants. Caroline et Justin s'aiment d'amour tendre depuis plusieurs décennies et se chamaillent comme un vieux ménage. Quant à Monique, elle n'en finit pas de reprocher à son benêt de mari d'avoir une fois voté Front national.

Quand Marius s'en va et que Jeannette, blessée dans sa dignité, refuse d'aller lui poser des questions, Caroline et Monique envoient leurs hommes à la rescousse. Munis de directives précises, ils sont priés d'aller s'expliquer avec Marius. C'est une séquence digne d'un western, avec scène de saoulographie et bagarre monstre dans un café. Fin saoul, Marius raconte enfin sa vie à ses deux copains. « Tu n'as rien dit à Jeannette ? – Non. » Et Marius s'endort. Alors, Justin et Dédé empoignent Marius, l'un par les pieds, l'autre par les épaules, et vont gentiment le déposer dans le lit de Jeannette, sous le regard ravi des enfants. *Marius et Jeannette* est un hymne à la vie, à l'amitié, à la tendresse.

Ce n'est pas un hasard si l'âge d'or de la comédie américaine se situe dans les années 30, au temps de la Grande Dépression. Quand la vie devient trop difficile, une comédie, ça aide à vivre. Mieux : celles qui dégagent assez d'énergie – grâce à Katharine Hepburn, par exemple – redonnent le courage de vivre. Donc, de se battre.

Comme autrefois Capra, Hawks ou Cukor, Pascale Ferran veut désormais apporter des « pointes d'espoir ». C'est aussi le désir de Jean-Pierre Bacri (voir p. 160) et de Cédric Klapisch. Même Arnaud Desplechin avec son troisième film, *Comment je me suis disputé... (ma vie sexuelle)*, aborde la comédie. Même Olivier Assayas avec *Irma Vep*. Même Michel Spinosa avec *La Parenthèse enchantée*. Sans compter, bien sûr, nos « vieux toujours jeunes »...

Leur programme à tous, c'est celui de Frédéric, à la fin de *L'Age des possibles* : « Croire à un truc et y travailler, même si c'est naïf, même si c'est utopique. D'ailleurs, c'est ça mon programme, je propose, j'en vois pas d'autre : la naïveté, voilà. » Avant lui – et à une époque bien plus terrible – Brecht l'avait déjà dit : « Ce que nous devons trouver, c'est de nouvelles naïvetés. »

Index des réalisateurs

ABADACHIAN, Alexandre, 30.
AGHION, Gabriel, 65.
AKERMAN, Chantal, 229.
ALARD, Philippe, 31, 60.
ALLÉGRET, Yves, 245.
ALLEN, Woody, 54, 140.
ALTMAN, Robert, 233.
AMÉRIS, Jean-Pierre, 32, 62, 63, 236.
ANTONIONI, Michelangelo, 73.
ASSAYAS, Olivier, 18, 68, 69-80, 221, 230, 277.
ASTRUC, Alexandre, 36, 39.
AUDIARD, Jacques, 140, 146, 228, 236, 242-245.
AUGUST, Bille, 101.
AUTANT-LARA, Claude, 13.
AVATI, Pupi, 222.

BAILLY, Pascale, 32, 228.
BAILY, Edwin, 32, 55.
BEAUVOIS, Xavier, 270.
BECKER, Jacques, 12, 22, 250.
BEINEIX, Jean-Jacques, 16, 17.
BELLON, Yannick, 17, 33.
BELVAUX, Lucas, 217, 222.
BÉNA, Michel, 31.
BÉNÉGUI, Laurent, 31, 224, 237.
BERCOT, Emmanuelle, 269.
BERGMAN, Ingmar, 62, 232.
BERRI, Claude, 215, 216, 244.
BERTHOMIEU, André, 42.
BESSON, Luc, 16, 17, 59, 221, 247.
BEUCHOT, Pierre, 29, 30, 226.
BIETTE, Jean-Claude, 171.
BLIER, Bertrand, 223.
BOISSET, Yves, 15.
BONITZER, Pascal, 32, 38, 223, 225, 257.
BORIES, Claudine, 30.
BOUHNIK, Laurent, 32.
BOURDOS, Gilles, 61, 62.
BRAL, Jacques, 17.
BRESSON, Robert, 17, 39, 104, 166, 234, 256, 272, 273.

CABRERA, Dominique, 32, 271.
CAHEN, Judith, 32.
CALOPRESTI, Mimmo, 223.
CAPRA, Frank, 175, 277.
CARAX, Leos, 16, 17, 44, 221.
CARNÉ, Marcel, 12, 89.
CARO, Marc, 55, 230, 245-248.
CARRIÈRE, Christine, 32, 35, 63.
CASSAVETES, John, 36, 52, 99.
CHABROL, Claude, 13, 69.
CHAPLIN, Charlie, 42.
CHAREF, Mehdi, 18, 69, 81-96, 142, 241.
CHÉREAU, Patrice, 222, 225.
CHIBANE, Malik, 32, 49.
CHRISTIAN-JAQUE, 13.

CIVEYRAC, Jean-Paul, 32, 272, 273, 275.
CLAIR, René, 12, 153, 275.
CLOUZOT, Claire, 17.
CLOUZOT, Henri-Georges, 241.
COCTEAU, Jean, 31, 40, 41, 42, 44, 52, 82, 109, 191.
COLLARD, Cyril, 31, 47, 48, 51, 270.
CORSINI, Catherine, 18, 34, 64, 230.
COSTA-GAVRAS, 82.
CUAU, Emmanuelle, 32, 224.
CUKOR, George, 175, 277.

DAVILA, Jacques, 171.
DECOIN, Henri, 11.
DELANNOY, Jean, 11.
DEMY, Jacques, 14, 15, 127, 171, 253.
DENIS, Claire, 18, 31, 34, 44, 46.
DE SICA, Vittorio, 19.
DESPLECHIN, Arnaud, 9, 31, 37, 51, 62, 97-115, 120, 224, 226, 227, 233, 234, 238, 277.
DESROSIÈRES, Antoine, 32, 50, 60, 61.
DEVERS, Claire, 18, 34, 70.
DEVILLE, Michel, 226.
DOILLON, Jacques, 17, 22, 197, 222, 224, 225, 234, 253-256, 273.
DONIOL-VALCROZE, Jacques, 40.
DREYER, Carl T., 256.
DRIDI, Karim, 49.
DUBROUX, Danièle, 27, 233, 234, 235.
DUMONT, Bruno, 32, 272, 273, 275.
DUPEYRON, François, 34.
DURAS, Marguerite, 14, 36, 38, 263, 264.
DURRINGER, Xavier, 31, 231.
DUVIVIER, Julien, 11, 13, 55, 241.

EMMER, Luciano, 118.
ENRICO, Robert, 15.
ETCHEGARAY, Françoise, 31
EUSTACHE, Boris, 32, 50.
EUSTACHE, Jean, 17, 188, 217, 218 221.

FAUCON, Philippe, 30.
FELLINI, Federico, 76.
FERRAN, Pascale, 9, 32, 34, 37, 38, 49, 117-128, 167, 234, 273, 277.
FERREIRA BARBOSA, Laurence, 31, 35, 129-137, 222, 234, 270.
FEUILLADE, Louis, 57, 76, 78.
FILLIÈRES, Sophie, 32, 50, 168, 228.
FLÈCHE, Manuel, 236.
FONTAINE, Anne, 31, 34.
FORD, John, 37, 101.
FREARS, Stephen, 58.
FROT-COUTAZ, Gérard, 29, 171.

GARCIA, Nicole, 29, 34, 231.
GARREL, Philippe, 17.
GODARD, Jean-Luc, 10, 11, 13, 21, 22, 29, 47, 54, 55, 60, 69, 76, 77, 221, 224, 241, 272.
GORETTA, Claude, 15.
GRANDPERRET, Patrick, 30, 101.
GRÉMILLON, Jean, 12.
GUÉDIGUIAN, Robert, 49, 273, 275, 276.
GUIGUET, Jean-Claude, 207.
GUIT, Graham, 60, 235.
GUITRY, Sacha, 12.
GUY, Alice, 33.

HAREL, Philippe, 31, 49, 61, 231.
HAUDEPIN, Didier, 34, 235.
HAWKS, Howard, 277.
HERRY, Dodine, 61, 206.
HITCHCOCK, Alfred, 25, 52, 250, 257.

IOSSELIANI, Otar, 232.
IVORY, James, 236.

JACQUOT, Benoît, 15.

JEUNET, Jean-Pierre, 55, 230, 245-248.
JOLIVET, Pierre, 270.

KAHN, Cédric, 31, 51, 68.
KANÉ, Pascal, 230.
KANEVSKI, Vitali, 179.
KASSOVITZ, Mathieu, 31, 49, 139-149, 228, 242, 243.
KERMADEC, Liliane de, 35.
KIESLOWSKI, Krzysztof, 114, 273.
KLAPISCH, Cédric, 9, 31, 50, 65, 68, 151-162, 221, 231, 238, 267, 273, 277.
KOULECHOV, Lev, 53.
KURYS, Diane, 222.

LE CHANOIS, Jean-Paul, 13.
LECONTE, Patrice, 41.
LEENHARDT, Roger, 39, 40.
LEIGH, Mike, 58, 274.
LEMERCIER, Valérie, 229.
LE ROUX, Hervé, 31, 271.
LIORET, Philippe, 32, 269.
LOACH, Ken, 58, 217.
LOSEY, Joseph, 15.
LUMIÈRE, Louis, 14, 57.
LVOVSKY, Noémie, 32, 35, 163-169, 222, 224, 227, 238.

MAILLOT, Jacques, 32, 237.
MALLE, Louis, 232, 233.
MARKER, Chris, 262, 263.
MARSHALL, Tonie, 29, 32, 34, 50, 122, 171-177, 217, 242.
MARTIN, Solange, 32.
MASSON, Laetitia, 32, 228, 229, 270.
MÉLIÈS, Georges, 14.
MELVILLE, Jean-Pierre, 12.
MERCHANT, Ismail, 236.
MERLET, Agnès, 32, 49, 179-186, 273.
MOLINARO, Édouard, 65, 229.
MOLL, Dominik, 32, 50.
MORETTI, Nanni, 57, 223.

OBADIA, Agnès, 32, 225, 269.
OPHULS, Max, 16.
OZU, Yasujiro, 120.

PALUD, Hervé, 67.
PASCAL, Christine, 231.
PERRIN, Laurent, 18.
PIALAT, Maurice, 17, 51, 215, 217, 260, 261.
PISIER, Marie-France, 29.
POIRÉ, Jean-Marie, 66.
POIRIER, Manuel, 63, 71, 274, 275.
POLANSKI, Roman, 232.
PREMINGER, Otto, 262.

REGGIANI, Simon, 60.
RENOIR, Jean, 12, 39, 67.
RESNAIS, Alain, 10, 14, 15, 29, 99, 262, 263, 264-267.
RICHET, Jean-François, 49, 270.
RIVETTE, Jacques, 11, 14, 15, 22, 38, 222, 224, 225, 226, 229, 256, 257.
ROCHANT, Éric, 19-28, 62, 81, 209, 227, 228.
ROHMER, Éric, 11, 14, 15, 22, 29, 36, 50, 60, 65, 67, 69, 210, 211, 212, 221, 222, 234, 235, 250-253, 255, 256, 273.
ROSSELLINI, Roberto, 19, 39.
ROÜAN, Brigitte, 29.
ROZIER, Jacques, 14, 15, 211, 212, 257-260, 275.
RUGGIA, Christophe, 270.
RUIZ, Raoul, 234, 235.

SAUTET, Claude, 15.
SERREAU, Coline, 17, 33, 34.
SIMON, Claire, 32, 49, 62, 187-194, 271, 273.
SOUTTER, Michel, 14, 274.

SPINOSA, Michel, 32, 37, 40, 61, 62, 66, 71, 195-200, 231, 236, 277.
STÉVENIN, Jean-François, 17.

TACCHELLA, Jean-Charles, 224.
TANNER, Alain, 14, 231, 274.
TARANTINO, Quentin, 127, 235.
TARKOVSKI, Andrei, 198, 237.
TATI, Jacques, 17, 153.
TAVERNIER, Bertrand, 15, 236.
TÉCHINÉ, André, 15, 68, 69, 225.
TORRES, Fina, 235.
TREILHOU, Marie-Claude, 17, 31.
TRUFFAUT, François, 10, 11, 12, 13, 15, 21, 37, 40, 47, 55, 69, 76, 119, 197, 205, 217, 221, 232, 241, 249, 250, 273.
TUEL, Laurent, 61.

VARDA, Agnès, 13, 15, 22, 33, 60.
VÉDRÈS, Nicole, 267.
VERMILLARD, Marie, 32, 230, 269.
VERNOUX, Marion, 32, 34, 40, 42, 49, 53, 201-208, 221, 270, 273.
VEYSSET, Sandrine, 32, 44, 45, 46, 55, 65.
VINCENT, Christian, 31, 40, 52, 209-220, 221, 231.
VISCONTI, Luchino, 93.

WELLES, Orson, 39, 42, 59, 64.
WOO, John, 78.

ZAUBERMAN, Yolande, 32.

Table

Prologue 11
Les années 30, 11. – Les années 40, 12. – Les années 50, 12. – Les années 60, 13. – Les années 70, 14. – Les années 80, 16. – Les francs-tireurs, 17.

Une hirondelle qui fait le printemps 19
Un monde sans pitié, 20. – *Aux yeux du monde*, 22. – *Les Patriotes*, 24. – *Anna Oz*, 26.

« E viva la libertà ! » 29
33, ou 50 % de réalisatrices ?, 32. – Un cinéma « franco-français », 36. – Un cinéma d'auteur, 37. – Un cinéma romanesque, 38. – Un cinéma en liberté, 40. – Huit constantes, 47.

… et pourtant, ils tournent ! 57

Olivier Assayas 69
Désordre et *L'Enfant de l'hiver*, 71. – *Paris s'éveille*, 72. – *Une nouvelle vie*, 73. – *L'Eau froide*, 74. – *Irma Vep*, 76.

Mehdi Charef 81
Le Thé au harem d'Archimède, 81. – *Miss Mona*, 85. – *Camomille*, 88. – *Au pays des Juliets*, 90. – *Le Café de Marja*, 93.

Arnaud Desplechin 97
La Vie des morts, 97. – *La Sentinelle*, 101. – *Comment je me suis disputé… (ma vie sexuelle)*, 108.

Pascale Ferran 117
Petits Arrangements avec les morts, 117. – *L'Age des possibles*, 121.

Laurence Ferreira Barbosa 129
Les gens normaux n'ont rien d'exceptionnel, 129. – *J'ai horreur de l'amour*, 133.

Mathieu Kassovitz 139
Métisse, 139. – *La Haine*, 141. – *Assassin(s)*, 145.

Cédric Klapisch 151
Riens du tout, 151. – *Le Péril jeune*, 153. – *Chacun cherche son chat*, 155. – *Un air de famille*, 158.

Noémie Lvovsky 163
Oublie-moi, 163. – *Ferme les yeux et creuse la neige*, 167.

Tonie Marshall 171
Pentimento, 171. – *Pas très catholique*, 172. – *Enfants de salaud*, 175.

Agnès Merlet 179
Le Fils du requin, 179. – *Artemisia*, 183.

Claire Simon 187
Coûte que coûte, 188. – *Sinon, oui*, 191.

Michel Spinosa 195
Emmène-moi, 195. – *Les Tueurs*, 197. – *La Parenthèse enchantée*, 198. – *La Rue ouverte*, 199.

Marion Vernoux 201
Personne ne m'aime, 201. – *Love etc.*, 204. – *Dedans*, 207.

Christian Vincent 209
La Discrète, 209. – *Beau fixe*, 211. – *La Séparation*, 213. – *Je ne vois pas ce qu'on me trouve*, 215.

Ils arrivent avec leurs comédiens 221
Valeria Bruni-Tedeschi, 222. – Laurence Côte, 224. – Marianne Denicourt, 225. – Emmanuelle Devos, 227. – Sandrine Kiberlain, 228. – Nathalie Richard, 229. – Karin Viard, 230. – Mathieu Amalric, 232. – Melvil Poupaud, 234. – Bruno Putzulu, 235. – Olivier Py, 236. – Emmanuel Salinger, 238.

Des jeunes déjà vieux 241
Jacques Audiard, 242. – Caro et Jeunet, 245.

Des vieux toujours jeunes 249
Le dernier film de François Truffaut, 249. – Éric Rohmer : éloge du hasard, 250. – Jacques Doillon : éloge de l'entêtement, 253. – Jacques Rivette : éloge du jeu, 256. – Jacques Rozier : éloge de la flânerie, 257. – Maurice Pialat : éloge de l'émerveillement, 260. – Chris Marker : éloge de l'ordinateur, 262. – Alain Resnais : « Voulez-vous jouer avec moâ ? », 264.

Envoi 269

Index des réalisateurs 279

En couverture

Mireille Perrier et Hippolyte Girardot dans
Un monde sans pitié, d'Éric Rochant.

Marianne Denicourt dans
Comment je me suis disputé... (ma vie sexuelle),
d'Arnaud Desplechin.

Christèle Tual et Anne Cantineau dans
L'Age des possibles, de Pascale Ferran.

Marc Citti, Melvil Poupaud et Valeria Bruni-Tedeschi
dans *Les gens normaux n'ont rien d'exceptionnel*,
de Laurence Ferreira Barbosa.

RÉALISATION : PAO ÉDITIONS DU SEUIL
IMPRESSION : BUSSIÈRE CAMEDAN IMPRIMERIES À SAINT-AMAND (CHER)
DÉPÔT LÉGAL : OCTOBRE 1997. N° 32309 (1/2376)